JN160060

続

佐賀県 在宅療養

ガイドブック

佐賀の在宅医療・介護のすべてがわかる本

在宅ネット・さが 編

木星舎

□表紙／装画　ユキヒラモノデザイン
□文中イラスト　村上　公美

〈続〉佐賀県在宅療養ガイドブック出版にあたって

2013年に第1版を出版したときに、「佐賀県は自分の家で亡くなる人の割合が全国で最も低い県の一つです」と書きました。この5年間、私たち「在宅ネット・さが」は、在宅医療・ケアの普及啓発を目的としてさまざまな活動を行ってきました。その間に、国の在宅療養環境体制の整備が行われ、佐賀には新たな在宅療養支援診療所や訪問看護ステーションや療養施設ができ、地域の在宅療養環境も変わってきました。

在宅ネット・さがが出版した『在宅療養ガイドブック』や市民公開講座、症例検討会や多様な活動も地域の在宅療養の普及にいささかの影響を与えたのではないかと思います。しかしながら、佐賀県の在宅看取り率は全国的にはまだまだ低く、誰もが望んだ場所で、看取りに至るまで在宅ケアを受けられるようにはなっていません。そのため、さらなる医療介護福祉体制の充実と一般市民への在宅療養へ普及啓発が必要です。

今年、2018年4月には、6年に一度の診療報酬と介護報酬の同時改定も行われました。その中で看取り加算の算定要件に「人生の最終段階における医療・ケアの決定プロセスに関するガイドライン」に基づき、ACP（アドバンス・ケア・プランニング）を行うことが求められるようになりました。

こうした社会情勢の変化に対応するためにも、続編を作らなければという声が、在宅ネット・さがの内外から起こり、今回の出版に至りました。内容は前回の『在宅療養ガイドブック』からさらに具体的に、これから在宅療養をはじめようと考えている方、関わろうという方に、在宅療養のはじめ方から看取りに至るまでの流れがわかる文字通りガイドブックにしました。在宅療養に関わる多職種の人の目から見た具体的な事例をたくさん載せ、この人はこの場面でこう考え、こう行動したのだなと、現場にいる方に一つの参考になるようにしました。さまざまな仕組みや費用のこと、これまでに寄せられた質問を元にQ&Aコーナーも作りました。

今後ますます在宅の需要は増えると思いますが、私たちは多職種チームで支える、ケアの質を大事にしたいと思います。住み慣れた家で最後まで生きたいという人と、それを支えることを幸せだと思う人にこのガイドブックが少しでもお役に立てたら幸いです。

本書を出版するにあたって、私たちを支え、多くのことを教えてくださった患者さんとそのご家族に深く感謝申し上げます。また、このガイドブックを作成するに当たって、膨大な時間と労力を惜しまず提供してくださった在宅ネット・さがの仲間たちと、前回のガイドブックの構想段階からずっと在宅ネット・さがを応援してくださった木星舎の古野たづ子さんにお礼を申し上げます。

2018年9月1日

在宅ネット・さが　代表　満岡 聰

はじめに

いま、なぜ「在宅」か

矢ヶ部　伸也

本書の目的は、「在宅医療・在宅療養」を広く知っていただくことにあります。対象者となる患者さんやご家族にはもちろん、医療関係者、コメディカルの職域にある方や福祉や行政に携わる方、いわゆるケアギバーに「在宅」のチームとして、互いに欠かせない仲間として、互いの役割を知ってよりよい連携を目指すために役立てたいと考えています。

一方で、「家に帰りたい」、「帰ってきてほしい」けれど、そんなことは無理とあきらめている方、「家に帰りませんか」と言われて戸惑っている方に、在宅医療・在宅療養そして最期まで家で過ごすという選択肢について考える手引きとなることを願っています。

ところで、いまなぜ「在宅」なのでしょうか。

社会の高齢化

① 1947 年の統計では平均寿命は男性 50.06 歳、女性 53.96 歳でした。急激に平均寿命が伸び、2017 年は男性 80.98 歳、女性 87.14 歳です。

②高齢化に伴い認知症やフレイル（加齢や病気のため心身が弱った状態）など衰えによる生活困難が増えてきます。単独の外来受診が困難で家族の付き添いが必要になる人も多いです。

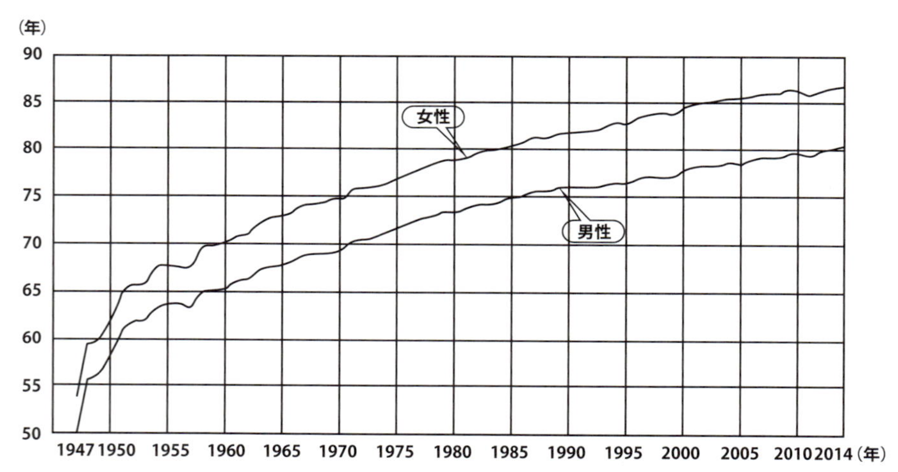

図１　男女別平均寿命の推移

疾病構造の変化

① 1947 年の死因は１位「結核」、２位「肺炎」、３位「脳卒中」、1961 年の死因は１位「脳卒中」、２位「がん」、３位「心臓病」でした。現在の死因は１位「がん」、２位「心臓病」、３位「脳卒中」です。時代とともに病気の種類も変化してきています。

②昔は救命が困難だった疾患でも医療の進歩で病気をコントロールできるようになり、病を抱えながら

長く生きるということが増えてきました。例えば、脳梗塞や心不全など、昔は亡くなっていたような病気でも、現在では救命してリハビリできるようになることがあります。がんも、昔は助からなかった状況が現在では集学的治療（手術、抗がん剤、放射線、免疫治療などさまざまな治療の組み合わせ）によって長期生存が可能な例が増えています。抗がん剤を外来で継続する人も増えています。期間が長くなるとずっと入院ではなく、自宅で療養することが増えます。

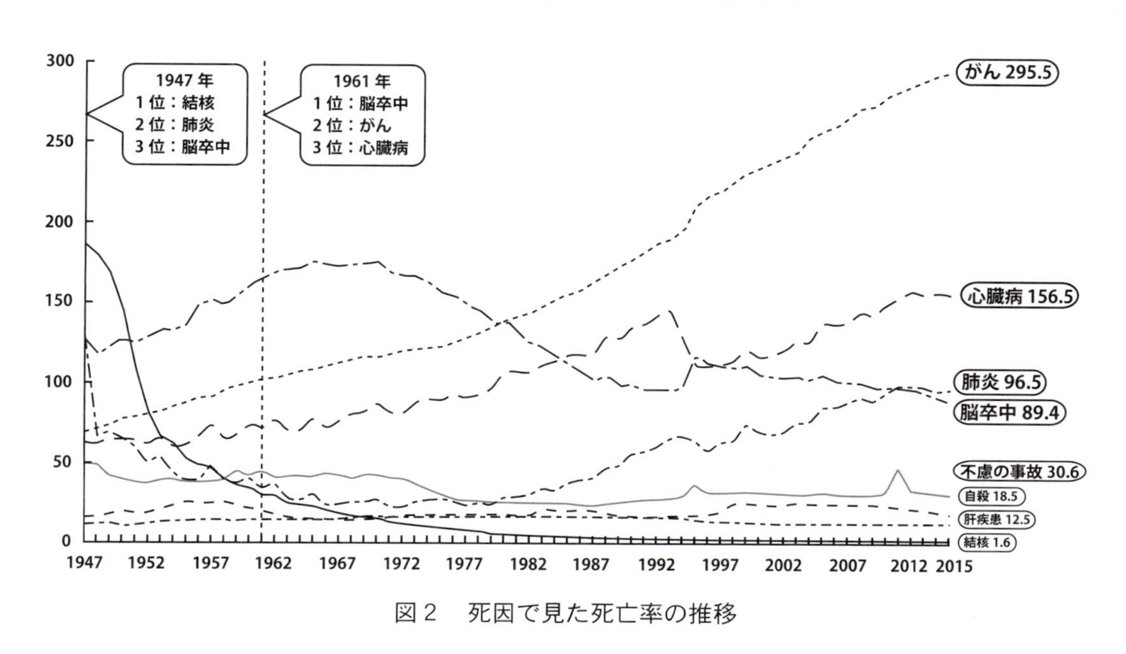

図2　死因で見た死亡率の推移

医療任せの療養への反省

① 1951（昭和26）年には病院で亡くなる人は9.1％でした（4ページ　図3参照）。医療の進歩や1970年代の老人医療費無料化などの政策により、高齢者が医療機関に入院することが増え、結果として医療機関で亡くなる人が増えていき、今では当たり前になっています。人生の最期が医療任せになっているとも言えます。

②療養は医療機関が有利だと思われやすいですが、医療機関での生活というものが本当に幸せでしょうか。入院して治る病気なら限られた入院生活を過ごせばよいのですが、治癒の困難な場合や治療が長期にわたる慢性の病気であった場合はどうでしょうか。アメニティの充実などを謳う医療機関も増えてきてはいますが、「入院して良かった。またぜひ入院したい」というほど環境の整った医療機関はまだ多くはありません。また、医療機関で看取った家族の中には、「最期は家に帰したかった」「医療機関で最期を迎えたのは残念だった」という人も少なからずいらっしゃいます。

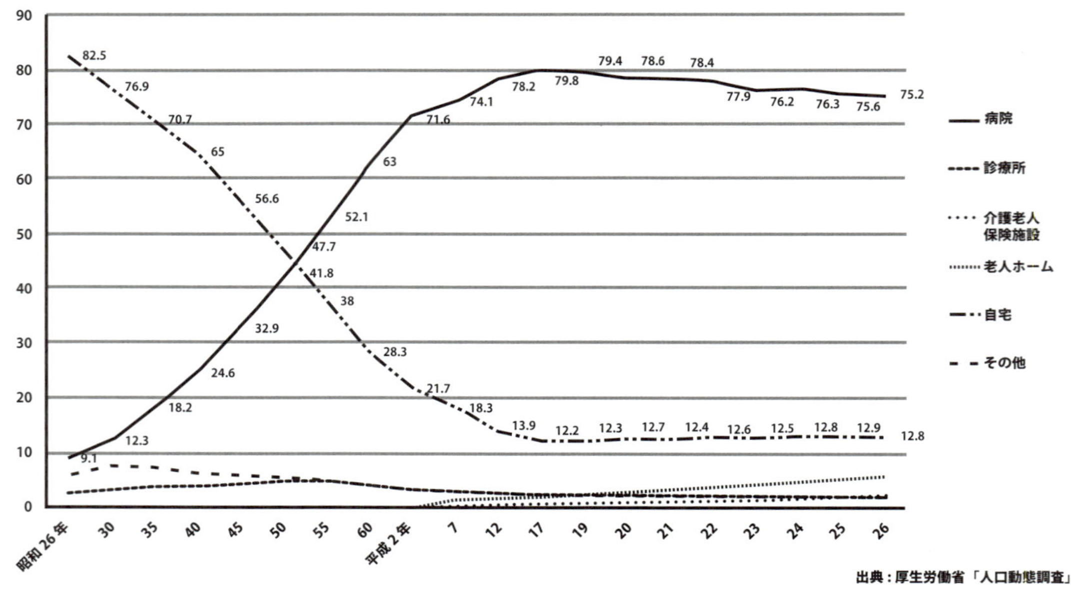

図3　死亡場所の推移

生命至上主義から尊厳を尊重する医療へ

①がんの末期の人が最期に心肺停止となってから胸骨圧迫（いわゆる心臓マッサージ）、人工呼吸を行うという延命治療が「本気で」行われていた時代がありました。患者さんが１分１秒でも長く生きることを是とし、患者さん本人の苦痛や希望よりも延命が優先されたのです。

そのような例は現代でもないとはいえません。認知症などのため食べられなくなったら胃ろうを入れ、本人の意思とは関係なく栄養を入れ続けることもあります。しかし、それらの治療が患者さん本人の幸福に寄与しているといえるのでしょうか。

②「あなたが老いや病で衰弱し、食べられず、病気が回復が困難な状況である時、胃ろうをして生きていることは幸せですか」と質問すると、ほとんどの人は「そういった延命は選ばない。胃ろうなどしたくない」と答えます。

ところが、「あなたの親が老いや病で衰弱し、食べられず、病気が回復が困難な状況である時、胃ろうをして生きていてほしいですか」と質問するとかなりの人が「胃ろうをしてほしいと思う」と答えます。自分なら嫌だけれど親には入れてほしいというのは矛盾しますが、親には生きていてほしいという自然な心の表れともいえます。単純に割り切ることのできない難しい問題です。

③生命至上主義のほうがわかりやすい医療です。病気と徹底的に戦い、食べられなくなったら胃ろう・点滴、息が止まったら人工呼吸器と徹底的に死を先延ばしにする医療は、もしかすると医師にとっては集中治療・高次医療としてやりがいを感じやすいかもしれません。しかし、その弊害としてさまざまなチューブが体に挿入され、むくみや痰の増加などさまざまな症状がおこり、患者さんは多くの侵襲（治療による苦痛などのストレス）に耐えなければなりません。

④そういった生命至上主義の反省として、患者さんの尊厳を重視する考え方が唱えられるようになってきました。患者さん本人や家族がその人生において何が大切かをよく考え、回復の見込みが厳しいときにはどこまで積極的な治療をするのかを医療者の説明のもと話し合い、治療の侵襲や治療にともなう苦痛と、効果が見合わない場合には積極的な治療をやめて緩和ケアだけ行います。話し合いで患者

さんや家族が本当に求める治療を提供することで患者さんの尊厳を守ります。

療養生活をどこで送るのか

①尊厳を重視して療養生活の場所を考えた場合に、病院の環境と自宅の環境の違いがクローズアップされます。入院生活は医療スタッフが近くにいるとか、設備が整っているなどの利点がありますが、生活リズムや食事、行動などの自由度が制限されるなどの欠点があります。生命至上主義のなかでは考慮されにくい欠点かもしれません。

②手術や集中治療が必要な病態の人には在宅医療という選択肢はありません。細かい管理や治療は自宅では難しいからです。在宅ケア・医療をおすすめしやすいのは、病態の変化が比較的落ち着いた慢性期の人や、入院していても治療が困難なターミナル期の人です。急性期の疾患でも認知症などのため入院に耐えられない人も在宅ケア・医療を行う場合があります。

これら社会的状況、医療の発達、生命倫理の視点などから、「在宅療養」が大きな選択肢としてクローズアップされ、そのために医療、介護、福祉、行政などの整備が進められています。

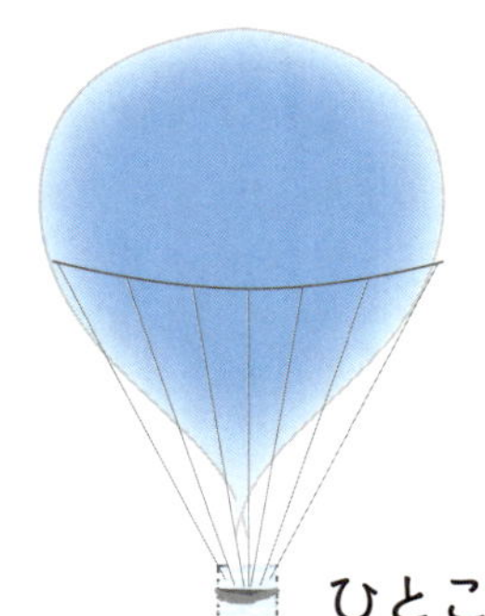

ひとこと

「在宅ネット・さが」が立ち上がってから８年、
この間に在宅医療・ケアは広がり、好生館や大学病院でも在宅ケア･医療の話を聞く機会が増えてきました。在宅医は、患者さんとの距離が地理的にも心理的にも近いことがとても重要で、患者さんやご家族に安心していただける大事な要素になります。
　地域の在宅医がもっと増えるように願っています。

医療法人純伸会 矢ヶ部医院
矢ヶ部　伸也

父さん元気？

死んだもんに元気もすっぱったもあーもんかと貴方は言うでしょう。でもそれくらい、貴方はまだ身近にいるのです。あれから３年、また夏がやってきました。でももう貴方はあの場所には居ない。一人になった母さんがポツンと座っています。

母さんは言います。「お父さんはよか時期に死なした。今年やったらぬくうして田廻いも出来んやったろー。あん人は運のよかー」

死んとに運の良かもなんもあーもんかと貴方は言うでしょうね。貴方が愛した蓮も今年も綺麗に咲いてます。でもあの夏の様に狂い咲きはしていない。何もかもが、あの夏は特別でした。

酸素のボンベを載せて貴方は朝早くから運搬車で田廻りをしていました。途中でガス欠をして道に転がっていた貴方、私に食べさせたいと蓮を掘りに行って田圃にはまった貴方、エピソードには枚挙にいとまがないほどだけれど、家に帰りたいと言ってタクシーで帰って来ちゃった時はどうしようかと思ったよ。遠くから訪問診療になんども来てくれた先生、「来るな」と罵倒されながらも優しく接してくれた訪問看護師さん、お薬が替わるたびにわからない母に丁寧に教えてくださった薬剤師さん、やらかす父を暖かく見守ってくれたケアマネさん、皆さんのおかげで貴方の人生の終焉は幸せでしたね。私の知る限り、貴方の人生の中で一番満たされた時期だったように思います。

私や母さんは、貴方との時間が限られていることを知っていました。でも貴方は、最初訪問の先生の「これから何がしたいですか」という質問に「東京オリンピックがみたい」とこたえていたね。その後「来春の孫の結婚式に出たい」に変わったけど、貴方の病魔はそれを許さなかった。日に日に弱っていく貴方は呼吸器の専門の先生から余命３カ月と聞かされた。入院して治療をするかと訊かれた時、貴方は「治療して治るならするさい、治らんとこれきつか思いして命ば２、３カ月延ばして何になる。そんない、家で良かごとしたか、おりゃ帰るばい」と言って帰って来ちゃったね。その後来てくれた訪問の先生に「先生、おりゃ３カ月しかもてんて、オリンピック見られんの」としおらしくなってた。

その時の先生の言葉が素晴らしかったな。「そうですか、それなら善國さんのオリンピックを作りましょう」と言っていただいて俄然張り切りだしたね。弟と嫁をよんでメモとえんぴつ持って来いって。あれは、遺言だったんだよね、最後まで仕事が心配で。

私、貴方に贈る言葉をきいたよね。母ちゃんには、ありがとうしかない。嫁ぐ孫には幸せになってくれよって。「私には？」って聞いたら、「もう父ちゃんがしてやることはない。お前達はわーがことはわーがでせんば」って。

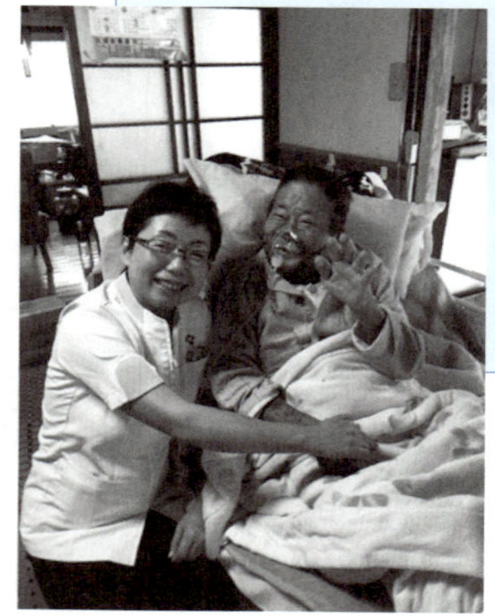

あの時の私は残酷だった。逝く貴方に言葉がほしいって、ごめんね。自分のことばかりで私が言うべきだった。「ありがとう」って。

お父さん、貴方が愛した蓮も今年も満開です。

Kasumi.F

目　次

在宅療養、看取りの事例

住み慣れた場所で最期まで過ごす

残された時間の過ごし方

選択を支える

私たちに相談してください

安心して「在宅」に移行するために

その前に知っておきたい費用のこと

在宅ケアサービス

私たちがお家にうかがいます

看取りについて

在宅療養の知識

もう一つの家　最期の居場所

在宅療養をはじめる前に訊いておきたいこと

「在宅療養」をはじめるとき、病院にいれば何もかもお任せでよかったのに、家に帰って本当に大丈夫だろうか、患者さん本人もご家族もいろいろと心配だと思います。

「帰りたいけど、家族に迷惑をかけるのではないか」、「一人暮らしなのに帰ってもいいの？」、「お金は大丈夫？」、「痛みがきたらどうすればいい？」、「もう病院には戻れないの？」などなど不安の種は尽きません。ここでは、そうした疑問、心配、不安などの質問にお答えしています。もっと詳しくは本書の中で、それぞれ在宅療養を支える専門家がご紹介します。

在宅療養をはじめる

Ｑ１．在宅療養では、具体的にどんな医療を受けられるのでしょうか？

Ａ１．ご本人の思いや希望に応じながらその症状、血圧などの体調や痛みのコントロールなどをして、生活の質を保ち「住み慣れた家で自分らしく過ごす」ことをサポートします。

Ｑ２．病院から家に帰りたいと思ったら、まず何をしたらいいのでしょうか？

Ａ２．ご家族や親族間でよく話し合ってください。そのうえで病院の主治医に意思表示をしましょう。それから、病院の相談窓口やＭＳＷや地域包括支援センター、居宅介護支援事業所のケアマネジャーなど、身近なところで介護保険などの公的支援について相談しましょう。また、かかりつけ医があれば訪問診療をしてもらえるか確認し、していない場合は訪問診療を行っている他の診療所を紹介してもらえるよう依頼することも大切です。

Ｑ３．介護保険は早めに申請しておいたほうがよいのでしょうか？

Ａ３．在宅療養をはじめるときは介護保険を早めに申請し、ケアマネジャーと相談して、ご本人とご家族の希望に添ったケアプランを立てることが大事です。介護保険の認定までは1カ月近くかかりますが、認定確実と予想されるときは“みなし”で介護保険を使うことも出来ます。入院中でも申請できるので、病状が安定したり退院のめどがついた時などに早めに検討してください。

■介護保険

65 歳以上の人で介護や支援を必要とする人が対象ですが、それ以外でも 40 歳以上の脳血管障害や末期がんの方などでも使える公的な保険です。介護保険は申請制度なので、要介護認定までは一定の手続きが必要です。通常、市区町村の窓口で本人・家族が申請しますが、地域包括支援センターや居宅介護事業者が代行することもできます。

■ケアプラン

介護保険を利用する人の意向に沿い、自立した生活を支援するための計画書です。

■ＭＳＷ＝医療（メディカル）ソーシャルワーカー

病院や診療所、介護保険老人施設など保険医療機関で働く社会福祉士の資格を持った医療・介護・福祉の相談支援の専門職です。医療費や療養生活に関わる制度（例．高額療養費制度や障害者手帳など）で不明な点や心配な点があるときは、社会福祉に関する相談に専門家として広く対応します。

本人の不安、家族の不安

Ｑ4．病院から家に帰りたいけど、家族に負担をかけたくありません。

Ａ4．在宅療養は家族の介護力が重要となりますが、訪問診療医、訪問看護師、訪問薬剤師、医療ソーシャルワーカー、ケアマネジャー、ヘルパーなど在宅ケアの専門職が連携してサポートして、患者さんとご家族が安心して自宅で生活できるようにお手伝いします。

Ｑ5．在宅療養って、費用が高いのではないでしょうか？

Ａ5．在宅療養は国を挙げて推進されているため、一般的には入院医療費より安くなります。在宅療養は特別にお金がかかるものでなく、基本的には利用されている医療保険制度の範囲で提供されます（現在、自己負担1割の方の場合、8,000 ～ 12,000円／月が目安です）。ただし医療費以外に介護保険にかかる費用や消耗品の費用がかかります。

Ｑ6．本人のたっての希望で末期がんの父を家に連れて帰りました。弱っていく父を最期までみれるか不安です。

Ａ6．Ｑ4でもお答えしましたが、在宅ケアの専門職が連携してご本人と家族をサポートします。一人で抱え込まないで、ご家族や友人、ご近所の方などの協力を得て、患者さんと過ごす時間を大切にしてください。また、ご家族が介護に疲れた場合には、施設のショートステイを利用したり、病院に短期入院することもできます。

　いま、在宅療養や在宅で使える医療機器は急速に進化し、病院と大きく変わらない医療環境を提供できるようなってきており、慢性の病気やがんなどで、維持や回復が難しい終末期の場合でも、在宅ケアの継続による看取りを選ぶ人が増えてきました。

Ｑ7．終末期の患者が家で過ごすとき、家族はどのようなことをしなければなりませんか？

Ａ7．患者さんがその人らしく生きるために必要なことを支援するホスピスの考え方が大切です。具体的には、患者さんが苦痛なく過ごすこと、食べること、排泄すること、眠ること、入浴すること、大切なご家族や知人たちとの時間を過ごすことができるように支えてあげてください。できる範囲で構いません。

服用している薬の管理、治療のための医療機器の管理など誰にでもできることだけです。複雑なものは訪問看護師におまかせしてください。薬のことでわからないことがあれば、訪問看護師や訪問薬剤師に相談してください。

Q 8. 病院名や介護関係の事業所名などが書かれた車や、医師や看護師と分かるような白衣で家に来られると、近所の目が気になります。

A 8. 対応する医療機関にもよりますが、ご相談いただければ普段着でおうかがいすることも可能です。一方、私たちは在宅での療養が当たり前と考えてもらえる社会になるように願っています。病いを抱えていても自分の家で自分らしく暮らせることは大事なことだと考えています。

在宅療養中の痛みや急変に対する不安

Q 9. 夜間や土日、定期訪問以外で急に具合が悪くなったときに、誰に連絡すればいいのでしょうか？ 対応が間に合わないのではないでしょうか？

A 9. まずは、訪問看護ステーション、あるいは在宅医に連絡しましょう。緊急時の連絡先については、通常、訪問診療が始まるときに携帯番号など書いた紙をわかりやすい場所に貼るようにしてもらっています。

在宅療養に取り組む訪問看護ステーション、訪問診療医は、原則として 24 時間対応しています。末期がんなどで、ご自宅で穏やかな最期を迎えたいと考えていても、息が止まったとき救急車を呼ぶと、望まない心臓マッサージや救命措置を受けてしまったり、場合によっては警察が介入したりすることがあります。救急車を呼ぶかどうかは主治医と相談して決めましょう。

緊急の対応が必要なときに、例えば独居や老老介護などで十分な対応ができないような場合には、入院を選択されるようすすめることもあります。

Q 10. ときどき痛みもあるのに家で大丈夫？　入院していなくていいのでしょうか？

A 10. 痛みをコントロールすることは自宅でも十分にできます。入院は、自宅で対応できない特別な検査や治療が必要な時に行います。

痛みをコントロールするための薬には、いつもある痛みに対する薬と、ときどき出てくる痛みに対する薬があります。ときどき出てくる痛みに対する薬は、いつもある痛みに対する薬と一緒に、あらかじめ処方されます。また、痛みをコントロールするための薬は飲み薬だけでなく、坐薬や貼り薬などがあり、状態に応じて使用します。さらに、痛みによる生活のしづらさも、在宅ケア・医療チームが関わることで軽減することができます。

Q 11. 痛みをコントロールするのに麻薬を使うと聞いたことがありますが依存症になるような心配はありませんか？

A 11. 心配ありません。国から「痛み止め」として認められた薬で、知識を持った医師のもと適切に使えば大丈夫です。

■医療用麻薬

・がんの痛みの治療に使用する限り、精神的依存は起こりません。

・病気の進行に悪い影響は与えません。余命が短くなることもありません。

・投与量が増えることがあったとしても、痛みが強くなったためであり、効かなくなったわけではありません。また、がん自体の進行によるものとは限りません。

・痛みの原因が解決し、痛みが軽減した場合には、一定の手順を守って減量することが出来、安全に中止することもできます。

Q 12. 病院でされていた注射や吸引を、家族がしないといけないのでしょうか？　また、患者と家族だけで酸素の機械や尿の管を管理ができるか心配です。

A 12. 酸素濃縮装置の管理は難しくありません。この装置は家庭用電源で作動し、空気中の酸素を濃縮します。停電しない限り使用できます。また、尿に関しては採尿バッグに溜まった尿を捨てることをお願いすることがありますが、不安な場合は訪問看護師におまかせください。

しかし、ほとんどの処置は訪問看護師が行います。ときには看護師が不在の時にたんの吸引や点滴の抜去など一部の処置をお願いすることもありますが、吸引については、看護師以外にも研修を受け知識を持ったヘルパーも行うことができます。ご家族にお願いするときには訪問診療医や訪問看護師や機器の担当相談員がご説明し、不安がないようにいたします。さらに困ったときに対応できるよう、連絡をいただいて訪問する体制をつくります。連絡先の確認をしておきましょう。

多職種チームで支える在宅療養

Q 13. 在宅療養を受けるとなると、誰が家に来るのでしょうか？

A 13. 訪問診療医、訪問歯科医、訪問薬剤師、訪問看護師、訪問薬剤師、リハビリセラピストなどの医療系、ケアマネジャー、ヘルパーや福祉用具支援専門員、ご要望次第で訪問入浴のスタッフなどの福祉系の専門職がご自宅にうかがいます。なお、医療系サービスの訪問には、医師の指示書が必要です。また、各職種の訪問にはご本人またはご家族の同意が必要ですので、希望しない職種が勝手に訪問することはありません。もし、ご希望に沿わないことがありましたら主治医やケアマネジャーに希望を伝えましょう。患者さんの状態によってどうしても必要な職種の場合には、その旨主治医やケアマネジャーから説明があるはずです。

介護保険対象の方（40 歳以上の末期がんなどの方や 65 歳以上の方）では、まずはケアマネジャーが訪問し、ご本人、ご家族と相談しながらケアプランを作成し、必要なサービスを提供します。介護保険対象外の人で障害者手帳をお持ちの方は、相談支援専門員がコーディネートのお手伝いをいたします。

Q 14. かかりつけの医師が訪問診療（あるいは往診）してくれるか不安です。

A 14. かかりつけの医師に在宅療養を希望していることを伝え、訪問診療や往診の有無をご確認ください。自分が住む地域に来てくれる訪問診療医がいるのか？など、まずは情報収集をしましょう。そのうえで、①相性が合うか、②家から近いか、③ 24 時間往診してくれるか、④医師の専門などなどを参考に選びましょう。情報は地域の訪問看護師やケアマネジャーが持っています。

■訪問診療

外来に通院することが困難な場合に、定期的に医師がご自宅に訪問し、診療、治療、薬の処方、療養上の相談やアドバイスなどを行うことを指します。患者さんは自宅でリラックスした状態で診察を受けることができます。訪問診療医は患者さんの療養環境とご家族の介護状態も踏まえて、一番いい治療をいっしょに考えて提供します。

なお、「往診」は、患者さんやご家族等の求めに応じて、突発的な病状の変化に対して緊急的に医師が患者さんの家にうかがって診療を行うことを指します。

■訪問看護

疾患などを抱えている人について、訪問看護師が自宅を訪問して、療養上の世話や診療の補助をします。病院の看護師と同じ役割を担います。患者さんとご家族に以下のようなケアを行います。

・医療処置（訪問診療医の指示に基づく医療処置）
　療養上のお世話（体拭き、洗髪、入浴介助、食事、排泄介助）
　病状の観察（病気や障害の状態、血圧・体温・脈拍測定）
・ターミナルケア（さまざまな病気や老衰で終末期の方が自宅で過ごせるようにお手伝いします）
・医療機器の管理（在宅酸素、人工呼吸器などの管理）
・褥瘡の予防や処置（褥瘡防止のアドバイスや生活の中での工夫、褥瘡の手当）
・認知症の方のケア（事故防止、介護相談など）

Q 15. 薬剤師に訪問してもらうためにはどうすればいいですか？　誰に相談すればよいですか？

A 15.「通院が困難」な患者さんで「医師の指示」が出されれば、訪問薬剤師がご自宅にうかがうことができます。薬の管理や服用方法について不安がある場合、医師やケアマネジャーにまずは相談してみましょう。かかりつけ薬局やかかりつけ薬剤師がいる場合には、まずはそちらに相談してみましょう。

Q 16.「通院が困難」とはどのような状態ですか？

A 16. 通院時にご家族や介護者などの助けが必要な場合です。完全に寝たきりでなくても、認知機能や身体機能が低下した結果、通院が困難になっている場合も対象になり得ると考えられています。なお、「通院が容易な者」の解釈について通知があり、「年齢、病状などによるため一概には言えないが、少なくとも独歩で家族などの助けを借りずに通院できるものなどは通院は容易であると考えられる」（平成 20 年 3 月 28 日、厚生労働省保険局医療課）とされています。

■訪問薬剤師

自宅だと薬の整理が難しい、薬が飲みにくい、薬を飲み忘れてしまう、何に効く薬かわからないなど、薬に関して困っている患者さんの自宅に薬剤師が訪問し、薬の管理をお手伝いしたり、薬が飲みにくい場合には、きちんと飲めるようにお手伝いします。そして、薬が飲めるようになったら、その薬はきちんと効いているか、副作用は出ていないかなどを確認して、在宅ケア・医療チームと情報を共有し、患者さんとご家族を支援します。

Q 17. 家に帰るためには、病院で使っているようなベッドや車椅子などの介護用品を買わないといけないのでしょうか？

A 17. 自宅で生活をするうえで必要な介護ベッドや車椅子、杖をはじめ身体機能の低下を補うための福祉用具があり、介護保険を利用しほとんどをレンタルできます。介護度によってはレンタルできない用品もあるため、ケアマネジャーと相談し自分にとって最適な福祉用具を選びましょう。

障害者手帳を持っている方が購入する場合は、地域生活支援事業の日常生活用具の給付・貸与で6種の用具が購入・貸与できるようになっています。詳しくは市町村の障がい相談窓口までご相談ください。原則給付はほとんどが購入で、事業者に市町村から直接給付され本人が収入により一部負担します。子どもの車椅子は成長に合わせ買い替えることが多いためレンタルとなりました。

■福祉用具貸与

日常生活の自立を助けるための福祉用具をレンタルするサービスです。自己負担はレンタル費用の1～3割です。介護保険の支給限度額が適用されます。用具の種類や金額は事業者により変わります。ケアマネジャーと相談し複数の事業所から選ぶことができます。

Q 18. 入院していた時と同じように家でもリハビリはできますか？　がんで終末期の状態でもできますか？

A 18. 基本的には介護保険の認定を受けている患者さんで、通院困難な場合には自宅で理学療法士や作業療法士、言語聴覚士からリハビリを受けることができます。ベッド上で過ごす時間が多い方や車椅子で生活されている方はもちろん、自宅での安全な移動手段の検討や練習、ご家族へ楽な介助方法の指導など、自宅でのリハビリを行うことか有効である場合は訪問リハビリテーションの利用が可能です。患者さんの身体の状態に合わせた動き方や、動きやすい生活環境調整のアドバイスを行います。がんで終末期の状態でもリハビリを受けることができます。

介護保険をお持ちでない方は、医療保険での適用もあります。医師やリハビリテーションスタッフやMSWへ相談しましょう。費用の目安は、20分間行った場合、自己負担1割の方で20分で290円程度です。

■訪問リハビリテーション

上記のサポートはもちろん、対象は患者さんだけでなく、ご家族へ楽な介助方法のアドバイスもします。終末期であっても、患者さんとご家族が安心して自宅で過ごせるようにサポートします。

Q 19. 在宅療養を受ける場合、医師や看護師などに交通費や“心付け”も必要になりますか？

A 19. 交通費については実費を請求してもよい制度となっていますので、利用している診療所や訪問看護ステーションにお尋ねください。心付けは全く必要ありません。

家族が倒れそうな時は？

Q 20. 退院して在宅療養をしていても、また入院はできるのでしょうか？

A 20. 可能です。一度在宅療養を決めたら、ずっと在宅でいかなければならないということはありません。病状に応じて再び入院することも可能ですので、柔軟に考えてください。いま入院中であれば退院までに、病院の担当医や訪問診療医と話しあっておきましょう。病気の回復が難しい終末期とされる状態で在宅療養をしている場合は、訪問診療医や訪問看護師などと、最後まで家で過ごすのか、最後は入院を希望するのかを話し合っておきましょう。ただ、途中で望みが変わったり、気持ちがゆらぐこともあると思います。そうした時は、最初と違う希望をおっしゃってもかまいません。医師や看護師なども患者さんとご家族に一番いいと思われることを一緒に考えていきますので、ご相談ください。

病状が落ち着いている時にはご自宅で過ごしていただき、悪化したら入院するというのも在宅療養の一つの方法です。特に終末期ではない、慢性期の疾患などの場合は、在宅と入院の行き来をすることがあります。

Q 21. 在宅療養を選択すると、家族は用事があっても外に行けなかったり、疲れた時や風邪を引いた時でも患者の側を離れられなくなるのでしょうか？

A 21. 介護保険や障害者総合支援法によるサービスを利用し、ショートステイやデイサービスなどを組み合わせることで介護者の負担を減らすレスパイトケアを受けることができます。難病や特殊な病気の患者さんの場合は、病院のレスパイト入院を利用することもできます。介護はご家族だけで担うものではなく社会全体で担うものです。ご家族が疲弊する前に、担当のケアマネジャーや訪問看護師にご相談ください。

■レスパイトケア

介護疲れから一時的に解放し、介護者が疲弊してしまわないようほっと一息つけるように援助してもらうこと。介護者の心身のリフレッシュをはかります。

看取りの心構え

Q 22. 最後の瞬間はどんな対応になるのですか？

A 22. 患者さんの最期に寄り添うことを「看取り」と呼びます。病状が深刻で死が避けられないと考えられるときには、穏やかな看取りが実現できるように症状の緩和につとめます。状況にもよりますが、終末期の場合には、医師や看護師は看取りの場面には必要ありません。ご家族だけでも看取りはできます。病気の経過が記録され、その病気で亡くなったことが明らかであれば死亡診断書が発行されます。息を引き取られてから訪問看護師や訪問診療医に連絡すると、訪問して医師が死亡確認を行います。

なお、看取りのときに注意することは、①救急車は呼ばない、②亡くなった時間を書き留めておくことです。医師が死亡確認するまでの時間は都合によりますが、訪問診療医が関わっている場合、亡くなるまでの 24 時間以内に診察していなくても死亡診断書は出せます。

ただし、それまでの経緯と異なる死亡の状況や外因死の可能性が疑われる場合には、警察や消防へ連絡する必要性がある場合もあります。詳しくは訪問診療医へお尋ねください。

在宅療養の条件

Q 23.　一人暮らしでも最期まで家で過ごせますか？

A 23.　どなたでも可能というわけではありませんが、一人暮らしでもご本人の覚悟があれば対応できる場合があります。一人暮らしとひとことで言ってもご家族が遠方だったり、天涯孤独だったり、さまざまなケースがあります。行政や施設の職員と看取るケースもあります。ご本人やご家族の意向のなかで強く希望される場合には可能です。

身寄りがない場合には成年後見制度を利用し、成年後見人がついてくれます。ただし、成年後見人は死後の支援をすることができないので、各種費用の支払い・葬儀・死後の手続きなどの準備に早めに取り組んでおくことが必要です。

Q 24.　誰でも在宅療養を受けられますか？

A 24.　基本的には誰でも在宅療養を受けることができます。一人暮らしの方でも、認知症の方でも可能です。ただし、在宅療養に抵抗がある方には困難です。

また、体調が悪い時に電話をかけたりSOSボタンを押すなどの連絡の取ることができない人で、代わりに連絡をとってくれる人がすぐ側にいない場合には、急変時の対応ができないことを覚悟していただく必要があります。

佐賀大学医学部看護学科
熊谷　有記

病気や障がいがある人でも，希望する場所で安心してその人らしく過ごすことを支えられる看護職を育てていきたいと思っています。

くましろ薬局　木原店
薬剤師　奥城　法之

佐賀市や神埼市で訪問薬剤師をしている奥城です。「佐賀であまり聞かない名前だね」とその話題から始まる初回訪問。お互い緊張しそうな初対面もこの名前で和ませるきっかけとなってます。

在宅療養、看取りの事例
住み慣れた場所で最期まで過ごす

在宅ケア・在宅医療には大きく分けて「療養・治療」と「看取り」の２つの場面があります。

心不全や呼吸不全、神経難病、重症小児など自宅で継続的に医療的サポートが必要な人には専門の医療機関と連携して療養を支援します。そして、重症化した場合には入院、落ち着いた場合には自宅などと病気の状態に合わせて療養場所を提案しながら支援します。

看取りが視野に入ってきた人生の最終段階には、患者さんと家族、医療者がどこまで治療するかを十分に話し合い、正確な診断のもとに救命が困難であることを確認した上でご本人、家族の希望に応じた療養の場所を選び、そこで過ごしていただくようにします。どのような選択があっても、緩和ケアは最後まで充分に行います。またときには、療養場所の希望が途中で変わることもありますが、そういったゆらぎに対しても、患者さん、ご家族が自由に療養環境を選べるようにサポートします。いま、がん患者の方が多いのですが、認知症の方や心不全などの患者さんも自宅で最期まで過ごされる方が増えてきています。

ここでは病気の種類と、家族や社会的状況など療養環境別に事例を紹介します。

＊　なお、文中に出てくる名前はご本人・ご家族のご了承を得たもの以外は仮名です。

交通事故による左下肢欠損、うつ病、前立腺がんの多発骨転移、レビー小体型認知症発症

夫婦二人 最期まで自立して生ききる

ひらまつクリニック
鐘ヶ江 寿美子

在宅患者の小山さん

梅、菜の花、桜と順に春の訪れを知る3月、私たちの在宅療養支援診療所では2年半在宅療養をされた小山さんとのお別れがありました。

小山さんは40歳で交通事故に遭い、左下肢を失い、76歳のとき前立腺がん・多発骨転移を診断され、余命1年と宣告されました。診断から1年後、がんによる痛みで通院が難しくなり、当院に訪問診療の依頼をいただきました。

がんの痛みは医療用麻薬で緩和できたものの、療養中にレビー小体型認知症を発症し、一時は奥様も介護に不安を強く感じておられましたが、地域の在宅医療と介護の連携が円滑にいったこともあり、今年の正月には80歳の誕生日を祝いました。闘病40年、小山さんは常に前向きで、医療人を目指す学生や地域ボランテイアの方にご自分の闘病体験をよく話してくださいました。最期は病院で迎えられましたが、それもご本人の意思によるものでした。小山さんと奥さん、そして小山さんの自宅療養を支えた人々の物語を紹介します。

在宅医療のはじまり

40歳代で交通事故にて左下肢を失った小山さんは車イス生活を余儀なくされましたが、「障がいに負けない」と誓い、その後仏具師として再出発をしました。65歳で退職を迎え、その後は次男夫婦が経営する店舗の2階に転居し、奥さまと余生を送っていました。仕事熱心だった小山さんでしたが、退職後は何事にもやる気がなくなり、眠れなくなり、精神科で「うつ病」と診断され、治療を受けていました。

精神科にかかり、抑うつ気分が回復してきた小山さんでしたが、76歳の時、激しい腰痛に見舞われます。小山さんは近所の整形外科を受診しましたが、精密検査のため大学病院を紹介されました。大学では前立腺がんと診断され、がんが腰椎だけではなく、脊椎に多発性に転移をきたし（ステージⅣ)、余命1～2年であろうと小山さんとご家族に説明がありました。小山さんは落胆しましたが、家族と話し合い、「なるべく自宅で過ごしたい」と自分の気持ちを大学病院の医師に伝えました。そして大学病院から地域の泌尿器科を紹介してもらい、ホルモン療法を継続することになりました。大学病院の医療ソーシャルワーカー（MSW）は介護保険制度の説明をし、地域のケアマネジャーにつなぎ、介護ベッドや手すり等が手配され、療養環境が整いました。

しかし、その1年後、小山さんの腰痛は強くなり、泌尿器科医からホルモン療法の効果が芳しくないことを告げられ、小山さんと家族はがんの積極的な治療をやめることを決断しました。とうとう通院も難しくなった時、ケアマネジャーは泌尿器科医と相談し、小山さんと家族に「在宅医療」をすすめ、地

域のＡ訪問看護ステーションと当院（在宅療養支援診療所）が担当することになったわけです。
はじめて小山さんを診察したとき、小山さんはベッド上で目を閉じ、じっと痛みに耐えていました。腰の痛みはがんの脊椎転移によるものであり（がん性疼痛）、私たちは医療用麻薬を速やかに開始することとし、訪問薬剤管理指導のため地域のＣ薬局と連携することとしました。

虫がはっている

小山さんの痛みは薬で緩和し、訪問看護のサポートで入浴もできるようになりましたが、小山さんはうかない表情をしていました。そして、「先生、痛みも楽になったから、今が死に時だと思います」とポツンと話しました。主治医になりたての私は、「痛みが楽になったので、これからご自分のなさりたいことをされては……」と応えましたが、それでも小山さんの表情は曇ったままでした。
奥さんと訪問看護師が最近の小山さんの様子を話してくれました。

・エピソード１：小山さんは「洗面所にたくさんの白い虫がはっている」、「壁に大きな蜘蛛がはっている」と言うが、家族にはそれは見えない。
・エピソード２：小山さんは自分の部屋が分からず、車イスで家の中をぐるぐる回っていることがある。
・エピソード３：夜にトイレに行った小山さんは、トイレに先客があったので、我慢していたら粗相をし、トイレの前で倒れてしまった。奥さんは小山さんをバスタオルで包み、風呂場まで引きずり、シャワーで洗身しなければならなかった。トイレには誰もいなかった。

実は以前より小山さんは幻視や幻聴を自覚していたのですが、奥さんが心配して「お父さん、そんなことを言うと入院しないといけませんよ。そんなものは見えません」と小山さんを諭し、小山さんも「そうか、僕は精神科に通っているし、幻が見えても当たり前なんだ」と自分なりに納得していたのです。奥さんは「幻覚や失禁は家族で処理しなければならないと思っていた」とのことで、尋常ではない小山さんを介護しながら「今後に対する不安」を感じていました。訪問看護師は「介護の問題も、まずは訪問看護にSOSしてください」と丁寧に説明し、在宅医にも相談するようすすめてくれました。私は一連のエピソードより、幻視、錯視、空間失認を考え、「レビー小体型認知症」を疑いました。

認知症と分かってすっきりした

私はケアマネジャーに在宅医療介護関係者によるサービス担当者会議の開催を依頼しました。奥さん、お嫁さんにレビー小体型認知症とそのケアの方法について、看護師、薬剤師、ケアマネジャーからも各々の立場より説明してもらいました。「認知症」と聞いて心配していた奥さんも、レビー小体型認知症は３大認知症の１つであり、もの忘れは軽いが、幻覚、パーキンソン様症状、自律神経障害、睡眠障害が出ることなどを知り、固かった表情も徐々にほぐれてきました。
小山さんには奥さんが「認知症らしいけど、大丈夫よ、私がついているから」と伝えました。レビー小体型認知症は薬の効果が出やすいので、私は訪問薬剤師、訪問看護師と綿密に小山さんについて連絡しあい、抗認知症薬等を調整していきました。抗認知症薬を始め２週間後、幻覚はほとんど消え、小山さんは（認知症になったから）「運転免許証は返還します。他人さまに迷惑はかけてはいけないからね」と話し、奥さんも「病気のことを知ったら、すっきりしました」とご夫婦に笑顔が戻りました。
ケアマネジャーは訪問介護もすすめましたが、小山さんと奥さんは（入浴など）「なるべく自分たちで、やってみたい」と返事され、ケアマネジャーも「心配なときはいつでも連絡してください」とお二人の気持ちを尊重しました。自立支援のため訪問看護では理学療法士による訓練も始まりました。訪問看護師とケアマネジャーはその後も奥さんからの介護の相談に丁寧に応えました。

地域に広がる支えあいのネットワーク

その後、小山さんも奥さんも認知症についてはオープンで、近所の方や知人にも話しました。体調が安定してきたころ、小山さんは「もっと、もっと心を磨きたい」、「春になったら畑に出たい」と希望を膨らませました。奥さんは「私たち夫婦はつつみ隠さず、皆さんにお話しします」、「皆さん、どうぞ夫を助けてください。そして、私にいろいろ教えてください」と話し、小山さんが認知症とわかり、夫婦ともに朗らかになられた感じでした。

小山さんや奥様の言葉を受け、私たちも「小山さんらしさ」をより尊重した在宅ケアを意識するようになり、小山さんの暮らしは輝き始めました。木工細工がお好きな小山さんは訪問看護師さんに木材を用意してもらい、作業場をこしらえました。畑仕事がしたい小山さんに近所の方が空き地を提供され、小山さんは畑を開きました。また、卓球がしたいとケアマネジャーに相談され、その想いを受けとめたケアマネジャーは地域の障がい者スポーツクラブにかけあい、障がい者卓球チームを小山さんに紹介しました。小山さんは障がい者スポーツのチームメンバーの前向きな姿を見て、「負けてはいけない」と自分を奮い立たせていました。以前にみられた抑うつもレビー小体型認知症の一症状であったとも考えられます。

小山さんの在宅療養を支えるチームは当初、ご家族と医療介護専門職で組まれたものでしたが、ご近所の方、スポーツクラブの方、また地域ボランテイアへとネットワークが広がっていきました。

幻覚もすっかり消え、「認知症は治ったよ。今度はがんと闘う！」と言って、車イスを運転しながらモップを操り、ご自分の部屋を掃除されるお姿は、さながらホッケー選手のようでした。小山さんが頑張られていたのは、家族への深い思いやりがあったからだと、私は後で気づいたのでした。

子どもに迷惑をかけたくありません

小山さんと奥さんは「子どもたちは忙しいので、自分たちでできることはなるべくしないと……」と老々介護で頑張られていました。お嫁さんは快活な方で、小山さんの奥さんとは実の母娘のようでしたが、小山さんの奥さんは次男夫婦に心配をかけないように気遣われ、介護の相談はケマネジャーや訪問看護師にされていました。

小山さんの腰痛、物忘れ、幻視等の症状は変動がありましたが、症状が増悪したときは、タイムリーに訪問看護を増やし、しっかり自宅療養をサポートしました。訪問看護の連絡を受け私たちは往診をし、薬剤師も薬の使用方法を丁寧にわかりやすく説明しました。

認知症の人の家族として

小山さんと奥さんは、40 年にわたる小山さんの闘病を二人三脚で乗り切ってきました。私たちには「大丈夫、障がいの重い人に比べれば自分はまだ軽い方」とよく言っていましたが、奥さんには弱気な発言やイライラした態度も見せていました。

奥さんは根気よく小山さんの気持ちやもの忘れ、幻覚に寄りそっていらっしゃいましたが、ストレスを感じていらっしゃいました。ケアマネジャーはショートステイの利用も提案していましたが、小山さんの奥さんは泊まりのサービス利用に関し割り切れない思いでした。

そんな小山さんの奥さんと認知症の研修会で会った「認知症の人と家族の会」の会員が、「認知症カフェ」を紹介してくれました。認知症カフェは本人も家族も気軽に参加できる会で、認知症やその介護に関する相談ができます。小山さんの奥さんは早速「認知症カフェ」に参加してみました。カフェに来られた認知症の人やそのご家族と会い、いろいろお話しするうちに、奥さんは「うちのお父さんの症状はまだ軽いほうだとわかりました」と明るい表情で話してくれました。

晩年、小山さんには歌声の幻聴がありました。女性の声は童謡、男性の声は戦歌。歌に合わせて口ずさむ小山さんに、奥さんは「お父さんは伴奏があっていいね」とウィットに富む声かけをされていました。また、奥さんは介護だけに没頭するのではなく、趣味の手芸の時間も大切にされ、お孫さんの初節句に手作りの立派なひな飾りを作られ、その作品はご夫婦やご家族を和ませていました。

小山さんとの別れの項

１年前より、がんによる貧血がある小山さんに倦怠感、軽い心不全症状がみられるようになりました。症状緩和のために時々輸血をしていましたが、ある日、小山さんは「輸血も延命と思います。私は静かに逝きたい」と意思をはっきり話されました。また、「車イスを自分でこげなくなったら、入院します。お母さん（奥さん）に迷惑をかけたくない！」とも話されました。

車イスをご自分でこぐことができなくなった翌日、呼吸不全に陥り、在宅酸素療法を開始しましたが、小山さんとご家族は入院を選択されました。数日後、入院している小山さんにお会いしたとき「安心した」と笑顔で言われました。その週末、遠方の息子さんやお孫さんがお見舞いに来られたとき「ありがとー、ありがとー」と繰り返されていたそうです。

危篤の時、奥さんとお嫁さんは「大往生です。今度は三途の川を渡れるでしょう」と静かに、凛として話していらっしゃいました。

小山さん夫婦は最後まで、ヘルパーや通所サービスなどの介護サービスは利用されず、ご夫婦の阿吽の呼吸で在宅療養を乗り切られていました。利用できるサービスは何でも使うのではなく、障がいがあっても「自立している」という矜持をもっておられ、その証拠に小山さんの上半身は長年の筋力トレーニングでがっちりしていました。奥さんも訪問看護師のコミュニケーションの取り方や処置から多くの介護スキルを学ばれ、すぐにマスターされていました。子どもに世話になるのではなく、専門職のアドバイスを活かしながら、地域の人々と支え合い、自分らしく生ききった小山さんは、私たちに地域で「支え合う」ということについて多くのヒントを残してくださいました。

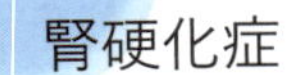

透析治療を在宅で支える

周囲のサポートで快適腹膜透析ライフ

南里泌尿器科医院
南里　正之

本　　人：93 歳（透析導入時）／女性（松田さん）／独居／介護保険なし
主病名：腎硬化症
ＡＤＬ：身体障害なし／認知症なし
家　族：長女—結婚して独立しているが、患者（母親）の世話は日々できている。

「血液透析」と「腹膜透析」

基幹病院腎臓内科医（Ａ病院）から佐賀市内で腹膜透析を行っている当院に、松田さんに対する腹膜透析導入の相談があったのは半年前でした。10 年前に慢性腎臓病と診断され、かかりつけ医で保存的治療を受けていましたが、腎機能は徐々に低下していたようです。2 年前、腎不全の治療目的でかかりつけ医から基幹病院腎臓内科に紹介されています。

Ａ病院の担当医から腎不全に対して今後、透析治療が必要になると説明を受けましたが、当時、90 歳を過ぎてご高齢の松田さんが認識していた透析治療とは「血液透析」だけでした。血液透析を行うと食事や飲水制限があり、週 3 回の通院が必要になるなど拘束時間が長くて今までの生活が送れなくなりました。そのため、独居で、車の運転もできない松田さんは、「透析治療を開始すると家族に迷惑をかけることになるから、透析を行うくらいなら死んだほうがまし」と頑なに透析治療を拒否していました。そんな松田さんに、 腎臓内科担当医は松田さんの気持ちを十分に尊重しつつ、腎不全で命を落とさないように、透析療法には血液透析の他に自宅で治療を行うことができる「腹膜透析」があることを丁寧に説明しました。家族の後押しもあり、腹膜透析を導入することになりました。

腹膜透析導入後、今までの食事制限が解消され、内服薬の減薬、むくみも解消できました。一番の懸念事項であった腹膜透析の手技は入院中に担当看護師にしっかりと指導してもらい、習得することができています。

腹膜透析は、“ペットボトルの蓋さえ開けることができれば”誰でも行うことが可能です。また、年齢を問わず、さらに認知症や寝たきりの方でも、家族や看護師などが透析液の交換を行うことができれば実施可能です。当院でも腹膜透析導入時には通院可能でしたが、現在、要介護 5 となり寝たきりになった患者さんがいますが、家族と訪問看護師の協力により自宅での腹膜透析治療を継続できています。

透析治療には「血液透析」と「腹膜透析」があり、それぞれにはメリットとデメリットがあります。血液透析は治療を医療スタッフがすべて行うため患者の安心感が高いというメリットがありますが、週 3 回（月 12 ～ 13 回）の通院が必要であり、通院時間も含めると場合によっては毎回 6 時間以上拘束されてしまいます。また、血圧低下など体に急激な変化が生じやすいため、高齢者には心臓への負担が懸念されます。

一方、腹膜透析は通院回数が月１～２回と少ないので患者の自由度は高く、心臓への負担は少ないというメリットはありますが、透析液の交換を患者側で行う必要があります。また、腹膜機能低下に伴い透析効率が低下するので７～８年以上腹膜透析を継続することは困難なことが多いです。そのため、腹膜透析の普及率は欧米諸国では 10 ～ 20% ですが、日本では 3% 弱と低くなっています。日本では血液透析の設備が整った施設が全国に均等にあるので、自力で通院可能な前期高齢者までは血液透析のほうが容易かもしれません。

超高齢社会における透析患者のかかえる問題

しかし、超高齢社会に突入したわが国における透析患者の問題点は、①透析導入患者の高齢化、②独居・老老介護による通院困難、③血液透析患者の老人施設への受け入れ困難、となっています。そのため、日本における腹膜透析の位置づけが変わってきつつあります。腹膜透析の手技を患者自身ができなければ、家族や訪問看護師および施設の医療スタッフに行ってもらい、周囲のサポートや社会資源をうまく活用することで腹膜透析は可能になります。そのため、高齢透析患者の QOL を改善するために腹膜透析をもっと活用すべきと考えられるようになりました。

「在宅ネット・さが」に参加している訪問看護ステーションのスタッフやケアマネジャー、有料老人施設管理者などは腹膜透析に対して協力的であり、腎不全に対する在宅治療として腹膜透析を活用しやすい環境が整備されております。松田さんも自宅での透析トラブルに備え、腹膜透析に精通している訪問看護ステーションと連携を取ることで、自宅に退院することができました。

現在、家族のサポートで月２回の通院を行っております。通院日以外はデイサービスを活用し人生を楽しく過ごされているようです。

高齢者の透析ライフ

超高齢者であっても、透析を行うことで余生を楽しく過ごせる可能性があれば、透析治療を行う価値は十分にあると思います。特に腹膜透析は血液透析よりも透析による疲労感は少なく、通院回数が月１～２回でよいため、透析導入前後で生活リズムの変動が少なく、超高齢者には血液透析よりも適していると考えられております。高齢者は透析治療が必要になった時に、真っ先に心配することは、自分が透析を始めることで家族の負担が多くなることのようです。一方、ご家族は患者さんに透析を行ってでもできるだけ元気でいてほしいと望んでおられます。

腹膜透析は透析液さえあればどこででもできます。そのため家族が忙しい時は訪問看護やショートステイを利用したり、近隣の診療所に一時入院したりするなど社会資源を活用して家族の負担を軽減することができます。近年、末期がんや神経難病、慢性心不全・呼吸不全、認知症に対する在宅医療は飛躍的に向上してきております。しかし、慢性腎不全に対する在宅医療はまだ充実していません。今後、腹膜透析と社会資源を活用して慢性腎不全の在宅医療を満足できるものにしていかなければいけません。

■執筆者からのメッセージ

腎臓病専門医のライフワークは「蛋白尿から腎不全まで」といいますが、在宅療法支援診療所の腎専門医として「蛋白尿から看取りまで」をライフワークに慢性腎臓病の保存期治療、腹膜透析、血液透析、腎移植の啓発活動に取り組んでいます。

胃がんの患者さんの在宅での看取り

満岡内科クリニック
満岡　聰

プロフィール：浅田さん、60 歳、会社員、主婦
主訴：嘔吐
家族：夫と二人暮らし。子どもは二人で一人は関西、もう一人は近県在住。兄弟、親戚は県内に数名。
現病歴：20XX 年 3 月に心窩部痛を主訴に近医を受診し、内視鏡検査を受け、B 病院に紹介された。精査の結果、腹膜播種を伴う幽門前庭部胃がんと診断された。

胃がんの診断を受けて、４月より化学療法が開始されましたが、副作用の腎障害が出現したため中止となりました。８月になり、胃の出口の幽門ががんの進行で狭窄し、食事が十二指腸へ通過しなくなり、嘔吐をするようになったため入院となりました。IVH（中心静脈栄養[*1]）が開始され、食物が狭窄部を迂回して通れるようにバイパス手術を目的に開腹しましたが、腹膜播種のため実施できませんでした。９月より再度、薬剤を変更して化学療法を開始し、この時点では抗がん剤の効果は画像検査等では確認できませんでしたが、本人の希望で、以後は外来で化学療法を続けることとなり、訪問診療目的で当院が紹介されました。

退院前カンファレンス〈10 月 9 日〉

◯**参加者**：浅田さん、浅田さんのご主人、長女、浅田さんの妹、B 病院主治医 Dr. C、副主治医、地域医療連携室担当看護師、満岡（在宅医）、満岡クリニック看護師、訪問看護師、訪問薬剤師
◯**現在の状況**：胃がんの末期。痛みはほとんどない。食事がはいらないので中心静脈栄養を行っている。薬はのめている。
◯**治療について**：治療が効いて食事をとれることが希望。どこまで治療をするかはまだ話をつめていない。最終的には家で過ごしたいが、ご主人ひとりでは無理だろうと思っており、ホスピスや病院を視野にいれている。点滴を 24 時間いつもしなければいけないことが気になる。
◯**ＡＤＬ**：室内の移動は可能。病院での移動は車椅子使用が望ましい。排泄は自力でトイレでできる。食事は幽門狭窄による嘔吐のため食べられない。
◯**生活・家族背景**：元々夫婦共働き。子どもは独立していて現在二人暮らし。家のベッドは 2 階だが 1 階に下ろす予定。

夫は定年後の嘱託で働いているので、退職をしようと思えばいつでもできる。まじめで気弱な様子。趣味は旅行と山登り。また、アパート経営もしており経済的には困っておらず、必ずしも働く必要はない。周囲から仕事を辞めて介護に専念することを勧められているが、家にいても何をしてよいかわからない。不安が強く家で妻を看取るという覚悟はまったくない。

長男…関西在住。長女…熊本に嫁いで４歳と０歳の子どもがいる。

＊１：中心静脈とよばれる心臓のそばの太い静脈まで点滴用のカテーテルを挿入して高カロリーの点滴を行うこと。

その後の経過

このカンファレンスののち、週１回火曜日に外来化学療法を行いつつ訪問診療をするという方針となり、10 月 16 日より週に１回の訪問診療を開始しました。本人の困っていることは、食べられないことゲップで苦いものが上がってくることで、痛みは特にないようでした。

10 月 28 日より　上腹部痛が出現したため、痛み止めとして麻薬の貼付剤であるフェントステープ®を処方し、嘔吐に対して制吐剤の使用を開始。しかし、麻薬に対する抵抗が強く、たびたびの説得の末、実際に使用を始めたのは 9 日後からだった。その後、痛みは消失したが、1 日 2、3 回の嘔吐は継続。

11 月 9 日　栄養剤（脂肪乳剤）点滴後に、中心静脈のための皮下に植え込んだ CV ポートが詰まってしまったため、数日、末梢から輸液量を減らして点滴を行い、このときは嘔吐の回数が減っていた。

11 月 14 日　B 病院で CV ポートを再挿入し退院。

ギアチェンジへの抵抗

11 月 29 日　検査の結果、がんに対する治療が効いていないという説明を受けて、浅田さんは気持ちが落ち込んだ様子。この頃から当院ではギアチェンジ*2を考慮し始めたが、浅田さんもご主人も抗がん剤治療を受けることに希望をつないでいたので、まだ、話を切り出す時期をみていた。

12 月 6 日　近所のショッピングモールでカツラを購入され、12 月までは時々発熱はあるものの比較的元気で、食べ物は食べられないものの少量の飲み物を飲んでは吐いていた。

12 月 27 日　腹水が増大し、お腹がパンパンに張るようになり、それにともなって外痔核が出現。

20XX ＋１年１月６日、浅田さんの腹部の張りが耐えがたくなったため、B 病院を緊急受診して腹水を 1.5 ℓ 穿刺廃液されました。満岡としては、この時点で抗がん剤を中止し輸液を絞る在宅緩和ケアへ方針を変更したいと思いましたが、病院の主治医とご夫婦の話し合いで、はっきりとした効果は確認できず副作用のデメリットも認められましたが、化学療法を続ける方針となりました。

1 月 16 日　ご主人へこれ以上の抗がん剤治療と輸液は副作用が強く浅田さんの負担になるため、抗がん剤中止と輸液の量を減らし、緩和ケアを中心に行う方針を提案したが、浅田さんが治癒を目的とする治療に固執するため、本人が納得するまで説得を続けることとした。

1 月 20 日　腹水穿刺廃液 1 ℓ。

1 月 25 日　腹水貯留の量を減らすために輸液を 1600㎖から 1000㎖に絞る。嘔吐、げっぷ、腹部膨満が増悪してきたので腸閉塞による腹痛や嘔吐を抑える効果があるサンドスタチンの注射を開始。

1 月 28 日　本人はこの時点ではまだ化学療法を受けていて、次の受診時にＣＴを撮って治療効果を判定し、緩和ケアへの移行の話を B 病院主治医の Dr.C がすることになっていた。

■家族の認識　夫との会話

ご主人は病院の主治医 Dr.C より、「治療は効いていないが、全体的に治療を続けるにあたり問題はない」と説明を受けましたが、「今後のことを考え緩和ケア病棟に予約するように」言われて、一人で D 病院の緩和ケア外来を受診し入院を予約。さらに、緩和ケア病院は入院待ちが長いため、待機中に入院が必要となったときに備えて E 病院に入院予約もされるように勧められました。

＊２：治療の主目的をがん治療から症状緩和へ移行すること。

満岡：腫瘍が大きくなっていることや、腹水が溜まっていることから考えると、決して効果があるとは言えません。もう化学療法をやめてはどうでしょうか？

夫：本人はまだ治療を受け頑張ろうとしているので緩和ケア病棟の件は話していませんが、何かあったときには入院を受け入れてもらえるよう、K病院へ予約をしたことは伝えてあります。

満岡：浅田さんの最期はどこで迎えるおつもりですか？

夫：家族とも話し合いましたが、自宅での看取りは考えられません。本人が動けなくなったら緩和ケア病棟かH病院へ入院させたいと考えています。

満岡：ここ数週間は、今までに比べ加速的に悪い方向へ向かっています。早ければ1月、2月いっぱいは難しいかと思います。もう、仕事を辞めて介護へ専念されてもいいのではないでしょうか？

夫：会社は事情をわかってもらっています。しかし、家にいて何をすればよいかわからないんですよ。

ギアチェンジ

1月30日　腹部膨満感や倦怠感などの症状の緩和目的でステロイド剤（リンデロン）の静脈注射を開始したところ、嘔吐や吐き気が徐々に治まった。

2月1日　IVHからの高カロリー輸液量を1日700㎖に減らし、不安・不眠を和らげる目的で向精神薬のリスパダールを眠前に舌下錠を開始。この日から腹水のため、自力で坐薬挿入ができなくなった。

2月4日　B病院で腹水を2ℓ穿刺廃液された。腎機能は徐々に悪化。徐々に自力でのポータブルトイレの移動、服薬も困難になってきた。

これ以降、輸液量をさらに減らし、内服薬はすべて中止、サンドスタチンとリンデロンは持続皮下注にしましたが、浅田さんの状態は急速に悪化し、2月9日の朝には訪問看護ステーションからの電話を受け、緊急往診をしました。本来、満岡が主治医であれば化学療法はもっと早くにやめ、輸液も中止していましたが、緩和ケアへのギアチェンジがうまく行かず、症状コントロールにも難渋していました。

また、浅田さんの最期をいつ、どこで迎えるかについても関係者間での意思統一が必要と考え、S病院の医療連携室に依頼し、2月10日にカンファレンスを開くことになりました。

在宅看取りに向けて──ケースカンファレンス〈2月10日、B病院〉

参加者：浅田さんの夫、娘さん、浅田さんの姉妹、B病院主治医Dr. C、副主治医、地域医療連携室担当看護師、満岡、満岡クリニック看護師E、訪問看護師F、訪問薬剤師G

浅田さんは朝から、もうろうとした状態であり、腹水穿刺中でカンファレンスには参加していない。

主治医よりの経過説明：「胃の出口のがんで、抗がん剤治療を続けてきたががん性腹膜炎の悪化で腹水がたまっている。抗がん剤は効いていないので先週から治療はやめており、緩和ケアへの移行をしようとしている。かなり状態が悪くなっているので、今後ご主人を含めてどのようにサポートすればよいかを相談したい」

地域医療連携室の看護師：「予後は2、3週間も厳しいと思われる。ご主人は医師や看護師がいつもいる病院での療養を希望されているが、本人は自宅で過ごすことを望んでいる」

夫：「自分一人しかいないので不安でしょうがない。入院させたい」

長女や浅田さんの姉妹はご主人の意思に従うと言い、今後の協力を申し出る。

満岡：「今、入院しても、できることは在宅で行っていることと大差はない。むしろ緩和ケアチームのいない病院に入院すると、症状コントロールがうまくできない可能性がある。私たちは24時間体制にあるので、不安になったり何かあればいつでも呼んでほしい」

これに続けて、不安に思うご主人に、「これだけ人がいれば、そんなに不安はないでしょう。私たちも毎日行きますから、本人の居たい場所で最期を過ごさせてあげましょう」と言うと納得された様子で、この時点で浅田さんを在宅で看取ることになりました。また、病状については、「腹膜炎で腹水がどんどん溜まってきていて、点滴をすると、ますます腹水が溜まっていきます。症状コントロールのためには抜かなければいけませんが、さらに腹水が溜まりやすくなります。本人が一番楽になるように考えていきますが、点滴はしないほうがいいと思います。ただ、どうしても症状がコントロールできないときは、本人が希望されるときは、薬を使って寝かせてしまうこともあります」と説明しました。

この日以降、いつもは人がいなくて広く感じたご自宅に常時5人ほどのご家族がいて、騒々しいくらいになり、ご主人も不安で心細いような表情が見られなくなりました。浅田さんは、前日は意識レベルがかなり低下していて呼びかけにも返事ができませんでしたが、意識は清明で、介助でトイレまで行くことができていました。

疼痛コントロールは麻薬の貼り薬では不安定だったので、レガシー（ポンプ）による塩酸モルヒネ（痛み止めのための医療用麻薬）の持続皮下注射を開始しました。これによって、疼痛時はボタンひとつで塩酸モルヒネを必要量注入すること（自己調節鎮痛法：PCA）が自分でできるようにしました。

2月12日　吐き気、嘔吐が強いので、訪問薬剤師よりセレネースの使用を提案され、開始。足の筋力がなく移動が大変になったため、一時的に本人の了解のもと、膀胱留置バルーンカテーテルを留置。

2月13日　腹水貯留著明で強い苦痛を訴えられるため、エコーを持込み、腹水穿刺を行い1500mℓ廃液。

2月14日より　輸液を1日200mℓに減らし、2月17日からは点滴を中止。

その後は腹水が増えることもなく、腹水穿刺を必要とすることはなくなりました。Aさんは、吐きながらもレモン水、アクエリアスなどを結構飲んで、トイレも介助されながら歩いていくことができました。2月16～19日にはアイスを食べたり、カフェオレを飲むことができ、よく眠れて、ご家族とお話をされていました。時々起こる突出痛は数回あったもののPCAで対応し、痛みはほとんどコントロールできていました。

2月20日、倦怠感が強く、眠りがちとなり、血圧も下がってきたため、最期の時が近いことをご家族に説明しました。ご主人には「旅立ちのとき」という亡くなる前3カ月くらいからの経過を説明したパンフレットをお渡ししていましたが、この時点で、改めて死の前兆としての下顎呼吸について説明しました。

2月21日朝9時30分から下顎呼吸となり、9時40分に呼吸停止したとの連絡を受けました。満岡は、外来診療を抜けて、9時53分に死亡確認しました。

受け入れる覚悟ができるまで待つ

病院でのがん治療の中止を受け入れられない、ご本人とご家族の気持ちに寄り添うことにより主治医が無効な治療を継続することはしばしば見受けられます。そうした場合、さまざまな苦痛に対する症状コントロールが困難となりますが、ご本人が受け入れる覚悟ができるまでの時間が必要な場合もあり、普段からのどのように生き、どのように死と向き合うかを覚悟することの大切さを実感させられる症例でした。

膵臓がんの患者さんの在宅での看取り

満岡内科クリニック
満岡　聰

佐田さん　78 歳　主婦　夫と 2 人暮し。隣に次男夫婦と孫が住んでいる。
夫は元学校の校長で、県内各地で教室や勉強会を開催しており、家を留守にすることが多い。夫婦仲は良好、佐田さんが元気なときは夫婦で毎週、近所の山に仲間と登っていた。

末期の膵臓がんの告知

佐田さんは 63 歳の時より高血圧で当院に通院し、降圧剤を内服していました。X 年 2 月 13 日に、食欲不振と吐き気を訴え受診。この時の検査値で黄疸と胆道系優位の肝機能異常を認めました。腹部超音波検査を行なったところ、総胆管と肝内胆管の拡張を認めたため A 病院に閉塞性黄疸の精密検査目的で紹介し、入院となりました。

入院精査結果、膵がんの診断で、がんの浸潤により胆管と膵管が閉塞していることがわかり、胆管、膵管の閉塞に対して、胆汁や膵液が十二指腸に流れるように内視鏡下にステント*が挿入され 3 月 15 日に退院されました。

佐田さんご本人もご家族も膵がんの告知を受けておられ、がんの浸潤範囲が広いため、手術適応がないことの説明を受けていました。また、抗がん剤治療に関しては予後の延長があまり望めないため、ご夫婦共に治療に否定的で、緩和ケアを行うことが方針となりました。この時点での予後は半年程度とご家族には告げられましたが、本人には余命告知は行われていません。

ご本人、ご主人とお子さんたちと当院の外来でカンファレンスを行い、今後の方針は苦痛に対する症状コントロールを主とした治療を外来で行い、通院が困難となったら訪問診療を開始するという方針を確認しました。また最期を迎える場所として、ご本人が家で死にたいと明言されたため、在宅看取りを行うことにしました。その一方で、在宅での療養に本人やご家族が困難を感じられたときのために、S 病院の緩和ケア病棟の入院予約も早いうちにすませており、入院待ちが約 3 カ月でしたが、一般病棟への入院はいつでもよいと言われていました。

■症状コントロール

疼痛に関しては鎮痛剤のカロナール（アセトアミノフェン）を毎食後から開始しましたが、コントロールが不十分であったため増量し、さらにがん性疼痛に用いる医療用麻薬のオキシコンチンを処方に加えることで、痛みはコントロールできました。麻薬を使い始める前から、吐き気も強く、はじめは制吐剤のナウゼリンを処方しましたが、なかなか症状が取れなかったため、吐き気を止める作用のある向精神薬のジプレキサザイディスに代えることで症状はコントロールできました。便秘に関しては、内服で

＊：金属やプラスチックでできた胆管の流れを改善する管。

管理できていました。

9月2日時点では歩けるうちは通院したいということでしたが、同4日草むしりをして転倒した際、隣の娘さんではなく、隣県の娘さんに電話で助けを求めることがありました。同5日に理由のない服薬拒否のため、疼痛コントロール不良となったりしたため、様子をよくみるために訪問診療を開始することにしました。

在宅看取りに向けたケアカンファレンスの開催

同7日、関係多職種とご本人、ご家族でケアカンファレンスを開き、在宅医、訪問看護師、訪問薬剤師、ケアマネジャー、福祉用具専門相談員が集まりました。その場で、入院するとせん妄がひどくなるであろうと予測し、基本的に在宅で診て、困難な状況になったら入院も考えるという方針を確認しました。

ご家族には予後1カ月程度と説明して、ご主人にはしばらく教室や社会活動を休んでもらい、奥さんの看護に専念することを勧め、快諾されました。また、お子さんたちにも集まってもらい、交代で泊まり込むことに同意してもらい、医療チームと家族のチームとしてご本人を支える体制を整えることができました。また、レスパイト（家族の介護疲れを防ぐために、患者さんに短期的に施設や病院に泊まってもらうこと）の必要時には、自宅と訪問看護ステーション併設の看護小規模多機能型居宅介護施設ケアステーションの「お泊り」を利用してケアをするという方針も確認しました。

訪問診療は引き続き、外来主治医の満岡が行い、外来から引き続きかかりつけの薬剤師が訪問し、服薬の管理調整を行うこととなりました。訪問看護師は3人のチームで毎日訪問することにしました。この訪問看護師のうち一人がご主人の教え子であったということもあり、ご主人は大いに安心されました。また、福祉用具専門相談員には、介護ベッドの手配と手すりの設置を行ってもらいました。ただ、介護ベッドは当初、佐田さんの抵抗が強く設置に反対されていましたが、だんだん身体を自分で起こすことが困難になった時点でようやく導入を了承されました。

この時点で、口腔内の乾燥と舌苔の着色があり、かかりつけの歯科医に口腔のカンジダ症との診断を受けていたため、歯科も訪問歯科診療をしてもらうように手配しました。

佐田さんはその後、自宅と訪問看護ステーション併設の看護小規模多機能型居宅介護施設ケアステーションでの「泊り」を併用しながら、ケアを受けていました。

■症状コントロール

発症後から食事摂取が減り、徐々に体重減少が進み、1年前の体重は41kgだったが、訪問診療を始めたときは31kgまで落ちていました。

訪問診療開始時にみられた夜間せん妄は、向精神薬のセロクエルで改善し、食事は消化のよいものや果物などを摂ってもらうようにしました。訪問看護は毎日、訪問診療は週2回行っていました。

この間、疼痛は、カロナールとオキシコンチンによりコントロールできていましたが、訪問診療を開始してから2週間ほどで、体のだるさ、全身倦怠感を訴えるようになったためステロイド製剤のベタメサゾンを朝昼併用することにより体のだるさ、全人倦怠感もほぼコントロールできました。

9月21日、発熱があり、採血を行ったところ著明な炎症を認め、胆道感染を疑い、1日1回の点滴ですむ抗生物質のロセフィンを開始、同 26 日には炎症は改善しました。この後下痢をしたためロセフィンは 27 日で中止し、下痢は徐々に改善しています。

10 月に入ってからは徐々に経口摂取が減り、傾眠となりました。同 6 日より血圧が 80 台となり、経口摂取が困難となったため内服はやめ、痛みどめは麻薬の貼り薬であるフェントステープ 1.5㎎に代え、ステロイドは注射薬のリンデロンに代えて経過をみることにしました。

よい看取りはよい財産を残す

満岡は少し前にご家族には亡くなるのは時間の問題と説明して、点滴を行わないこと（胸腹水が増えて苦しくなる）、心肺蘇生をしないこと、延命措置をしないこと、救急車を呼ばないことを確認していました。

6 日夕より佐田さんの呼吸状態が下顎呼吸になりました。通常、下顎呼吸が出現すると、だいたい 10 分程度で心肺停止がくるため、私はその夜より予定していた出張を延期し、7 日朝に訪問しました。佐田さんは前夜と同じ状態でしたので、死亡時刻に立ち会えないのを覚悟して代診の医師に呼吸停止時の死亡確認を依頼し、後ろ髪を引かれる思いで出張しました。出張先からは、合間を見て電話で状況確認をしましたが、佐田さんの下顎呼吸状態は続いてており、9 日、出張から帰ってすぐ訪問したときもまだ息があり、その後 1 時間ほどしてお亡くなりになりました。佐田さんとは 10 年以上のおつきあいで関わりも深く、ご家族から「先生が帰るのを待っていたんですよ」と聞かされた時は非常にありがたく思う一方、お待たせして申し訳なかったという思いでした。

死亡確認を行ったあと、そろっていたご家族に佐田さんのライフレビュー（これまでの生き方を振り返ること）や病気の発症からの経過をご説明して、訪問看護師とお孫さんに声をかけて、いっしょに佐田さんの体を拭き清め、エンゼルケアを行いました。ご主人は、「孫たちにとっても良い学びの機会を得られました」と感謝されました。

その後半年ほどしてご主人は教室を再開され、「膵がんの妻を在宅で看取って」というタイトルで講演を行い、死の準備教育をされています。

佐田さんの看取りまでの経過は、良い看取りはご家族に良い財産を残すということを改めて感じた症例でした。良い看取りができた理由として、本人も主たる介護者であるご主人も穏やかな人格者であったこと、ご夫婦とも外来からの長いおつきあいで私たち医療・介護者とよくコミュニケーションがとれていたこと、家族仲がよく、治療方針にブレがなかったこと、症状コントロールがほぼできていたこと、医療チームの連携が良かったことなどが挙げられます。

慢性肺疾患の患者さんの在宅療養

在宅酸素療法から人工呼吸器装着の選択まで

医療法人純伸会矢ヶ部医院
矢ヶ部 伸也

本　人：80 歳代／男性（園田さん）
主病名：慢性閉塞性肺疾患
ＡＤＬ：認知症なし／介入当初は在宅酸素療法を受けながら自宅で過ごす
家　族：妻と娘と 3 人暮らし

在宅酸素療法から訪問診療開始まで

80 歳代の男性園田さんは、妻と娘と 3 人暮らし。201X 年頃より慢性閉塞性肺疾患と診断されてK病院に通院していました。病院のＴ医師からは、「この病気は肺気腫とも呼ばれる病気であり、タバコが主な原因です。肺が破壊されてしまっていて治すのが難しいため、悪化を抑えてうまく付き合っていくようにしましょう」と説明されていました。

最初のうちは吸入薬や飲み薬で息苦しさは治まっていたのですが、徐々に進行して 201X+4 年頃からは息苦しくて、長く歩くとつらくなっていました。201X+4 年 7 月から「在宅酸素療法」と呼ばれる酸素吸入を自宅でも行うようにしました。酸素濃縮器をレンタルで借り、その器械からチューブで酸素を鼻まで送って濃い酸素を吸うのです。酸素濃縮器の取り扱いは、その器械を届けてくれる業者の方が詳しく教えてくれ、トラブルに備えた電話連絡先も 24 時間対応になっています。H訪問看護ステーションの訪問看護師の手伝いもあり、安心してご自宅で酸素を使うことができていました。

しかし、酸素を使っていても 201X+6 年 9 月ごろからは更に肺の働きが悪化し、酸素を吸いながらでも歩くだけで息がきれて苦しくて仕方がありません。K病院への通院も息苦しさのために、困難になってしまいました。K病院の医師に相談したところ、201X+6 年 11 月に在宅医療に取り組んでいるＹ診療所を紹介されました。

初め受診のためＹ診療所に出かける予定でしたが、息が苦しくて診療所まで行くのが難しく、電話連絡すると、Ｙ診療所のＹ医師と看護師と事務員が園田さんの自宅へ訪問、Ｙ医師は胸の聴診など診察を行い、指で酸素濃度を測り、採血検査も行いました。今までの受診の経緯については、娘さんが代わりに説明しました。

園田さんはそれまでは畳に布団で寝ていたのですが、どうしても息が苦しくなるのでソファに座っていました。Ｙ医師は、介護ベッドの導入を提案しました。介護ベッドは背もたれを起こしてよりかかることができて楽に休めます。呼吸リハビリテーションを行う理学療法士も自宅に派遣されることになりました。それまで、息が苦しくなったときにハアハアしだすと苦しさがさらに強くなっていたのですが、理学療法士に体の動かし方や息継ぎの仕方のコツを習ってやってみると、息苦しさが早く落ち着くようになりました。このように、自宅での療養環境を整えることで園田さんはいくらか過ごしやすくなりました。また、M薬局から訪問薬剤師がご自宅へ薬剤管理や指導に来てくれることとなりました。医師、看護師、薬剤師、理学療法士などチームで在宅医療を支える体制が構築されました。

入　院

201X+7 年 1 月のある日、園田さんは 38 度の熱を出し、呼吸がさらに苦しくなってしまいます。訪問看護ステーションに緊急連絡をするとすぐに看護師が来て、熱や呼吸の状態をみてＹ医師に連絡をしました。Ｙ医師が往診し、肺炎と診断を受けました。酸素がかなり低下して苦しい状態でした。Ｙ医師は園田さん家族に方針を尋ねます。

「慢性閉塞性肺疾患に肺炎が併発して起こっているので、自宅で治療する方法もありますが、病院に入院したほうが看護師などが近くに居て安心かもしれません」家族は、熱が高くて息が苦しそうな園田さんを見ていると心配で心配でどうしていいのかわからないと思っていましたので、園田さんと相談して入院することにしました。園田さんは当初は入院はあまりしたくないと考えていましたが、今回の肺炎は入院して治療したほうがよいというＹ医師からの勧めもあり、入院することにしました。

Ｋ病院にＹ医師から連絡を入れ、急遽入院することとなりました。妻は在宅医療を始めたらもう入院できないと思っていたので、入院できると聞いたときにはとても安心しました。Ｋ病院では抗菌薬の点滴の治療などを行うことで状態が改善し、７日後に園田さんはご自宅へ戻りました。その後は、Ｙ医師が月に２回の訪問診療を行い、たまに熱が出たときには緊急の対応を受けていました。

人工呼吸器装着の選択

その後、Ｓさんは３～４カ月に一度のペースで肺炎が起こるようになってしまいました。あまり酸素が下がらないときには、自宅で点滴するだけで治ったこともありました。しかし残念ながら肺の状態は少しずつ悪化していきました。201X+8 年のある夜、非常に息が苦しい状態になり、鼻からの酸素を増やしても苦しさが治まりませんでした。その夜はＹ医師の緊急訪問をうけて、バイパップという人工呼吸器の一種を取り付けました。鼻に着けたマスクから圧力をかけた酸素の濃い空気を送り込む装置です。その装置は在宅酸素濃縮器を届けてくれる業者の人が、Ｙ医師からの電話を受けて 30 分くらいで持ってきてくれました。次の日、息が落ち着いたところでＹ医師から園田さんとご家族に相談がありました。

「次に息が苦しくなったら喉に管を入れて人工呼吸器をつながないといけないかもしれませんが、園田さんは人工呼吸器を着ける治療は受けますか。受けませんか」。園田さんは治療を受けないというのはどういうことなのだろうか、必要ならやるしかないのでは？　と思いました。Ｙ医師は続けます。

「残念ながら園田さんの慢性閉塞性肺疾患は少しずつ悪化しています。人工呼吸器が必要になったときに管を入れるとその管が外せなくなることもあって、その後、一生管が入ったままの方も結構いらっしゃいます。喉に管を入れるのはつらいことの多い治療なので、中には管を入れてまで長生きしたくないという方もおられます」

「悪くなったときに管を入れなかったら死んでしまうということですか」と娘さんが尋ねると、「鼻のマスクでうまく対応できないときに喉に管を入れなかったら、身体に必要な酸素が足りなくなって亡くなるということはあります」とＹ医師は答えました。「いますぐ決めなければいけないことではありませんが、悪くなってから相談してもゆっくり考える余裕がなくて混乱してしまうこともありますので、あらかじめ考えておいていただきたいのです」とも言いました。

園田さんと妻と娘の３人は、園田さんがもうすぐ死んでしまうかのような気持ちになって数日は落ち込んでいました。どう考えたらいいのかもわかりません。H訪問看護ステーションの看護師にそんな気持ちを話したら、看護師自身が父親を同じ呼吸器疾患で亡くした経験があり、人工呼吸器装着をめぐって苦い思いをしたことを話してくれ、「人工呼吸器を着けるか着けないかは難しい問題ですけど、今すぐ亡くなるというわけではありません。今後、悪化したときにどうしたいのかを相談しておくということです。後悔をしないように、ご本人の気持ちをご家族皆さんで共有するために必要な話し合いですよ」と助言してくれたので、３人はようやく考えることができるようになりました。

結局、園田さんは、治らないのであれば人工呼吸器を着けたくないと考えて、鼻のマスクまでの治療は続けて、呼吸状態が今よりも悪化しても人工呼吸器は着けないという方針を家族とY医師と一緒に決めました。

さらに１年半の自宅療養のあと、肺の働きが落ちた園田さんは肺炎でK病院入院中に旅立ちました。K病院入院中も鼻からのマスクは着けたことがありましたが、喉に管を入れるような人工呼吸は行わずに治療を続けていました。最期は妻と娘が見守る中、眠るように旅立たれました。

呼吸器疾患について

喉や気管支、肺に起こる病気には、①微生物による感染症、②肺胞や末梢の気管支が壊れて起こる気道閉塞性疾患、③免疫異常で起こるアレルギー疾患、④肺胞が固くなって起こる間質性肺疾患、⑤誤った細胞増殖が起こる腫瘍性疾患、⑥血管が詰まったり血圧が上がったりする肺血管病変、⑦肺の外側の膜の胸膜疾患、⑧心臓の病気やがんなどの病気が原因で胸に水が貯まる胸水貯留など、さまざまな原因で起こる病気があります。

悪性疾患（肺がんや悪性リンパ腫など）では早期に治療することができれば治る場合もありますが、進行した場合には徐々に悪化して命を奪う病気となってしまいます。悪性疾患以外の病気でも、それぞれの病気が悪化して慢性化するとなかなか治らなくなってしまいます。肺は大気中から酸素を体に取り込む臓器であるため、肺の病気により呼吸機能障害が起きると息が苦しくなります。息が苦しいというのは、患者さんが感じる症状の中でも、痛みと並んで最もつらい症状の一つです。今回の症例のように、呼吸が苦しくなった場合には在宅酸素療養を用いたり、ベッドなどによる体位の調節をしたり、呼吸リハビリテーションで体の使い方を覚えてもらったりして、肺の機能が低下してもなるべく日常生活を送れるような工夫をしていきます。

今回の症例に用いた方法以外にも、呼吸が非常に苦しい場合には医療用麻薬を使って呼吸困難の軽減を行ったり、麻酔導入薬を使って鎮静（痛みなど苦しい症状のコントロールが困難な場合に薬で眠った状態にすること）を図ったり、アトロピンという薬で痰を抑えたり、胸水が溜まったら胸水穿刺を行って胸水を排出したりするなどいくつかの方法があります。息が苦しい以外にも痛みなど苦しい症状を抑える緩和ケアも行います。そういった緩和ケアの方法を用いて、ご自宅でもなるべく落ち着いて過ごせるように工夫していきます。

また、状態が悪化したときにどのような方針で治療を行うかも重要になってきます。「ACP＝アドバンス・ケア・プランニング」と呼ばれる、どのような治療を行うかに関して意思決定するための話し合いをご本人、ご家族、医療関係者で行いご本人の意思を繰り返し確認すると、いざというときに混乱することが減ります。

循環器疾患をかかえる高齢者の在宅を支える

コールメディカルクリニック佐賀
山口 宗孝

循環器領域の疾患は、高血圧、糖尿病など生活習慣病の重複により引き起こされる心筋梗塞や動脈硬化、心臓の機能が悪くなる心筋症、不整脈など多岐にわたります。

他領域でも同様なことが言えるかと思いますが、特に循環器領域では高齢者ほど重症で、併存する疾患も多く、重症となります。心臓や血管の状況のみならず、腎臓の機能、糖尿病の状態、生活状況、季節（発汗量のちがい、血圧変動）など総合的に判断しながらの療養がとても重要です。

また、慎重な微調整を要する薬剤や相互作用の問題、薬の形態に留意が必要な薬剤も多くあり、薬剤師との連携も重要です。普段の生活環境や服薬状況を把握する看護師との連携も重要です。終末期循環器疾患も重要なテーマですが、今回は全身管理の重要性に着目し執筆しています。最近の医療機器の発展は目覚ましく、在宅領域も例外ではありません。

採血はもちろん、心電図や超音波検査などもコンパクトになり、在宅でも十分評価可能です。受診の負担が大きな方にとって、大きな恩恵となっています。

〈事例１〉　認知症の高齢者、短期入院を利用した褥瘡治療

91歳　女性　宮田さん　妻と孫と三人暮らし
褥瘡　下肢動脈狭窄　認知症　在宅エコー検査　病院との連携　短期入院

宮田さんは80歳のころより徐々に認知症の症状が目立ってきました。89歳のころ、ちょっとしたことをきっかけに食事が入らなくなり衰弱しました。数日間、点滴を受けたことで元気を取り戻しましたが、認知面の問題が目立つようになりました。家族の介助で食事は摂れるものの、リハビリには応じなくなり、食事や排泄以外は目を固く閉じ、動かなくなってしまいました。その結果、病院受診の負担感が大きくなり、入院も可能な限り回避したいという思いもあり、在宅での療養を選択されることになりました。

そのころから下肢の褥瘡を繰り返しており、しばらくは在宅での処置でなんとかコントロールできていたのですが、91歳のときにできた左足の褥瘡はなかなか治りませんでした。

治らない原因を探ったところ、自宅でのエコー検査で足の動脈が狭窄していることがわかりました。動脈が狭くなってしまって血の巡りが悪くなると、その血流領域にできた傷はなかなか治らないようになってしまうのです。悪化すれば命取りともなりますので、褥瘡を治すためには動脈の血流を改善する治療が必要だと判断されました。循環器内科の専門のM病院に相談したところ、数日程度の短期間の入院での治療が期待できたためご本人、ご家族に入院が勧められ、数日の入院であればと納得されて、一泊二日、M病院での入院治療となりました。幸いカテーテル治療で狭くなった血管を広げることに成功し、予定通り翌日には退院できました。

退院後、３週間ほどの外用処置で重症化することなく治癒し、現在もご自宅で療養中です。

〈事例２〉心不全、認知症の高齢者、入院せずに在宅で調整

89歳の女性　松下さん　娘夫婦と三人暮らし
繰り返す心不全　拡張型心筋症　心房細動　腎機能障害　認知症

松下さんは80歳のころより心不全という、心臓の動きが悪くなり全身に水が溜まる病気のため入退院を繰り返していました。徐々に腎臓の機能も悪化し、同時に認知症も進行してきました。入院のたびに、気力・体力が低下していたので、可能な限り入院せずに過ごしたいという思いが本人、ご家族につのっていました。88歳になった春が直近の入院です。病院主治医からは退院してもすぐに悪化するであろうと宣告され、このまま病院での療養も選択肢とされていました。

しかし、入院すると気力・体力が低下するなど入院継続のマイナス面も多く、不安を抱えながらでしたが、娘さんご夫婦はご本人とともに退院を決意されました。入院したまま認知症の症状が進行していくのが忍びなかったようです。

病状は、多数の薬剤で何とか病気をコントロールしている状態でした。在宅の主治医が治療を引き継ぎました。退院後まもなく夏を迎えましたが、気温や、胃腸炎など食事量などに合わせた微調整が必要となり、症状がないこともあるため、超音波検査や採血で状況を把握しつつこまめに調整しました。

また、ちょっとした変化についてはご家族だけではなく、ケアマネジャーが気づいて報告をくれ治療につながったこともありました。微調整の結果、１年間入院せず在宅で療養を継続できています。入院を回避でき、精神状態も安定し、笑顔も見られるようになっています。

〈事例３〉低酸素脳症、糖尿病など余病併発の男性、薬剤管理で在宅療養を継続

75歳　男性　河内さん
低酸素脳症　高血圧　糖尿病　脂質異常症

河内さんは、74歳の時に心筋梗塞のため心肺停止状態となり、救急搬送されました。奇跡的にカテーテル治療で一命をとりとめましたが、心肺停止に伴う影響で脳に障害が残りました。薬の内服に困難が生じ、薬は砕いて服用するようになりました。リハビリが必要な状況であり、転院などをきっかけに専門医の診療は途絶えていました。

75歳の時に発症した肺炎を契機に、受診が困難となり在宅医療を受けることになりました。介入当時、血圧は乱高下、自宅での血糖管理は行われていませんでした。粉砕によって悪影響の生じる薬剤もあるのですが、該当薬剤を内服中でした。処方医や薬局が複数回代わり、処方医・薬剤師も病状、服用方法など詳細に知ることができなくなっていたようでした。訪問薬剤師と協議の上、粉砕可能な薬剤へ変更後、血圧の乱高下は消失しました。また、血糖管理を始めたところ、低血糖傾向でありインスリンは中止しました。またその他にも減量・中止できる薬剤もあり、現在検討中です。

循環器関連薬剤は副作用が強く出てしまうものも多く、病状だけでなく、現在の状態も踏まえて必要最小限で管理する必要があります。

〈事例４〉精神不安、廃用症候群の症状が出てきた高齢者の在宅療養

86歳　女性　安田さん　夫と二人暮らし
心不全　大動脈弁狭窄症、弁置換術後　慢性心房細動　不安症　廃用

安田さんは79歳の時、大動脈弁置換術を受けました。手術は成功したものの、その後も心不全で入退院を繰り返すこととなり、薬での症状調整も難しくなってきていました。

85歳になり夫の入院という不安をきっかけに幻聴、幻覚が生じるようになりました。精神科で入院も勧められましたが、環境変化への不安のほうが強く断念することになります。そのような状況から、処方だけの家族受診が増え、病状管理が十分できなくなり病状が悪化するようになりました。病状悪化のため引きこもりがちとなり、筋力も低下、いよいよ受診が困難となり訪問診療を受けることになりました。

まもなく、失神を繰り返し、怪我が絶えない実態が明らかとなります。診察や検査とあわせ、薬剤の効き過ぎに伴う脱水が原因と判断されました。血圧が下がり過ぎていることも原因の一つとなっており、抗凝固剤（血をサラサラにする薬）に伴う怪我が悪化しやすい状況であったと考えられたので、薬剤師とも協議し、慎重に減量、中止など吟味した結果、血圧は安定し、脱水も解消し、失神することはなくなりました。

現在もその時々の状況で微調整をしながら経過をみていますが、全身状態の大きな悪化なく、精神状態も安定し在宅療養継続中です。

以上の経過中、訪問看護師、介護士、ケアマネジャー、入居者であれば施設職員からの状態・状況報告で異常事態に早く気が付くことができています。また、薬剤師と連携して薬剤管理とあわせ、特に循環器疾患では、体調維持のために、多職種の連携がとても重要と感じています

ひとこと

昨年９月に帰郷し在宅医療に身を投じております。
新参者・若輩者ですが、どうぞよろしくお願いします。

コールメディカルクリニック佐賀
山口　宗孝

脳血管障害の患者さんの在宅ケア

医療法人純伸会矢ヶ部医院
矢ヶ部 伸也

本　人：60歳代男性　中島さん
主病名：脳出血の後遺症あり（構音障害、左上下肢の麻痺、左腕と左下腿麻痺）
ＡＤＬ：認知症なし／介入当初は在宅酸素療法を受けながら自宅で過ごす
家　族：妻と２人暮らし

「あなたが本当に過ごしたい場所はどこですか」

中島さんは60歳代の男性です。59歳で脳出血が起こってしまいました。脳動脈と呼ばれる血管が破れて頭の中で出血する病気です。突然意識を失って倒れ、病院に救急車で搬送されました。集中治療をうけ、一命はとりとめましたが、後遺症のため左上下肢の麻痺があります。左腕と左下腿は全く動きません。感覚は鈍いのですが、なんとか感じます。右半身はリハビリのお陰でかなり自由に動かせるようになりました。意識はありますが、「構音障害」といって話すことはかなり不自由です。

救急病院からリハビリテーションの病院へ移り、3カ月のリハビリテーション期間が過ぎて自宅に退院することとなりました。当初は中島さんも妻も自宅に帰ることは不安でした。いや、自由の効かない体で自宅に帰ることは無理だと思っていました。しかし、ずっと病院で暮らしたいというわけでもありません。幸い意識はしっかりしていて、話すのは不便ですが妻と意思の疎通ができる程度には声を出すことができます。自宅に帰るのか、病院へ転院するのか、施設に入居するのかとても悩みました。妻の友人には、介護が大変だから自宅に帰るのは無理だと言う人もいました。

中島さんと妻は、リハビリテーション病院のメディカルソーシャルワーカーに相談しました。すると「中島さんが本当に過ごしたい場所はどこですか」と尋ねられました。「そりゃ自宅に帰りたいですよ。病院や施設に心から入りたいと思っているわけじゃありません。でもこの不自由な体では生活が難しいでしょう？　妻にも迷惑かけてしまうし……」と中島さんは答えます。

「自宅に帰れる方法を探りましょう」

「それでは、まず自宅に帰れる方法を探りましょう。それが無理とわかってから次の方法を考えませんか」とメディカルソーシャルワーカーは言い、どうしたら自宅で過ごせるようになるのかを一緒に考えることになりました。

まず、生活するには①食事、②排泄（排尿、排便）、③移動、④整容、⑤入浴の５つが大切です。中島さんについては、①食事は、右腕が使えますし、噛んだり飲み込んだりすることはできるので、食卓に食事を準備してもらえれば自分で食べれます。②排泄は、車椅子でトイレに行って便器に移るのをサポートしてもらえれば自分で用はたせます。③移動は、車椅子への移乗が問題ですが、車椅子に乗れば移動できます。④身なりを整える（整容）のは、妻に手伝ってもらいます。⑤入浴は、病棟では看護師に手伝ってもらっていました。お風呂に関しては、妻が自宅で手伝うのは難しいだろうと考えられました。ソーシャルワーカーからは、デイサービスでの入浴や訪問看護師の入浴支援を提案されました。

こうしてソーシャルワーカーと一緒に整理しながら考えていくと、なんとか自宅で生活が送れるような気がしてきました。医師に自宅で過ごしてよいかどうかを尋ねると、「出血は落ち着いていますので、医学的にはリハビリを頑張っていただく必要がありますが、入院して行わなければいけない治療はありません。生活支援が大丈夫であれば、自宅生活も可能ですよ」と言われました。

中島さんも奥さんも悩みましたが、自宅で過ごしたいという中島さんの気持ちを尊重して、自宅に帰ることにしました。ソーシャルワーカーが「自宅での生活が困難であったら、入院できる病院や入居できる施設をケアマネジャーと一緒に探しますよ」と言ってくれたことも「自宅での生活がうまくいかないときにはすぐに相談できるから、一旦自宅に帰ろう」と決心するきっかけとなりました。

自宅への退院に伴い、リハビリ病院から在宅ケア・医療に取り組んでいるＹ診療所に紹介となりました。自宅にＹ診療所やＨ訪問看護ステーションから医師や看護師が訪問診療や訪問看護に来て、診療支援を行うこととなりました。

自宅に帰ってみると、慣れている場所のためか、半身麻痺の体でも思ったよりも自由に動けて、不自由はありますが食事や排泄などは充分一人でできます。入浴は訪問看護師に手伝ってもらっていますが、孫に宿題を教えたり、郷土の歴史の資料を整理したりと、やりたいこともできるようになってきました。血圧の変動が一時期ありましたが、Ｙ診療所の定期的な訪問診療の中で飲み薬を調整してもらって血圧は落ち着きました。

ケアマネジャーと相談して自宅に理学療法士も来てもらうこととなりました。手足のリハビリテーションを自宅で行ってくれます。

このように自宅で診察、リハビリ、生活支援が行われることを体験すると、病院入院中にメディカルソーシャルワーカーが「中島さんには入院や入所はいりませんよ」と言っていた意味がようやくわかった気がしました。

脳血管障害の在宅ケア・医療について

現在、脳梗塞や脳出血はとても増えています。救急治療体制として治療の体制が整備され、救急搬送体制も充実してきたため、脳梗塞や脳出血になっても治療によっては死亡がかなり回避できるようになりました。生命の危機は乗り越えても神経のダメージが残るため手足の麻痺や構音障害、嚥下障害、バランス感覚障害などさまざまな障害が起こり、リハビリが必要となる方や療養生活が長期となる方がいらっしゃいます。脳梗塞や脳出血後で麻痺などがあっても、かなりの方が自宅での日常生活に戻れます。

自宅だけでは生活が大変な場合には、デイサービスなど介護サービスと組み合わせることによって生活を支えることができるようになっています。不自由だからと諦めて病院生活や施設生活を送ろうと考えている方には、在宅ケア・医療という選択肢を知っていただきたいと思います。

神経難病の一患者から

不安・希望・迷い・選択

医療法人鵬之風　いのくち医院
猪口　寛

プロローグ

今日、病院で家族と一緒に説明を受けました。「神経難病」といわれる病気で、治療法はないとのことでした。将来的には体が動かなくなって、歩けなくなるどころか、食べることも、話すことも、呼吸することもできなくなるかもしれないと言われました。何割かの人は認知症も合併すると……。

妻もショックだったようで二人とも頭が真っ白で、胃瘻とか人工呼吸器とかいう言葉が出ていましたが、どのような説明があったのかよく思い出せません。ともかく頭が真っ白になっていくのだけがわかりました。

今、不安でいっぱいです。難病の申請をすると医療費の補助が出ますが、制度が変わったので今は認定されないかもしれないとも。メリットがないのに何で高い診断書料を払って申請をしなくてはならないのでしょうか。

病気のことだけで頭がいっぱいで考えきれません。誰か代わりにやってくれないのでしょうか。誰に今後のことを相談したらいいのでしょうか。

1年後

あの頃は不安でいっぱいでした。保健所の方が「先生から電話があったので来ました」と訪問され、いろいろと相談に乗ってくれました。難病支援センターや大学の難病コーディネーターの方にも紹介してもらいました。パニックはようやく落ち着きどうにか生活に落ち着きを取り戻したところです。

だんだん身体がいうことをきかなくなってきており、不安は尽きませんが、今はSNSでいろいろな質問もでき同じ病気と闘っている仲間たちとも出会えました。独りぼっちではないとわかっただけでも大きな救いです。先生からは訪問看護を勧められています。リハビリも最近は訪問看護ステーションから理学療法士の先生が来てするそうです。筋力が弱ってきており疲れやすく、筋肉をほぐし力が落ちないようにリハビリをやってみたいと思います。

5年後

寝たきりとなってしまいました。寝返りも一人では打てません。わずかに動く指でマウスを使ってパソコンに文字を打ち込んで会話をします。そうです、声も出せなくなってしまったのです。妻には迷惑をかけるなあと思います。時には、けんかもしますが最高の理解者です。彼女なしでは生きられない。ヘルパーさんや訪問入浴など介護を手伝ってくれる方も増えました。胃瘻も、人工呼吸器も、何度も何度も話し合った末、着けないことにしました。気持ちが変われば変更はいつでも可能といわれ気が楽になったのも背中を押しました。

妻はそう言うと怒りますが、いつまでも妻に迷惑をかけたくないのです。人工呼吸器を着けて生き延びているうちに新薬ができて、治る病気になるという可能性も、iPS 細胞の活用によって、ないことはない。迷いは尽きず気が変わるかもしれません。その時はまたよろしくお願いいたします。

一患者より

神経難病という病い

神経難病とは、神経細胞が変化して起きる病気の総称です。特に、脳や脊髄などの中枢神経の神経細胞が進行性に障害される病気を「神経変性疾患」と呼びます。

昭和 47 年の難病対策要綱において、「難病」は

①原因不明で確立された治療方法がなく、後遺症を残す恐れが多い疾病

②経過が慢性にわたり、経済的な問題のみならず介護などに人手を要するため家族の負担が重く、また精神的にも負担の大きい疾病

という定義がされています。

その「難病」の中で、「神経難病」の占める割合は多く、本稿では筋委縮性側索硬化症（ALS）という病気にかかった患者さんの声を取り上げています。

鳥栖三養基地区に在宅医療を普及させようと尽力しています。
在宅多職種の勉強会 Tm ネットワーク代表世話人。在宅ネットさが世話人。陽明学者安岡正篤に私淑。総合医適々斎塾生・柔道整復師の骨傷科尊塾塾生

コマッタコマッタ・・暑さ、寒さは人それぞれ

私は訪問リハビリテーションをしています。訪問先のご自宅や部屋が「とても暑い」ということがあります。ある利用者は寒さに弱く、一年中、部屋の温度が真夏なみです。

その方の人生にも影響されますが、歳を重ねることで、暑さや寒さに対する感覚が鈍くなることや体温調節機能が低下することも報告されています。

室内熱中症などを予防するためにも、エアコンの利用、緑のカーテンの作成など、その方にとって最適な体温・室温調節の方法を考えていきたいと思います。

Suguru.N

「家族といっしょに家にいたい」

骨肉腫の少女の願いをかなえる

佐賀大学医学部附属病院　小児科
小野 直子

10歳　女児　ゆきちゃん
病　名　多発肺転移を伴う右大腿骨原発骨肉腫の終末期
家　族　両親・母方祖父母・9歳弟・3歳妹

発症と治療経過

ゆきちゃんは8歳時に右大腿骨原発骨肉腫を発症しました。しかし、適切な検査や治療を行わないまま民間療法を行った期間があり、また、家族の化学療法や手術への抵抗が強く、診断後も治療開始が遅れてしまいました。ゆきちゃんは疼痛が強く、歩行ができなくなり登校できない状態でした。その後、行政と学校の働きかけでやっと治療が開始できたときには、病状は進行し肺転移を伴った状態でした。

治療は他県の専門病院（A病院）で行い、約1年の入院期間を要しました。多剤併用化学療法を行うも治療反応は悪く、右大腿骨切断を行った上でさらに多剤併用化学療法を追加するというものでした。

入院中、ゆきちゃんは治療にもリハビリにも前向きで、その姿に両親は励まされたと言います。治療終了時、肺転移巣は残存していましたが、外来で経過観察をしていくこととなりました。ゆきちゃんには病気について、「こつにくしゅ」という病気であること、右足は病気の親分、肺にその子分がいてそれがまだ残っていること、肺の子分が悪さをしないか経過を見ていくこと、などを説明されていました。

退院後、ゆきちゃんはすぐに登校を始めました。義足であることはものともせず、とにかく学校に行きたくて楽しくて、激しい運動以外は友人たちと同じように学校生活を送りました。しかし、肺転移巣は徐々に増大し、両親は再度入院治療を行わないといけない選択に迫られました。ただ、ゆきちゃんの楽しそうに学校に行く姿を見ているとなかなか決心がつかず、時間は過ぎていきました。

在宅医療の開始、ゆきちゃんの願いと両親の決心

退院から9カ月経過したところで、A病院からB在宅療養支援診療所に訪問診療の依頼が来ました。肺転移巣が増大しているが入院に同意が得られず、A病院が遠方のため自宅で病状の確認を行ってほしい、というのがはじめの依頼でした。両親も訪問診療・看護を希望されたので、スムーズに開始となりました。

その頃、ゆきちゃんはすでに全身倦怠感が強く、登校ができなくなっていました。病状的には積極的な治療を行っても完治できない状況でした。それについてA病院から説明も受けていたのですが、両親は「入院をしたらまだ望みがあるのでは」という想いを持っていました。ただ、「ゆきちゃんが入院を嫌がる、その理由がわからない」と。

そこで、訪問診療医師はゆきちゃんと二人で面談を行いました。その際、引き出されたゆきちゃんの

言葉は「家族と一緒に家にいたい」でした。医師から「治療をしないと肺にいる病気の子分はいなくならない」、「子分をやっつける治療をしないと今よりもっときつくなる」ことを伝えましたが、ゆきちゃんは「家にいたい」と泣きながらもはっきりと言いました。その言葉を両親にそのまま伝えたところ、「家で一緒に過ごします」と決意を固められました。

地域連携カンファレンスの開催

これらを受けて、小児在宅地域連携カンファレンスを町役場の会議室で開催しました。コーディネーターとなったのはＢ在宅療養支援診療所の医療ソーシャルワーカー（MSW）でした。参加者は、ゆきちゃんの父、Ｂ診療所より医師・看護師・MSW、訪問看護ステーションより看護師、訪問薬局の薬剤師、県こども課・保健福祉事務所・町役場それぞれの保健師、町教育委員会、小学校より校長と担任でした。小学校はゆきちゃんのために障害者特別学級をつくり、専属の担任を置いていました。カンファレンスでは、ゆきちゃんの病状について共通認識を持ち、各立場から情報提供を行い、今後の協力体制を確認することができました。このとき顔が見える関係をつくったことは、その後のゆきちゃんの在宅生活において非常に大切な役割を果たしたといえます。

以後、他職種である担当者たちの情報共有ツールとして、電話・FAX・連絡ノート、そしてソーシャルネットワーキングシステム（SNS）を活用し、タイムリーかつ密な情報共有を行うことができました。

在宅生活と看取り

訪問診療は症状緩和をメインに週３～５日、訪問看護は連日で１日２回訪問することもありました。また、小学校担任も週に１回は自宅訪問を行いました。ゆきちゃんは家族の集まる居間で１日を過ごし、弟・妹と一緒に遊んでバーベキューやお菓子作りをし、調子がいいときは母と買い物に外出しました。訪問すると、ゆきちゃん以上に弟・妹も私たちにいろんな話をしてくれ、家の中の雰囲気を明るくしてくれているようでした。10歳の誕生日を迎え、診療所や訪問看護ステーション、訪問薬局からそれぞれプレゼントを渡したのですが、その際の写真にゆきちゃんは大変いい笑顔で写ってくれました。そして私たちはお返しにゆきちゃん手作りのクッキーをいただきました。小学校の運動会にも自家用車の中から見学でき、家族皆でお弁当を食べることができました。

その頃より病状はさらに進行、在宅酸素やオピオイドを導入しました。亡くなる１週間ほど前に痙攣をおこした際、両親に今後の状況について話をしたところ、取り乱すことはなく落ち着いて自宅で看取る覚悟を話されました。最期は、家族皆に囲まれ非常に穏やかに自宅の居間での看取りとなりました。

グリーフケア

亡くなって２週間ほどして自宅にうかがったところ、母・祖母・弟・妹に会うことができました。ゆきちゃんの願いである家で最期まで過ごせたことは良かった、でもこれからの空虚感に対して不安である、と話されました。家族にとって弟と妹の存在には助けられているようで、その弟と妹は私たちにも明るく接してくれました。ただ、弟は「家に一人で居ることができない」や「訪問医師に会いたがっている」という様子を母が教えてくれました。弟に対してはゆきちゃんが亡くなる前に小学校で面談をして心理アプローチを行っていたため、心理状態が気になるところでもありました。残された家族に対して、１回の訪問ではフォローしきれるものではなく、継続的に関わることの大切さを感じました。
その後、初盆にもうかがって、家族・兄弟の話を聞かせてもらっています。

■デスカンファレンス

亡くなって１カ月ほどして、この在宅生活の担当者皆で集まり、デスカンファレンスを行いました。場所は小学校の校長室を提供してもらいました。Ｂ診療所より医師・看護師・MSW、訪問看護師、小学校教師、薬剤師、保健師が参加しました。ゆきちゃんを中心に在宅生活を支えるための顔が見える関係を作ったことは担当者たちの支えにもなったこと、しかし、子どもを看取るということに対して精神的な不安定さを感じている、という発言が目立ちました。全体的にはそれぞれの想いを共有する場にできています。

まとめ

小児の在宅医療、特に在宅での看取りはまだまだ一般的に知られていないことが多く、関わる者たちも小児の経験が多いとは言えません。そんな中で、今回私たちが関わらせていただいたゆきちゃんの例は、「家族と一緒に家にいたい」というゆきちゃんの願い・想いに対して、ゆきちゃんが自宅で過ごすために必要な医療・行政・学校の担当者皆が同じ方向を向いて連携することができました。そして、ゆきちゃんとその家族が望むような最期の数ヵ月を過ごすことができたのではないかと思います。
いくつであっても、子どもにも意思があります。その意思をいかに引き出して尊重できるかが、関わった者の大切な役割です。さらには、その子どもの意思は家族にとっても願い・目標となり、家族の強さにつながります。そんな子どもと家族を中心に、同じ方向を向いて周りで支えの輪を作っていくのが地域連携です。そんな在宅医療をこれからも実現していきます。

コマッタコマッタ・・もう少し早かったら……。残された時間

最期の時をどこで過ごしたいですか。誰と過ごしたいですか。「家に帰りたい」そう言って、ご自宅へ戻られると、場の力で不思議と患者さんは元気になられます。その元気でいられる時間がどのくらい続くのかは人によります。
「元気なうちに会いたい人に会い、行きたいところへ行き、食べたいものを食べ、身の回りの整理をし、大切な人へ伝えておくべきことを伝えて、人生のやり残しの仕事をなさってください」。ドクターはそのようにお伝えしますが、なかなか患者さん、ご家族に届かず、時を逸してしまうことがあります。残された時間を悔いのないように生きていただくこと、私たちはその人がその人らしく生きていけるように支えていきます。「あなたたちが来てくれるから、わたしはさみしくない」そういって旅立っていかれた患者さんもいらっしゃいます。
ところで、訪問診療の際に「３～４日前から○○○でした」と報告を受けることがあります。転倒、発熱、褥瘡、ADL の低下など「何かいつもと違う…」そう感じたときはご連絡ください。「定期の診療があるからそれまで待っていても大丈夫」……ではないのです。
もう少し連絡が早かったら、その後の経過は違っていたかもしれません。

Kazumi.A

高齢の老夫婦
自宅で夫を看取るまで

夫婦の絆、社会資源の活用、介護力の向上

在宅看護センター佐賀 ほっこり
馬場 美代子

本　人：町田さん　80歳代　男性
主病名：パーキンソン病・胃がん・外傷による左前頭葉損傷・認知症
ＡＤＬ：要介護５　腰痛がありコルセットを着用
家　族：妻と２人暮らし
キーパーソン：姪

受傷から在宅までの経過

町田さんご夫婦は約60年前に結婚。子どもはなく、戸建てに夫婦２人暮らしをしておられました。現役中、夫は外商の仕事に就ており、定年後は趣味で始めた水墨画が講師をするまでの腕前でした。兄妹との付き合いは深く、在宅療養では姪（妹の子）２人の協力を得ることができました。妻は、専業主婦として亭主関白の夫を支えてこられ、趣味はコーラス、友人との交流もありました。

在宅療養に入る２年前10月、町田さんは自宅の庭の剪定作業中に後方に転倒、後頭部強打し、Ａ病院へ救急車搬送され、左前頭葉損傷、保存的治療を受けています。その後リハビリのためＢ病院へ転院。入院中は全介助が必要で、食事摂取量も十分ではありませんでした。受傷後より認知症の症状が出現しています。Ｂ病院での状態は変わらなかったものの妻が外泊を希望し、試験外泊を行いました。その時、自宅に帰って町田さんが喜ぶ姿に病院療養中とは違う表情や言動がみられたため、妻が在宅療養へ踏み切ったという経過でした。

在宅療養の経過

■自宅に戻って１カ月間

町田さんは、手すりを持ち数歩歩行でき、車椅子への移乗が可能でしたが、排泄は便秘傾向で、排便時などに下腹部に力をいれることができず、浣腸・坐薬を使用することで便意をもよおしていました。ポータブルトイレへ一人で移動し転倒することもありました。食事は、誤嚥はなかったものの摂取に40～50分かかります。介護保険のサービス利用は、週２回デイサービスに通い、朝食介助のためヘルパー介入、訪問看護は週２回入り、状態観察・排便管理を行っていました。

■２カ月から半年

退院後１カ月で在宅介護のペースをつかんだ妻は、朝のヘルパー介入は断り自分の時間で食事介助を行うようにしました。しかし、本人が車椅子からずり落ちる回数が増えたため、デイサービスの利用回数を週２回から３回に増やし、ショートステイの利用も始めました。しかしこの間に妻の腰痛が悪化し受診を勧めましたが受診されず、その結果さらに痛みが強くなり、圧迫骨折の指摘を受けて入院することになり、その間、町田さんは有料老人ホームへ入所となりました。

■有料老人ホーム入所の７カ月

町田さんの入所後も訪問看護は週に１回継続して行っていましたが、有料老人ホームで半年間過ごす間にADLが低下、食事摂取量が減り、身体の筋固縮（筋肉がこわばり、スムースに動けない状態）が進み、誤嚥性肺炎をくり返すようになり、そのたびに入院していたため、経口摂取は難しいと指摘され、経管栄養を行うこととなりました。褥瘡もあったため、訪問看護の回数を週２回へ増やしました。

妻は、そんな町田さんを施設よりも自宅で過ごさせてやりたいと訪問看護師に相談。担当看護師は、妻の介護負担のことを考えて、看護小規模多機能型居宅介護*の利用を提案しました。

■２度目の在宅療養

町田さんは有料老人ホームを７カ月で退所し、自宅療養を再開すると同時に、看護小規模多機能型居宅介護の利用を開始しました。しかし、嚥下能力低下に伴い、誤嚥性肺炎、発熱をくり返し入院。胃ろうを造設する予定でしたが、胃がん再発と診断されたため中止となり、退院後は経鼻経管栄養管理となりました。妻は経管栄養の方法を指導されましたが「できない」ということで、通いサービスで栄養管理を行うようにし、自宅では妻ができる口腔ケアをしてもらうようにしました。通いサービスで重点的に行ったことは、言語聴覚士による口腔機能評価、嚥下訓練、経管栄養、スタッフへのチューブ挿入方法の指導でした。

こうした在宅療養を続けた結果、栄養状態の改善とリハビリの効果で町田さんの全身状態は安定し、妻も活気が見られるようになってきました。

がんの進行、看取りまで

町田さんはしばらくは安定した時期を過ごしていましたが、４カ月が経過した頃からがんの進行に伴い体重減少が見られるようになり、体力も低下してきました。それにともない、ほぼ毎日だった通いサービスの回数を見直し、自宅で過ごす日にちを少しずつ増やしていきました。その際も妻の介護負担を考え、おむつ交換は訪問介護で、栄養管理は看護師で行い、妻には見守りをしてもらいました。

自宅療養再開から７カ月経った頃より状態悪化、痰貯留、嚥下困難となり吸引が必要となり、妻に吸引指導をしましたが本人が自信がないと断ったため、口腔ケアで出来る分だけ痰をぬぐい取ってもらうようにしました。妻は状態悪化傾向に不安あり、今後のことについても考えきれず、最後は入院を希望されました。

８カ月目、さらに状態悪化。妻の負担を考え、看護小規模多機能型居宅介護事業所への泊まりの回数を増やしました。妻は夫が弱っていく姿を見ながら涙を流し、入院ではなく自宅で看たいと望まれました。妻の希望をうけて夫は自宅で約10日間過ごされ、自宅での看取りとなりました。

＊：看護小規模多機能型居宅介護：p.163参照。

まとめ

自宅での看取りができた要因を３つの項目に沿って考えました。

１つ目は、町田さんご夫婦の強い絆。約60年間にわたる結婚生活の間にはさまざまなことがあったと思いますが、町田さんの特技である水墨画を誇らしげに楽しそうに語る妻の姿からは、特別な強い絆を感じることができました。そのような良好な関係性があると、自宅で介護を続けやすくなります。妻にとって町田さんを介護することは、義務感からだけではなく自分の喜びにもなっているように感じられました。しかし、80歳を超え高齢であることから身体的負担は大きかったと予想されます。

２つ目は、利用可能な支援施設の存在があり、介護負担の軽減ができたことです。ご夫婦はさまざまな社会資源を活用し、在宅生活を継続されました。デイサービス・訪問介護・訪問看護・有料老人ホーム・看護小規模多機能型居宅介護・受診に行けなくなってからは往診・それらさまざまな資源をコーディネートするケアマネジャー。どの資源もこの老夫婦にとって大切な資源であったと考えます。状態に応じて資源を組み合わせることも大切ですが、当人たちがどのような生活を望んでいるか、また、当人たちが持てる力に合わせた資源の量の配分も大事なことと考えます。

３つ目に、看護介入の結果、妻の介護力を向上させることができたことがあげられます。

介護をやり抜くために必要な知識や考え方、技術面などを、要所要所で看護師が妻に伝えていきました。技術面では、主に注入方法や吸引方法でした。注入や吸引などの技術については、はじめはできないと拒否的でしたが、看護師が行う行為を真剣に見ながら興味を持って積極的に習得しようとされるようになっていきました。このように、介護方法に関して、一方的に方法を伝えようとするのではなく、介護者の状況に合わせた伝え方やタイミングが必要ではないかと考えます。介護者が、介護力を向上させることができれば、療養者の安楽につながります。

以上のように、高齢者２人暮らしだから自宅介護は無理と諦めるのではなく、当事者がどのような生活を望んでいるのか、どのような資源を組み合わせれば可能になるかを考えていくことが大切なのではないでしょうか。

ひとこと

だいでんケアネットワークin小城
鐘ケ江　寿美子

「いつでも・どこでも・だれでも自分らしさと思いやり」を感じられる町をめざし、在宅療養されている方やご家族とともに。

住み慣れた場所で一人暮らしでがんばる

本人の意欲、地域の力

在宅看護センター佐賀 ほっこり
馬場 美代子

本　人：山田さん　80歳代　女性
主病名：直腸憩室穿孔後人工肛門造設
ＡＤＬ：要支援２
家　族：一人暮らし

現在の状況

山田さんは、70歳代で、直腸憩室穿孔後人工肛門造設。夫が亡くなって間もなくのことだったそうです。若い時から、現在住んでいるところで商売を夫とともに続けていらっしゃいました。そのためか、とても人当たりがよい方です。近所との関係もよく、差し入れをもらったり返したりと今までの関係性を感じさせられる場面も見られます。

手術後リハビリのために転院したところでは、ストマ管理がうまくいかなかったそうです。ADLの拡大ができ要支援２の結果が出て、帰宅されました。その際、手術をしてもらった病院の皮膚排泄ケア認定看護師さんの勧めで訪問看護の導入になりました。自宅でのサービスは、週２回の訪問看護の利用のみです。生活の支援、特に食事に関しては、近くにいらっしゃる妹さん、他県に住むお嫁さんの協力や近所の人の差し入れやお弁当を昼だけとっていらっしゃいます。近所の商店に出かけて話をしながら、インスタント食品、菓子パン、お茶類などを購入もされます。週に一度のカラオケへの参加も習慣となっています。

本人の意欲・地域の力・社会資源

山田さんが、一人暮らしができている理由を３つの視点から振り返りたいと思います。

一つ目の本人の意欲ということについて、夫が亡くなった際、息子さんから同居する話が出たそうですが、住み慣れた場所を離れたくないという強い思いがあったそうです。一人暮らしの不安もあったけれど、長年過ごした所を離れることのほうが山田さんにとっては大きかったとのことでした。息子さんに対して「一人暮らしでやってみる」と伝えたからには、頑張ってみようという意地のような感じも受けますが、それが意欲につながっているのかと思いました。

二つ目の地域の力、近所の見守りについては長年の積み重ねた関係性が大きく、本人が買い物に出かけられる場所があること、そこで会話が成立すること、また、近所の方も回覧板を届けに来て話をしていく、そういう日頃のつながりが地域の力になっていると感じます。近所との関係性を良好に保つのも本人の力とも感じます。

三つ目の適切なアドバイスおよびケアについては、ストマ管理に関し本人にできるところは行ってもらいますが、体型的な問題もあり一部介助が必要なことはかかわりを持ってからずっと変わりません。週に１回はカラオケにも出かけられるためパウチが外れないようにしておかないと困るという思いは強く、トラブル時は自ら連絡をしてくれます。その他、健康状態を見て受診が必要と感じたときは早めの受診を促します。本人の判断に任せておくと受診につながらないこともあるため、行動につながるように伝えていくことも行っています。

以上のように山田さんの場合は、本人、地域、社会資源それぞれの力がうまくかみ合って介護度も変化することなく過ごせています。地域の高齢化が問題と言われていますが、Ｓさんのようにできるだけ住み慣れた地域で過ごしたいと思っている方も多いと思います。高齢だから一人暮らしは無理ということではなく、本人の力、地域の力を信じ、適切な社会資源の利用をすることで高齢でも一人暮らしが安全にできるようにこれからもお手伝いしていきたいです。

在宅療養を、安心して快適に過ごせるヒントがきっと見つかると思います。

コマッタコマッタ・・看取りのために老人ホームを移った一例

ある高齢男性は肝硬変という病気をお持ちでした。若い頃に飲みすぎたお酒がたたったようです。肝硬変は悪化すると腹水と呼ばれる液体がお腹の中に溜まってしまいます。段々と腹水が溜まってゆき、肝臓内科の専門医に相談しても、もう治療はないと言われてしまいました。それでも最初のうちは食事はなんとか摂れていましたが、腹水の増量のため食事が困難になってきました。腹水穿刺をして一時的に症状を取ってもまた悪化します。

この男性はＫ老人ホームに入居して生活していました。余命があと２～３カ月と予想されるようになったため、ご家族にその旨お伝えしたところ、ご家族は覚悟を決められており、「最期まで老人ホームで」と希望されました。その話をＫ老人ホームの職員に話したところ、職員が大慌て。

「え、亡くなっちゃうんですか？　こまります！！　ここで亡くなるなんて……」

そう言われても、男性はもう肝硬変の末期で治療はほとんどありません。亡くなるときは間もなく来ます。

相談の結果、この男性はＫ老人ホームから看取りに取り組んでいるＣ老人ホームに転居し、転居の約１カ月後にＣ老人ホームで旅立たれました。亡くなられた直後に連絡すると、Ｋ老人ホームの職員さんが、Ｃ老人ホームに見送りに来られました。いまではＫ老人ホームも看取りに取り組んでいるそうです。　Shinya.Y

ちえ子さんの終の棲家

佐賀整肢学園オークス
〈聞き書き〉古田 香澄

プロローグ

■居宅ケアマネＦさんの話

ちえ子さんは楽しくて快活で、酒と歌を愛する浪花女の典型のような女性でした。

彼女は人生で３度、大きな転居をしています。最初は24歳で生まれ育った大阪から東京へ嫁いだとき、次が70歳で認知症を発症し、東京から娘の嫁ぎ先の佐賀へ引き取られたとき、そして80歳で在宅の生活が限界となり特別養護老人ホームへ入所したときです。最後に移ったその特別養護老人ホームが彼女の終の棲家となりました。

娘さんは、認知症となったお母さんの代わりに３度の選択を迫られています。

１回目は、乳がんを発症したときで、どこまで治療するかを決めた時。

２回目は、施設の入所を決めた時。

３回目は、入院するか、施設で看取るかを決めた時。

彼女はいつの時も真剣に真摯に受け止め、熟慮して決断をしていました。

乳がん発症の時は、多くの情報を集め、担当の医師に何度も意見を求め、「手術はする、ただし本人が苦しい治療はしない」と決めました。施設入所の時は、グループホームといつもショートステイを利用していた特別養護老人ホームの入所の誘いが一度に来て、「私ならグループホームだけど……お母さんならこっちを選ぶと思う」と特別養護老人ホームを選びました。

そして、一番悩んだのは看取りの場でした。一度は住み慣れた場所で見知った人たちに送ってもらいたいと施設での看取りを決められましたが、徐々に弱っていくお母さんをみて、本当にこれでよかったのか、他に方法があったのではないかとずいぶん悩まれたと聞いています。

娘さんは、認知症になってご自分で意思決定をすることができないちえ子さんに替わり、いつの時も最善で最高の選択をされたことを私は知っています。

看取りのとき

■施設相談員Ｓさんの話

ちえ子さんは平成25年に入所されました。認知症はずいぶん進んでいて、語彙が少なく同じ言葉の羅列でコミュニケーションがとても難しいのですが、明るくてテンションが高く、いつも最後に「大丈夫？」と心配そうに訊かれます。そのたびに「大丈夫よ」と答えると、「そう」と安心したようににっこりされていました。

そんな彼女に異変が起きたのは、入所から５年近く経ったお正月明けです。珍しく熱が出て、微熱が何日か続き、それを境に食事が摂れなくなりました。協力医の往診で点滴が始まりました。いつもなら点滴を抜去されるのではないかと心配するところですが、ぐったりして、その元気はありませんでした。
2週間後、看護師による吸入が始まり、排泄もオムツ対応になりました。食事もあまり摂れませんでしたが、高カロリーのゼリーやジュースなどをスプーンで少し口に入れてあげました。徐々に体動も少なくなっていきました。
3週間後、酸素飽和度の数値が落ち酸素吸入が1ℓ／分で始まりました。
娘さんに報告すると、「母はそんなに悪いんですか」と言われました。ご本人は酸素チューブを外して手にもっておられるときもありました。
亡くなる5日前、ß熱が高くなってきてあまり寝ずに、酸素飽和度が68%となり酸素吸入が3ℓ／分となりましたが、酸素飽和度が70%より上がることはありませんでした。家族へ状態を説明し、看取りの対応に入ることを説明しました。
亡くなる3日前、協力医から家族へ、「入院しますか」と尋ねられましたが、家族はそのまま施設で看取ることを希望されました。
亡くなる1日前、朝10時、前日から排尿なく、両手、両足、背部の浮腫が強く、点滴も厳しくなりました。そのことを家族に報告すると、点滴はせずに自然に看取りたいということでした。点滴が中止となりましたが、娘さんは看取りや死への不安が大きいようでした。娘さんの動揺をご主人や義理のご両親が受け止め、支えておられました。息が荒いお母さんを前に、娘さんは「ほかに方法はないの」と問いかけ、じっとしてはいられない様子でしたが、施設長が「このまま自然に逝かれたほうがご本人もきつくないと思いますよ」というと、納得されたようでした。
午後4時、肩呼吸が強くなり昏睡状態に陥りました。職員がかわるがわる見守っていました。そして翌朝7時32分に永眠されました。

エピローグ

ちえ子さんが逝かれて半年が経ちました。「あのときの心の動きや思ったことを書くことで、心の整理ができるかもしれません」と娘さんにお声掛けをしました。彼女のグリーフケアとなることを祈って。

■長女リナさんの話

母は、S園で何年もお世話になっておりましたが、今年の2月、そこで看取ることになりました。
容体が急変してすぐにS園さんから連絡をいただき、家族がいつでも自由に、ゆっくり出入りできる部屋を用意してもらいました。そのお陰で、周りを気にせず音楽を聴かせたり、子どもたちにも時間を問わず会わせることが出来ました。
母の苦しそうな姿を見ているのはとてもつらく、やり場のない気持ちを施設長にぶつけてしまいました。そんな時にも、施設長は自分のご両親の介護の話をして、なだめてくださいました。スタッフの方々の心のこもった看病、感謝の気持ちでいっぱいです。
母が認知症と診断され、最後まで寄り添うと決めてからは、いつか私もなるかもしれない病気、そんな時私が入ってもいいな、行ってもいいなと思う施設やデイサービスを探すため、ケアマネさんとたくさん見てまわりました。その中で、お世話になりたいなと感じた施設の一つがS園さんでした。
病院で看取る、施設で看取る、私はどちらの選択でも、それまでの物語が一番大切だと思っています。
身体が病気になっても、心はそのまま。どうぞあたたかい看病を。（原文のまま）

残された時間の過ごし方
選択を支える

「団塊の世代」が後期高齢者となる2025年を間近にして、今年2018（平成30）年、国は在宅医療をさらに一歩推進するかたちで、看取りを視野に入れた平成30年度診療報酬改正を行いました。その中で注目すべきは、「人生の最終段階における医療の決定プロセスに関するガイドライン」です。

重篤な病い、慢性的な病いにかかり積極的治療の手段がなくなったとき、そのまま対処療法をつづけるか、緩和ケアにギアチェンジするか。慣れ親しんだ家に帰って過ごすか、馴染みのスタッフがいる施設に戻るか、医療者がいつも近くにいてくれる病院を選ぶか。

病院や医師に頼り、最期までお任せできた時代が長くつづきました。しかし今、急性期病院での入院日数は短縮され、治療が終わって軽快したときはもちろん、積極的治療の手段がなくなったときは家に、あるいは次の療養の場に移らなければなりません。その要所要所で私たちは選択をしなければなりません。とくに人生の最期の時間のなかで選択を求められるとき、自分自身の場合も家族や親しい人の場合も、私たちは迷い、悩みます。

ここでは「意思決定支援＝ACP」と呼ばれる支援システムとその流れ、そして実際の現場で、どのようなことが行われ、私たちの選択を支えてくれるのかを紹介します。

ACP と意思決定支援

病状説明と告知、臨床倫理

満岡内科クリニック
満岡　聰

平成 30 年度診療報酬改定において、医療と介護の連携の推進、国民の希望に応じた看取りの推進を目的とする改定が行われました。ターミナルケアに関する報酬において「人生の最終段階における医療の決定プロセスに関するガイドライン」などを踏まえた対応を看取り加算の要件となりました。すでにこのガイドラインに基づいた、ACP（アドバンス・ケア・プランニング）についての研修が厚労省により全国各地で始まっており、今後、本人、家族、ケアチームによる話し合いに基づく意思決定支援を行うことが進められることになっています。

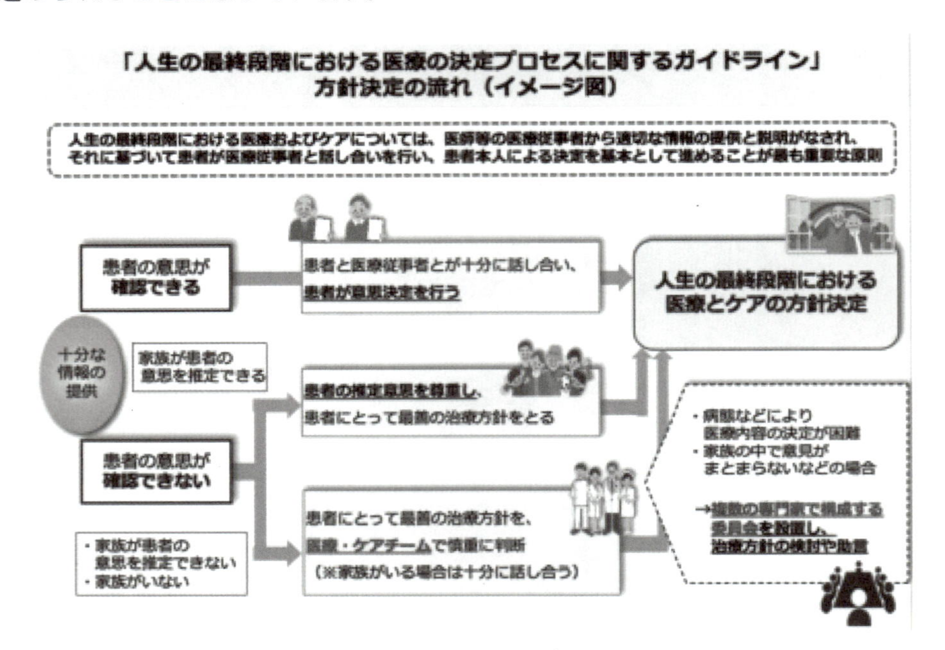

図１　人生の最終段階における医療の決定プロセスに関するガイドライン
方針決定の流れ（〈イメージ図〉厚生労働省のホームページより）

「人生の最終段階における医療の決定プロセスに関するガイドライン」について

■主な改訂のポイント

1．病院における延命治療への対応を想定した内容だけではなく、在宅医療・介護の現場で活用できるよう、次のような見直しを実施。
　・「人生の最終段階における医療・ケアの決定プロセスに関するガイドライン」に名称を変更
　・医療・ケアチームの対象に介護従事者が含まれることを明確化
2．心身の状態の変化などに応じて、本人の意思は変化しうるものであり、医療・ケアの方針や、どのような生き方を望むかなどを、日頃から繰り返し話し合うこと（＝ＡＣＰの取組）の重要性を強調
3．本人が自らの意思を伝えられない状態になる前に、本人の意思を推定する者について、家族などの

信頼できる者を前もって定めておくことの重要性を記載

4．今後、単身世帯が増えることを踏まえ、3．の信頼できる者の対象を、家族から家族など（親しい友人など）に拡大

5．繰り返し話し合った内容をその都度文書にまとめておき、本人、家族などと医療・ケアチームで共有することの重要性について記載

（厚生労働省ホームページより　https://www.mhlw.go.jp/stf/houdou/0000197665.html）

このガイドラインの要点は、以下の3点に集約されます。

・多職種からなる医療ケアチームで判断すること（ひとりで決めない）。

・徹底した合意主義で、本人の意思を第一に尊重する。家族の気持ちに寄り添う。

・緩和ケアの重視・充実の必要性。

アドバンス・ケア・プランニング（ACP）とは

患者・家族・医療従事者の話し合いを通じて、患者の価値観を明らかにし、これからの治療・ケアの目標や選好を明確にするプロセスのこと。

・患者代理人の選定や医療・ケアの選好を文書化してもよい。

・治療やケアの選好は定期的に見直されるべきである。

・身体的なことにとどまらず、心理的、社会的、スピリチュアルな側面も含む。

（Ritgens Lancet Oncol. 2017 ）

アメリカのACPの定義は、「年齢や健康状態によらず成人において、個人の価値観、人生のゴール、将来の医療ケアに関連する選好を理解し共有するプロセス」とされています。

リビングウィル、事前指示書、アドバンス・ケア・プランニングの関係

リビングウィルは、一般的に延命治療や心肺蘇生の拒否や緩和ケアの充実といった支持的内容をさし、事前指示書（アドバンス・ディレクティブ）は、そのリビングウィルに、本人が意思表示をできなくなった時の代理人の署名や立会人の署名を含むものです。

リビングウィルや事前指示書の作成には本人の意思があれば良いのですが、ご家族が本人の意向を聞いていなかったり、本人とご家族の事前の話し合いがなかったりすることもあり、事前指示書を作ることだけでは、本人及びご家族の終末期の満足度が作らない時と変わりないという報告があります。

そこでご本人、ご家族、ケアチームで繰り返し、ご本人が、何を大切にして生き、最後をどのように迎えたいかを、話す過程を大事にする、アドバンス・ケア・プランニング（ACP）流れがが推奨されるようになってきました。参考までに日本尊厳死協会の事前指示書を提示します（図3）。

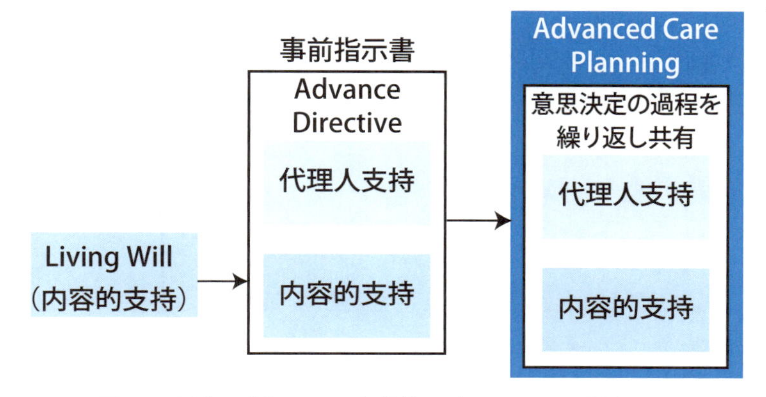

図2　リビングウィル、事前指示書、ACPの関係図
（長崎大学病院緩和ケアチーム、がん診療センター　鎌田理嗣　資料）

(2017年7月改訂版)

リビング・ウイル － Living Will

－ 終末期医療における事前指示書 －

この指示書は、私の精神が健全な状態にある時に私自身の考えで書いたものであります。

したがって、私の精神が健全な状態にある時に私自身が破棄するか、または撤回する旨の文書を作成しない限り有効であります。

□ 私の傷病が、現代の医学では不治の状態であり、既に死が迫っていると診断された場合には、ただ単に死期を引き延ばすためだけの延命措置はお断りいたします。

□ ただしこの場合、私の苦痛を和らげるためには、麻薬などの適切な使用により十分な緩和医療を行ってください。

□ 私が回復不能な遷延性意識障害（持続的植物状態）に陥った時は生命維持措置を取りやめてください。

以上、私の要望を忠実に果たしてくださった方々に深く感謝申し上げるとともに、その方々が私の要望に従ってくださった行為一切の責任は私自身にあることを付記いたします。

枠内は必ずお書きください	申込日	年　月　日
フリガナ 氏　名 （自署）	男 ・ 女	年　月　日生
住　所　□□□-□□□□	TEL 携　帯	－　－ －　－

メールアドレス　@

私が自分で、この指示書に署名したことを、以下の方が証明しました。

氏名　あなたとの関係（　）連絡先

私が自分で自分の意思を正常に伝えられない状態に陥った時は、以下の方に私の意思を確認してください。

氏名　あなたとの関係（　）連絡先

図３　リビング・ウィル　長崎大学病院緩和ケアチーム、がん診療センター　鎌田理嗣資料

さて、本来のACPは年齢や健康状態によらないものであり、まだ元気な時のACP、何らかの障害をもったときのACP、終末期の（最終的な）ACPで話し合う内容は異なってきます。平成30年度診療報酬改定の保険請求上の要件が、「人生の最終段階における医療・ケアの意思決定プロセスに関するガイドライン」などを踏まえることとなっているため、ここでは最終的なACPについて記すことにします。

ACPをいつ始めるか

人生の最終段階をどのように定義するかは、がんなどの悪性腫瘍、心不全・呼吸不全、認知症・フレイルなどで異なります。患者さんが１年以内に亡くなっても驚かないとすれば、ACPを始めることが推奨されています。

ACPは患者にとっての最善方針についての合意を目指します。話し合いの進め方として

・倫理規範に基づいて情報を評価し、各職種の視点を考慮します。

・「患者にとっての最善」を中心に話を進め、大まかな方向性を確認します。

・具体的な計画や、その後本人・家族との対話の進め方について議論します。

＊倫理規範として、1）自律尊重　2）与益＆無危害　3）公正　の基本原則があります。職種を超えて、医療・ケアチームが直面する個別具体的倫理的課題を話し合う際の共通ルールが「臨床倫理」と呼ばれます。ツールとして、Jonsen の 4 分割表などがあります。

患者さんの意思確認ができる場合の ACP

ACP は、①患者さんの意思確認ができる場合と、②患者さんの意思確認ができない場合によって異なります。

■インフォームドコンセント

患者さんとインフォームドコンセントに基づき計画を立てることが基本となります。インフォームドコンセントは、患者（もしくはその代理人）による、自身に対して行われる診療行為や治療内容に関して、医療者からその目的や内容に対する十分な説明を受け、その内容に対して理解をしたうえでの、自発的な意思を持った口頭もしくは文書による同意（もしくは拒否）の行為とされます。

「患者にとって最善の決断」を行う上で、患者が理解すべきこと

・患者自身の病状

・医療を受けないとどうなるのか？

・医療の選択肢に何があるのか？

・それぞれの、医療を受けることで、患者が得る利益は何か？想定される不利益は何か？

・専門家としての推奨は何か？

想定される不利益を最小限にするため、医療者が準備していること、医療における合意形成に当たり、医療者が知るべき患者のこと

・どうなりたいと考えているのか？

・医療に何を期待しているのか？

・最も優先してほしいことは何か？

・病気や医療が患者自身の生活に与える影響

・患者自身にとって受け入れがたいことやつらいことは何か？

・推奨された医療計画を現実的に守っていくことができそうか？

・誰と相談したいか？

・誰に話してほしくないか？

ACP で話し合われた結果はその都度、文章にして残しておくことが推奨されますが、どういったことを患者さんが希望する、あるいは、希望しないかを残す内容として、日本尊厳死協会のリビングウィルの、個人的希望事項を例として挙げます。これは 2018 年に今回の改定を見据えて筆者も関わって作成したものです。

私の希望表明書

ご自身の希望される項目に印をつけてください

1．最後を過ごしたい場所（一つだけ印をつけてください）

□自宅　□病院　□介護施設　□分からない

□その他　（　　　　　　　　　　）

2．私が大切にしたいこと（複数に印をつけても結構です）

□　できる限り自立した生活をすること

□　弱った姿を他人に見せたくない

□　大切な人との時間を十分に持つこと

□　食事や排泄が自力でできること

□　静かな環境で過ごすこと

□　回復の可能性があるならばあらゆる処置を受けたい

□　その他　（　　　　　　　　　　）

3．自分で食べることができなくなり、医師より回復不能と判断された時の栄養手段で希望すること（複数に印をつけても結構ですし、迷うときはつけなくても結構です）

□　経鼻チューブ栄養　□　中心静脈栄養　□　胃瘻　□　点滴による水分補給

□口から入るものを食べる分だけ食べさせてもらう

4．医師が回復不能と判断した時、私がして欲しくないこと

（複数に印をつけても結構ですし、迷うときはつけなくても結構です）

□心肺蘇生　□人工呼吸器　□気管切開　□人工透析　□酸素吸入

□輸血　□昇圧剤や強心剤　□抗生物質　□抗がん剤　□点滴

5．その他の希望

患者さんの意思確認ができない場合のACP

希望や意向を表明できない患者にとっての最善を考えるための重要規範に従ってプランを立てます。

・自由、自律を尊重する。

・尊厳：患者は尊敬の念をもって丁寧に治療され、彼等の社会的文化的価値は尊重されるべきである。

・患者の見解を考慮に入れる（意識障害があっても、認知機能低下があっても、一定の意向表明はあるかもしれず、それは診療方針決定において考慮されるべき）。

・プライバシー：治療上のよい理由がないのなら、患者は医学的介入から自由であるべきである。

・健康関連ニーズを満たす。

・不当に差別されない。

・患者に近しい人々の見解を考慮に入れる。

ACPの大切なポイント

・関係者がみんなで一緒に話し合うというプロセスを大事にする。

・価値観は生まれた時から作られ、個人の価値観には個別性があることは当たり前なので、その個別性を大事にする。

・家族との関係性、地域性、文化などがその人の価値観や意思決定に関わる。
・話し合いは繰り返し行われることや、本人の希望が変わってもよいことを伝える。
・ACP は将来の意思決定のヒントになる。
・ACP を行っておくと、周囲の人も納得しやすい。
・ACP はグリーフケアにつながる。

■ ACP を行う上で注意すべきポイント

・まだ信頼関係が出来ていない人の人生に土足で踏み込んでしまうことがある。
・心の準備ができていない人に決めることを要求する。
・事前指示書の作成を目的にしてしまう。
・医療者の価値観を押し付けないようにする。
・揺れることを許容することが大切、人の気持ちは変わるため、何度でも話しあい、確認をする。
・地域で病院から在宅へと一つの流れで ACP の流れを共有していく。
・すべての人に同じ ACP を行おうとせず、その方の心の準備や受け入れ状態に応じた ACP を行う。
・一人で決めてしまわず、チームで決める。

ACP のまとめ

・ACP は、前向きにこれからの生き方を考える仕組み。
・主体はあくまでも患者さん本人。
・患者さんの意思は変化する可能性があり、繰り返し話し合うことかが重要。
・地域で支えるという視点から、かかりつけ医を中心に、看護師、ケアマネジャー、介護職、MSW（医療ソーシャルワーカー、薬剤師などの多職種で、患者さんの意思に寄り添う。生活を支えて長い期間を共に過ごす施設介護職、看護職は ACP の重要な担い手）
・その場で決まらないこともあり、話し合いの内容は、その都度、文書にまとめておくことが大切。
・まずは、話し合いのきっかけをつくり、話し合いのプロセスの場を提供することが重要。

日本医師会「終末期医療　アドバンス・ケア・プランニング（ACP）から考える」

医療法人満岡内科クリニック
満岡　聰

在宅ネット・さがの代表です。仲間達と在宅ネット・さがを立ち上げて８年が過ぎ、在宅療養をめぐる情勢は大きく変ってきていますが、ケアする人もされる人も笑顔で過ごせるようなネットワークを作っていきたいと思います。

ケアカンファレンス

満岡内科クリニック
満岡　聰

在宅医療を開始するにあたって、まずケアカンファレンスを行い、今後の治療・療養をどのように行うかを患者さんやご家族と医療従事者があらかじめ話し合います。この話し合いは、病状の変化や患者・家族の気持ちの変化に伴って、繰り返し行われます。この話し合いの過程をACP：アドバンス・ケア・プランニングと呼び、話し合いのたびにその内容を記録として残すことが推奨されています。

ケアカンファレンスの目的

患者さんの療養生活を支えるために、ケアに関わる多職種の人が患者さんとご家族の状況、療養環境と、どのようなケアが必要かを確認し、それに対するケアの計画を立て、円滑な連携をとるために、方針と役割分担の確認を行います。

■ケアカンファレンスの参加者

カンファレンスをどこで行うかにもよりますが、在宅では、患者さん、ご家族、医師、訪問看護師、訪問薬剤師、リハビリ専門職、ケアマネジャー、訪問介護士、福祉用具専門相談員など、ケアに関わる多職種のメンバーが参加します。入院中であれば、医療ソーシャルワーカー（MSW）、担当看護師が参加します。その時の担当者の都合により、その時の担当者の都合によりやむを得ず参加できない職種がいることがあります。

■ケアカンファレンスの進行

カンファレンスでは、患者と家族を支える多職種チームとの初めての顔合わせを行い、ケアの方針を協議し、役割分担の確認を行い、これによって円滑な連携を図ります。在宅では、進行を担うのはケアマネジャーであることが多いようです。面談で、聴き取り、調査を行い、話し合いの上確認・説明することは以下のような事柄です。

1. 参加者の職種と名前の紹介。

2. 患者さんの簡単なプロフィール、家族構成とそのキーパーソン*および主介護者の確認。

3. 診断及びこれまでの病歴の確認。

4. 症状及びコントロールの状態：特に疼痛や不快な症状があるときはカンファレンスが終わるまでに対応を決めます。また、病院で行う緩和ケアや治療は、ほとんどのことが在宅でできることを説明します。

5. 薬剤の処方内容と服薬状況の確認。

6. 栄養状態と栄養ケアの必要性について。

7. 生活状態（介護ニーズの確認）。日常生活の中で、食事、排泄、入浴、外出などについて具体的に

＊：主に病状説明などを聞き、方針の決定を医療・介護者に伝える役割の人。

注意しなければいけないことを伝え、訪問入浴サービスや配食サービス、ヘルパーなど、生活を支えるために利用できるサービスの説明を行います。

8. 患者及び家族の懸念事項、不安、希望など・・ご本人のこれまでの人生、仕事、趣味、大切な物事、大切な人間関係、やりたいこと、行きたい場所、会いたい人、食べたいものなどを尋ね、希望に沿うように努力することを伝えます。

9. 今後の治療・ケアについての方針・・この際に今後の訪問の日時と、訪問の頻度を訪問診療、訪問看護、訪問薬剤師とともに調整し、例えば、次回以降は毎週火曜日午後2時ころ、訪問看護は木曜日と土曜日の10時頃に訪問しますと伝えます。

10. 緊急時の対処、連絡先について伝えます。・・24時間、365日、医療チームに連絡がつくこと、何かあった時の最初の連絡先（ファーストコール）は訪問看護ステーションであること、病院でナースコールを押すのと同じ感覚で訪問看護ステーションに連絡することを伝えます。病院でも最初のコールはナースコールで、必要があれば医師が来るのと同じで廊下の距離が長いか短いかの違いですと説明します。カンファレンス終了までに緊急時の連絡先を書いた紙を患者さんに渡し、家の中の目立つ所に貼ってもらうようにします。

11. 介護保険と医療保険制度の説明と費用負担見込みについて伝える。

ケアカンファレンスの多職種メンバーの意思統一および調整は、ケア会議で基本方針を決め、その後の連絡はSNS（ソーシャル・ネットワーキング・サービス：個人情報保護のできる専用のサービスのもの)、電話などで行います。

ケアカンファレンスの調整は、患者が入院中で退院とともに在宅へ移行するか、あるいは、もともと通院中であったが通院困難となり、在宅移行するかによって若干の違いがあります。前者では地域医療連携室の医療ソーシャルワーカー（MSW）が調整の主体となり、後者ではケアマネジャーが調整の主体となります。

患者が入院中の場合は、地域医療連携室からの主治医への訪問診療依頼から、チーム編成が始まります。まず、連携室と退院予定日を尋ね、退院時カンファレンスの日取りを決定します。次に患者の住所、重症度によって、関わる訪問看護ステーションと訪問薬剤師を決め、連絡を取り、チームへの参加とカンファレンスへの出席を依頼し、またケアマネジャーが決まっている場合はMSWを通して、カンファレンスへの参加を依頼します。まだ要介護認定の申請がなされておらず、ケアマネジャーが決まっていない場合は、MSWから地域包括支援センターへ連絡をとってもらい、担当者の決定と要介護認定を行うために手続きを開始します。

ケアカンファレンスの記録例

会議参加者　患者、娘　娘の夫、主治医、担当看護師、MSW、訪問医、訪問看護師、訪問薬剤師、福祉用具専門相談

患者プロフィール：72歳　男性。会社経営。同居家族：娘とその夫、孫

キーパーソン：娘

診断：1. 胆管がん　2. がん性腹膜炎　3. 多発骨転移　4. リンパ節転移

経過）59 歳のときに心筋梗塞を発症し、A 病院循環器科でステントを 2 本留置されている。20XX/5/8 心窩部痛のため当院を受診し、内視鏡で胃潰瘍を認め、治療を行った。その後も腹部膨満と心窩部痛が続き、6/26 採血で AST 59　ALT 49　γ GTP　425　T.Bil 1.3 と胆道系酵素と軽度の黄疸を確認。7/6 内視鏡で潰瘍の経過を見たが、残渣が多量で消化管の動きが悪いことが判明、また緊急検査で AST 79 ALT 102　ALP 1983 γ GTP　803　T.Bil　7.4　D.Bil　5.8 と閉塞性黄疸を認めた。A 病院消化器外科へ紹介し、黄疸精査のため入院となった。同院では胆管癌の十二指腸への浸潤。多発骨転移、リンパ節転移、癌性腹膜炎を指摘されて、胆管ステントを留置された。また腰椎への放射線治療も行われた。疼痛に関しては麻薬であるタペンタ 25mg　2T　2 ×から開始され、増量されたが、効果が不十分で、麻薬の貼付剤のフェントステープ 2mgを処方されたが、意識状態が低下したため、1mgに減量されて、突出痛へのレスキューに対してオキノームで経過を見られていた。
本人の退院希望があり、娘さんが仕事をやめ、介護に専念するということで、8/3 に A 病院の地域医療連携室から連絡があり、8/4 ケアカンファレンスを行った。

■カンファレンスの内容

1. 嘔吐のため飲食ができず脱水となっている。
　がん性腹膜炎による麻痺性イレウスの可能性もあるが、便は出ているのでまだ大丈夫。便が出ず、頻回に嘔吐が出始めたら、サンドスタチン開始。輸液は 1 日 500㎖行い、むくみが出てきたら止める。内服は中止し、プリンペラン 1A、ガスター注射 1A+ 生食 20㎖、リンデロン 1A の静注を行う。食事は悪心、嘔吐が改善するまで、流動物までとする。
2. 疼痛管理が不十分　一番ひどい痛みを 10 とすると 5-6 くらい。痛みのために移動が困難でトイレまでの歩行も大変。塩酸モルヒネの持続皮下注を開始する。持続皮下中はポーチもあり、着けても移動可能と説明。
3. 倦怠感は今のところないがステロイド（リンデロン）で対処。
4. 体動が困難になれば訪問入浴サービスも検討。
5. 本人の希望は、現在療養している娘の家へ自分の元の家からご仏壇を移すことと自分の経営していた会社の残務処理。孫と時間を過ごしたい。症状コントロールがついたら、移動が可能となると思われるのでできるようにする。
6. ご家族の希望は、とにかく本人の苦痛をとってほしいということで、苦痛の緩和を行うことを説明した。
7. 訪問診療は火曜と金曜、訪問看護は月、水、金とする。
8. 訪問診療、訪問看護は 24 時間 365 日対応なので、患者さんの状態変化や不安心配があるときは、まず訪問看護師に連絡し、急な症状変化の時にも、救急車を呼ばず訪問看護師、または主治医に連絡するように説明した。

その後の経過

8/6 退院時よりすぐに上記の対応を行い、嘔吐と疼痛は緩和され、外出も可能となったため、本人の気がかりであった仏壇の移動と、会社の残務処理が行えた。

■症状が落ち着いた時点で行ったカンファレンス

参加者：本人、ご家族、在宅主治医、訪問看護師、訪問薬剤師

本人の意向：在宅に移行してから、症状が楽になって、助かっている。今後の治療は、がんの治療が根治困難であるならば通院も入院もしたくない。痛い苦しいは嫌だから取ってほしい。最後は娘と、孫のいる家で過ごしたい。

家族の意向：なるべく本人の意向を尊重したい。家で孫と一緒に過ごさせてあげたい。

ケアチームで、最後までご自宅で過ごせるよう、症状緩和し、支えること伝えて、気がかりなことがあれば早めに連絡をしてもらうように伝えた。また、後からご家族と話し、予後は週単位で、急な症状変化もありえることを説明し、そうした時に救急車を呼ばないで在宅チームに連絡することを改めてお願いした。

このカンファレンスの2週間後、患者さんの血圧が下がり意識レベルも低下したため、往診して、ご家族、主治医、訪問看護師でカンファレンスを行い最期の時が近いこと、血圧が70㎎ Hgを切れば24時間以内に亡くなる可能性が高いことを説明した。また、息が止まったとしても、十分に病気と闘い終えてのことなので回復の見込みがないこと、心肺蘇生を行わずに穏やかに看取る方針を確認した。

その翌日、患者さんは穏やかに息を引き取られた。

このように、状況に応じて、患者さんやご家族の希望を踏まえて、最後の治療・ケアの方針を話し合う過程をACP（アドバンス・ケア・プランニング）といいます

今回の事例では治療・ケアの方針決定を行うためのケアカンファレンスに重点を置いた内容となっており、いざという時の延命治療や処置、栄養については触れておらず、ACPの内容としては不十分に感じられると思います。前述の看取り事例の膵臓がんの患者さん（p.20）のように信頼関係があり、ご本人もご家族も死を迎える心の準備ができている場合は、さまざまな事項について率直に話し合うことができますが、胃がんの患者さん（p.16）のように心の準備ができていない患者さんに、強引に延命治療や心肺蘇生の話をすることは慎まなければいけません。

その時の患者さんとご家族の気持ちに寄り添い、決められることだけ決めていただき、その内容を記録しておくことがACPを行う上で大事です。

□参考文献
厚生労働省ホームページ　在宅医療推進について　モデル・ケアカンファレンス

コマッタコマッタ・・「入ってくるな！」在宅介入拒否

介護や医療の現場で必要なサービスを拒否され、外部との接触を頑なに拒否される方がいらっしゃいます。ごみを溜め込んで片付けることが出来ない「ゴミ屋敷」の問題など、最近、よく耳にするようになりました。認知症により価値判断がうまく出来なくなっている方、コミュニケーションがうまく取れない方、本人の意思で拒否しているように見えても、親しい人との死別などつらい経験や家族との人間関係がうまくいかずに生活意欲をなくした方などその原因はさまざまです。

現在の生活に緊急性が感じられない場合は、本人家族との面接を重ねて信頼関係を構築することが大切です。粘り強く本人が何に困っているのか本人の生きる意欲を引き出す支援が必要です。

＊＊＊

〈A さん 85 歳　引きこもりの息子 52 歳と 2 人暮らし〉

A さんは被害妄想があり「誰かが来る」と家中の戸に全部目張りをして外部との接触を拒否されていた。遠方の娘が心配して食料を宅配で送っているが、息子は飲酒癖もあり栄養失調の状態である。娘から包括支援センターに相談があり、保健師と同行訪問を行う。最初は強い拒否が見られたが、娘から頼まれたことを前面に出して信頼関係の構築に努めている。引きこもりの息子は焼酎を飲み、万年床で寝ていることが多く、母親との感情的な対立がある。唯一、昔からの通院している主治医にだけは心を開いており、民生委員や区長・娘と連絡を取りながら訪問を重ねた。

娘の名前を出して何回か訪問するうちに配食サービスの利用を受け入れてもらうようになる。介護保険の申請には主治医が認定調査の立会いをしてもらい認定をつけることが出来たが、サービスの利用には至っていない。現在 NPO と地域包括支援センターが継続的に訪問を行い、この親子支援を関係機関と連携を図りながら続けている。

【支援のポイント】

①介護予防マネジメントの観点も含めて、家庭訪問による実態把握を行うことが必要。
本人の同意を得た上で、近隣者、主治医と面接し関係情報を把握する必要がある。
・本人が認知症かどうか確認する。
・現在の生活状況を把握するとともに、現在の要因に至っている要因は何かを知る（本人がなぜ各種サービスを利用しないのかを知る）
・本人は今の生活をどのように受け止めているかを知る。
・本人にとって「信頼できる人」の存在を知る（この場合、主治医の存在は重要）

②現在の生活に緊急性が感じられない場合は、本人との面接を重ね、信頼関係を構築することが重要となる。これまでなんらかの形で、支援者がかかわろうとした経過があるかもしれないので、そうなればなお、支援者側の段取りにとらわれず、本人との援助関係形成に充分に時間をかけることが重要です。

Seiji.K

私たちに相談してください
安心して「在宅」に移行するために

最近よく「地域包括ケアシステム」という言葉を耳にします。世界初の超高齢社会に突入した我が国は、その対策として「団塊の世代が75歳以上となる2025年を目途に、重度な要介護状態となっても住み慣れた地域で自分らしい暮らしを人生の最後まで続けることができるよう、住まい・医療・介護・予防・生活支援が一体的に提供される 地域包括ケアシステムの構築を実現」を目指しています。在宅医療・在宅療養の充実もそうした流れの一環です。

そして、その実現に向けていろいろなサービスが生まれ、機能しています。病院から家に帰るとき、在宅療養をつづけるとき、そうしたサービスを適切に使うことができれば、療養生活はより円滑になります。

とはいえ、私たちは一人一人生き方があり、それまでの過程があり、事情があり、状況はさまざまです。それを何からどう、どこに相談すれば、適切なサービスにつながるのか。何がいま問題なのか自分でもよくわからない。そんなときに、ここで紹介する相談窓口に行って、話してみてください。あなたの話を聞いて、あなたといっしょに考え、必要な医療・介護・福祉などのサービスにつないでくれます。

地域包括支援センターを活用してください

皆さんのお力になります

神埼市南部地域包括支援センター
熊谷 誠司

地域包括支援センターをご存じですか？

地域包括支援センターは、市町村が設置主体となって、高齢者が住み慣れた地域で安心して暮らすことができるように、高齢者のいろんな相談を受けつけ、住みやすい地域づくりのお手伝いをしています。2006 年の介護保険制度改正によって「地域住民の心身の健康の保持及び生活の安定のために必要な援助を行うことにより、その保健医療の向上及び福祉増進を包括的に支援することを目的とする施設」（介護保険法第 115 条の 46 第 1 項）として設置されました。

地域包括支援センターには、保健師（もしくは経験豊富な看護師）・社会福祉士・主任ケアマネジャーなどが配置されておりそれぞれの職種がチームで対応しています。主な業務は、介護予防支援及び包括的支援事業（①介護予防ケアマネジメント業務、②総合相談支援業務、③権利擁護業務、④包括的・継続的ケアマネジメント支援業務）で、制度横断的な連携ネットワークを構築してサービスを実施します。（厚生労働省資料）

地域包括支援センターは、高齢者の暮らしを地域でサポートするための拠点として、介護だけではなく福祉・健康・医療などさまざまな分野から統合的に高齢者とその家族を支える機関、地域の窓口になっていますので、高齢者本人はもちろん家族や地域住民の相談を地域包括支援センターが中心となって適切な機関と連携して解決してくれます。つまり、地域包括支援センターは「高齢者の困りごと」の総合相談窓口です。

① -1 介護予防マネジメント業務　（介護や健康のこと）

要支援 1・2 と認定された人や、今後、支援や介護が必要となる可能性の高い人が自立して生活できるよう介護保険や介護予防事業などで介護予防を支援します。

通所介護（ディサービス）と訪問介護（ホームヘルプ）については、介護保険とは別の総合事業で提供されることになりました。市町村（保険者）が、地域の実情に合わせて柔軟にサービスをつくることができる仕組みです。市町村によって内容が異なる場合があるので役場の窓口にお尋ねください。

Q．介護保険で要支援 2 の認定が出ました。地域包括支援センターで介護予防プランを作成するそうですが、どうすればいいですか？

A．地域包括支援センターでは、保健師などが介護予防プランを作成します。まずはご連絡ください。介護が必要な状態にならないことを目標に、介護の計画書（ケアプラン）を作成します。「介護予防ケアプラン」は、利用者の意思や意欲を尊重したもので、利用者の同意のもと一緒にケアプランをつくっていきます。

Q．介護保険の申請をしたいんですが、体調がよくないので自分で行けません。家族もいないので誰にも頼めないのですが、地域包括支援センターでお願いできますか？

A．地域包括支援センターでは、本人または家族が要介護認定の申請に行けない場合など手続きの代行を行います。また、地域包括支援センターの他にも指定居宅介護支援事業者や介護保険施設、成年後見人などに代行してもらうこともできます。

Q．がんで入院していた夫が家に帰りたいと訴えます。家で看る自信がありません。どうしたらいいのでしょうか？

A．地域包括支援センターでは、病院からもよくこのような相談を受けています。まずご本人の状態を病院やご家族から聞かせていただき、必要なサービスに繋げていきます。本人が何を望んでおられるか、家族の支援はどこまで可能か、介護保険の申請や地域のサービス事業所の状況、自分らしく生活するために何が必要かなど、一緒に考えていきます。また、在宅以外の施設の情報など何でも不安に思われていることはご相談ください。

①-2 介護予防マネジメント（介護保険対象外の場合）

Q．身体の機能に不安がある —— 要介護認定で「非該当」と認定されたのですが、足腰が弱くなり転びやすいので何かサービスを受けたいと思います。介護保険のサービスは受けられないのでしょうか？

A．「非該当」と認定された場合は介護保険のサービスは受けられませんが、市町村が行う介護予防事業は利用できます。市町村が実施している基本健康診査などで「生活機能チェック」を受けて筋力の衰えや栄養状態の低下など、生活機能の低下などがみられた場合は介護予防プログラムを利用することができます。

Q．今の健康を維持したい。今は一人で元気に暮らしていますが、今後のことを考えると少し不安です。健康を維持するために何か利用できるサービスはありますか？

A．市町村が行うすべての高齢者を対象にした介護予防事業が利用できます。介護予防に関する情報の提供や講演会や研修会の開催、高齢者の集いの場の情報など市町村の状況に合わせて行われています。地域包括支援センターでも紹介していますので、ご相談ください。

②総合相談支援業務　（さまざまな相談ごと）

Q．近所の一人暮らしの高齢者を最近見かけなくなり、閉じこもりがちで心配です。頼れる親戚もいないようで、あまり口出しもできず、どこに相談していいのかわかりません。

A．どこに相談していいのかわからない心配事や悩みは、まず地域包括支援センターにご相談ください。この場合はスタッフが協力者と一人暮らしのご家庭を訪問し解決策を探ります。時には区長さんや民生委員さんにも協力してもらいます。

地域包括支援センターでは介護の相談、心配ごと悩み以外に健康や福祉、医療や生活に関することなど相談を受け付けます。相談を受けた地域包括支援センターは適切な相談機関につなぎ、つないだ後も支援をしていきます。そのほかにも、「サービス事業所に不満があるが、直接言いにくい」、「近所にゴミ屋敷があり、何とかならないだろうか」「外から引っ越してきたばかりで友人がいない。地域の高齢者と交流できる集まりを紹介してほしい」「退職して地域の役に立ちたい。何かボランティア活動ができることところはないですか？」など、どんなことでもご相談ください。

高齢者や住民が住みやすい地域のために、必要な情報やサービス、関係機関を紹介し支援を行います。

③権利擁護（権利をまもること）

Q．財産管理が心配 ── 先々認知症など病気になったとき、一人暮らしなので財産管理が心配です。

A．将来、認知症などにより判断力が衰えた場合に備えて、あらかじめ後見人を決めておくことができます（任意後見制度）。地域包括支援センターでは成年後見制度の利用にあたって、以下のような支援をします。

・成年後見制度の利用に関する判断

・成年後見制度の利用が必要な場合の申し立て支援

・成年後見人候補を推薦する団体などの紹介など

■虐待について

「高齢者虐待の防止、高齢者の養護者に対する支援などに関する法律」では虐待に気づいた人は、市町村に通報義務があることが定められています。早期に発見し、第三者が介入することで虐待の深刻化を防ぐことができます。虐待を発見した、虐待があると思われたときは、地域包括支援センターや市町村の担当窓口などに連絡してください。通報者が誰であるかなどの個人情報や、通報したことによる解雇などの不利益な扱いなどを受けないことも、法律で定められています。緊急の場合には、必要に応じて老人福祉施設などへの入所など、他の機関と連携して高齢者を守ります。

■消費者被害

Q．老夫婦のご家庭、家の外壁工事の契約やいろいろ業者がきて高価な品物を買うように勧められているみたい。どうしよう。

A．近所の方の連絡により地域包括支援センターから消費生活センターに繋ぎ、契約解除（クーリングオフ）の手続きをしてもらいました。

④包括的・継続的マネジメント　主任介護支援専門員の仕事

地域包括支援センターには一定の研修を終了した主任介護支援専門員がいて、高齢者が暮らしやすい地域づくりのために、医療機関や行政その他の関係機関との連携体制づくりを進めています。

団塊の世代が 75 歳以上となる 2025 年を目途に、重度な要介護状態となっても住み慣れた地域で自分らしい暮らしを人生の最後まで続けることができるよう、住まい・医療・介護・予防・生活支援が一体的に提供される地域包括ケアシステムの構築を実現していきます。

今後、認知症高齢者の増加が見込まれることから、認知症高齢者の地域での生活を支えるためにも、地域包括ケアシステムの構築が重要です。その中心的な役割を担っているのが地域包括支援センターです。皆さん、地域包括支援センターを活用してください。

医療ソーシャルワーカーに話してみませんか

医療や療養に関する相談窓口です

佐賀県医療センター好生館
大石 美穂

医療ソーシャルワーカーがいる相談窓口

皆さんは、「医療ソーシャルワーカー」という職種の名前を耳にしたことがありますか？　十年前は、あまり知られていなかったのですが、最近は、どのような仕事をしているのか説明した文章もよくみられるようになりました。

医療ソーシャルワーカーとはＭＳＷ（Medical Social Worker）と略され、病院など主に医療施設で働いている社会福祉士などを言います。社会福祉の視点で、患者さんやご家族などからのご相談を受けて、からだ・こころ・くらしに関わる困ったことの解決につながるよう、お手伝いをする仕事をしています。

医療ソーシャルワーカーは、配置される病院やクリニック、老人保健施設など、働く場で業務の内容や活動の範囲が若干違います。例えば、がん診療連携拠点病院には「がん相談支援センター」の設置が義務付けられており、医療ソーシャルワーカーが、さらに「がん」に特化した専門的な勉強をしたうえで相談に応じる「がん専門相談員」、「認定がん専門相談員」として、より専門的ながん相談に応じます。

がん相談支援センターでは、その病院で受診している方に限らず、どこの病院で受診している方でも、「がん専門相談員、認定がん専門相談員」と呼ばれる医療ソーシャルワーカーなどに相談することが出来ます。相談の費用は無料です。

最近は、医療ソーシャルワーカーが複数名いて、患者さんやご家族の相談に応じる病院が増えてきましたが、外来のみ行っているクリニックなどは、医療ソーシャルワーカーがいないところもあります。もし、医療ソーシャルワーカーに相談できない場合も、一人で抱え込まず、まずはかかりつけ医に話してみましょう。なにかの解決方法がみつかるはずです。

相談先がわからない場合は、基幹型の医療機関（総合病院）のソーシャルワーカーに問い合わせてみましょう。「何を、どこに、どのように」の道しるべとして、相談の方法などを尋ねることができます。多くの場合、相談の費用は無料です。

相談方法は、電話相談、窓口相談、面接相談などがあります。相談料は無料です。相談が重なった場合は予約が優先されるので、予めお電話で、相談時間なども含めて確認されることをお勧めします。相談内容については、秘密が守られますのでどうぞ、安心してご相談ください。

私たち医療ソーシャルワーカーは、例えばこのような相談をお受けします。

MSWが受けるご相談内容

■「くらし」のなかの支援

「介護保険のサービスを受けるには？」、「お金はいくらかかるの？　医療費が心配」、「退院後、職場復帰できるか不安」、「訪問診療や訪問看護を受けるには？」、医療機関や治療の方法など、今、何が必要なのか、情報提供や地域の事業所との調整をするお手伝いをします。

■家族の支え

「父だけでなく、母も入院中なのに、ひとりでどうしよう……？」というように、ご家族も大きな不安や悩みを抱えておられるとき、それを一つひとつうかがいながら、その解決のお手伝いをします。いっしょに考え、必要なことを探し、どのような手助けが必要なのかわかったら、支援の対象となる方のご希望に添って、多くの社会保障制度のなかからその方が活用できるサービスを提案し、お手伝いします。

患者さんやそのご家族に必要な手助けとして、さまざまな専門職と連絡をとり、いっしょに支えます。例えば、ほかのページでくわしく説明されている「介護サービスを受けたい」を例にすると、ケアマネジャー、ホームヘルパー、訪問入浴、福祉用具貸与などの事業所の専門職と話しをして、在宅ケアチームとして関わりをもってもらうための調整をします。介護サービスだけでなく、医療のケアが必要になれば、訪問診療を行っている医師や訪問看護の事業所も含めたチームを組む役割もします。

■心の支え

「病気を告げられ、これから先、どうしてよいかわからない……」。さまざまな病気の診断を受けたときや、治療を続けるなかで生じる不安や苦悩が軽減されるよう、お気持ちをうかがいながら、それを和らげるお手伝いをします。そもそも、こうした苦悩をどこでどのように相談すればよいのだろうと心配する方も、実は大変多いのです。

こんなとき、医療ソーシャルワーカーは、心理職でもあります。「ここで話しを聞いてもらってよかった」と、心の負担が軽くなるよう、十分にお話しをうかがいますし、精神的なダメージが大きい場合には、医師や臨床心理士が医療の専門職として支えることができるよう、受診のお手伝いをします。

■ご理解の助け

「病気の説明を聞いたのだけど、医師に言われたことの意味がよくわからなかった」、「他の病院の先生の診断やご意見は聞ける？」、「薬のこと」、「セカンドオピニオンって何？」など、医師から言われたこと、見たり聞いたりしたことがわからなかったときには、一般的な情報をお伝えしたり、言葉の意味を説明します。

個人の治療の内容が、主治医の方針から反れないように、主治医に確認をするなどのお手伝いもします。「相談したことを主治医には伝えないで」と心配されることがありますが、もちろんその方に断りなくこちらに相談されたことをお伝えすることはありません。しかし、患者さんに直接の危険が及ぶと予測されるときには、患者さんやご家族に了承を得たうえで、主治医に伝えることがあります。

このように、先ずは医療ソーシャルワーカーに、心配事を話してみる「一歩」をふみだしましょう。

みんなで支える在宅療養

多職種連携について

佐賀市在宅医療・介護連携支援センター
上野 幸子

在宅療養というドラマを成功させるために

医療や介護が必要になった時、誰でも不安な気持ちになると思います。住み慣れた地域で安心して過ごせるように、医療や介護の専門職が連携して支えます。在宅療養を支えるための医療と介護の連携についてその仕組みをお話しします。

在宅療養を人生というドラマに譬えると、その劇が成立するためにたくさんの役者さんや裏方さんが支えているように、在宅療養では、主人公であるあなたの生活が成立するために多くの役者ここでは多職種の専門スタッフが協働して支えます。

在宅療養において、あなたは演劇でいう主演、脚本、監督を担当しているようなものです。主役はあなたであり、自分で書いたシナリオを生きるのです。そして、最終的な責任者とも言えるのです。また演劇では、主役の周りには、助演、演出、音楽などそれぞれの専門家が集います。このことは、在宅療養において、医療職、介護職などが集うことに似ています。

さらに演劇では、スケジュールのマネジメント、大道具や衣装の準備、お弁当の手配などの裏方の仕事や、ホールという施設の存在も必要です。これらは、在宅療養でいう、住まい、地域的な社会資源、社会保障制度などに相当するともいえるのです。

専門職が、担当する場面で職能を発揮することにおいては、それぞれが絶対的な責任を持ち、他の職種から尊重されますが、全体を見たときには、お互いに序列はありません。どれが欠けても成立しないし、連携がとれていなければ、成功は期待できません。時には、職種を超えて互いに手伝うこともあるのです。これを多職種連携（医師、看護師、ケアマネジャーなど医療・介護に関わる職種の総称）といいます。そして、すべての職種に共通する目標は、演劇の成功、あなたが豊かな生活を実現することなのです。

在宅療養を支える多職種

障害があっても、がん末期と診断されても、私たちは病気や障害とともに生活を続けることになります。その生活を豊かに送れるよう医療的な側面から支えることが、在宅医療の大きな役割です。ですから時には医療よりも、その人らしい生活を支えることを優先することがあるともいえるのです。

生活は、あなたの食事・排泄・清潔（入浴）・移動などの基本的な生活が保障され、生きがいが実現できてこそ成立します。さらに、支える対象は、介護する家族の生活でもあります。家族にとって、介護が過剰な負担とならないように支援の体制を整えたり、時には治療方針の再検討を行ったりします。

在宅で療養する方が、個々の条件に応じたサービスを受けるためには、ソーシャルワーカーや、ケアマネジャー、訪問看護師、訪問介護員、薬剤師、歯科医師、歯科衛生士、理学療法士、作業療法士、言語聴覚士、管理栄養士、介護事業者、ボランティアなど、多種多様な職種が、それぞれの職能を活かして、連携して支えていくことになります。

医師をはじめ看護師や薬剤師などさまざまな職種間の協力、サービスが不可欠です。代表的な職種についてご紹介します。

○かかりつけ医（主治医・訪問医）

○薬剤師（かかりつけ薬局）

○管理栄養士

○理学療法士・作業療法士・言語聴覚士

○医療ソーシャルワーカー

○ヘルパー（訪問介護員）

○ケアマネジャー（介護支援専門員）

○看護師（訪問看護部）

○歯科医師・歯科衛生士

在宅療養・介護連携支援について

在宅療養をサポートするために、入院・退院の時もスムーズに在宅療養へ移行できるように連携し合っています。

■在宅療養への移行サポートのためのシステム

「うちのおばあちゃん、通院がたいへんになってきたからそろそろ在宅療養を始めたいんだけど、どうしたらいいんだろう。あと、自宅で急に具合が悪くなった時の対応も心配だわ……」

「通院が困難になり、在宅療養を始めるとき」、「在宅療養中に体調に変化があり、在宅療養の継続が一時的に困難になった時」、「入院治療から在宅療養へ移行する時」に登録医療機関から対応可能な医療機関と連携の上スムーズな入退院、在宅療養の開始（復帰）のサポートを行う体制です。

医療機関によっては、地域連携室とか、地域医療連携室などの在宅療養への移行を支援する担当が所属する部署があり、医療ソーシャルワーカー・退院調整看護師などの配置もあり、カンファレンスの開催を計画するなどの、連携を進めています。

■多職種間の連携のためのサポート

「在宅療養って、お医者さんだけじゃなくて、看護師や、ケアマネジャーなどのさまざまな職種のチームワークが不可欠だって聞いたんだけど、異なる職種同士の連携はどのように構築しているんだろう」

佐賀市やそれぞれの郡市では、在宅医療・介護連携支援センターなどでも在宅療養者と多職種との連携調整支援を行っています。

例えばＡクリニックのＡ先生がＢ病院のＢ先生との連携（医師同士の連携）やケアマネジャーのＣさんがＤ医院のＤ先生との連携（医師とケアマネの連携）を希望される場合においての架け橋の役割を担っています。

■在宅療養者の情報のスムーズな共有（情報共有システム）

「病状やお薬の情報ってどうやって共有しているの？」

「お医者さんに話したことを、別の職種の方にも全部説明しないといけないのかしら？」

そのような場合は「情報共有システム」を活用します。

患者情報は、本人または家族の同意に基づき「情報共有システム」を通じて多職種間において共有します。具体的な例の一つに、佐賀県では「カナミックネットワーク」と呼ばれるシステムの運用があります（p.64 参照）。

医師や多職種などが、パソコンやスマートフォン、タブレット端末からいつでもどこでもリアルタイムに患者情報を確認できる環境を構築しています。また、個人情報の取り扱いには、強固なセキュリティ対策に基づき、万全を期しています。

■相談窓口

地域包括支援センターは、市民の皆様の身近な相談窓口です。医療、介護、福祉などさまざまな面から『住み慣れた地域で安心して暮らす』を支える総合相談窓口で、社会福祉士（ソーシャルワーカー）、主任ケアマネージャー、保健師、看護師などの専門職を配置しています（詳しくは、p.174 参照）。相談は無料です。お住いの住所ごとに担当するセンターが決まっています。

「おたっしゃ本舗」は佐賀市、神埼市、小城市、多久市の地域包括支援センターの名称です。その他の郡市の窓口を巻末に紹介しています。

地域包括支援センターで「ネイティブさが」で頑張っています。
ツーツラ、ツーで何処にでも行きますよ！

皆さんが住むまちの医療機関とそのスタッフは、それぞれに違う役割を持っています。
あなたの想いを是非教えてください。ご家族の希望などとともに、何ができるか検討します。はじめは、住まいの療養環境の調整のために、関係スタッフの往来が頻繁にありますが、やがて落ち着きます。暮しの中にある医療を支える仲間との出会いにつながります。

在宅で使われるICT

インターネットを使って連携をスムースに

医療法人鵬之風 いのくち医院
猪口　寛

カナミックネットワーク

いろいろな職種の方が一人の患者さんを支えるのにICT（Information and Communication Technology）を利用する場面が増えました。佐賀県は医師会がICT普及のために資金援助し、カナミックシステムがほぼ無料で使えます。LINEのような感覚で文章のほか、患部の写真なども送れます。ワークシートやpdfを用いた報告もできます。その患者さんを支えるいろいろな職種の方が情報を共有することで、より良いサービスを、より早く提供することができています。

医師の指示書と勘違いした使い方をしているケースもありますが、もっと患者さんのために幅広く使うように、使う側も勉強が必要です。

個人情報保護法を理由に協力しない施設・医療機関などもありますが、医療・介護が誰のためにあるのか理解していないために起こっている現象ともいえます。医療・介護は患者さんのためにあるものです。患者さんが利益を受けられるように最大限協力すべきです。セキュリティーは業者が責任をもってやりますが、ソフトの面で、使う側の教育が繰り返し必要な部分があります。端末のパスワードの設定は必須です。最近は指紋認証・顔認証の応用も進んでいます。

ICTを使う使わないにかかわらず、どの職種も患者の知りえた情報は漏らさないということは必要であり、漏らせば個人情報保護法のもと処罰の対象になることは言うまでもありません。アナログなノートでのやり取りに比べると情報が早くいきわたるほか、情報漏出の危険が格段に減ります。どのような訪問者が来てノートを見るかわからないからです。

ICTの利用に際しては患者さんの同意が必要なことは言うまでもありません。在宅では医師が包括同意書を取っているケースがほとんどのようです。

ピカピカリンク（ID-Link）

病院と診療所を結ぶツールとしてIDリンク（佐賀ではピカピカリンク）があります。現在は、主に病院での画像情報を閲覧する使い方をしているところがほとんどです。病院によって解放している情報の範囲が異なり、採血データーや処方までは開放しているところが多いようです。画像の所見用紙、看護記録、プログレスノートは見れないところがほとんどで、現在整備中です。

患者さんとしては不要な検査を受けないで済むため、余計な医療費を払わずに済みます。また、大病院とつながっているという安心感を得ることができます。利用の普及にはプログレスノートをアップすることがほぼ必須といっても過言でありません。プログレスノートとは簡単に言えば患者さんの入院先の主治医の書くカルテです。オープンソースとすることでいい加減なカルテが書けなくなり医療の質が上がります。現在プログレスノートをアップしているのは佐賀県では好生館と嬉野医療センター、伊万里有田共立病院の 3 カ所です。看護記録まで見れるようになればずいぶん違います。今年（H30 年度）はストアクライアント事業が実施され、当院を含め複数個所の診療所で、診療所間でのデータの閲覧や、病院側が診療所側のカルテを見ることができるよう実証試験が行われています。

表 1-1　ピカピカリンク（ID-Link）開示施設における開示情報等

平成 30 年 1 月 5 日現在

	HIS												PACS		文書								その他	
	カルテ記事	病名	アレルギー	処方	注射	検体検査	細菌検査	生理検査（オーダ情報）	放射線画像（オーダ情報）	バイタル	入院期間	サマリービュー	DICOM 画像＊	画像取得定時実行設定	読影レポート	手術所見	退院サマリ	看護サマリ	返書／報告書＊	診療情報提供書／依頼書＊	その他文書＊	健診結果	患者インポート機能	患者番号桁数
佐賀県医療センター好生館	○			○	○	○	○	○	○		○	○	○	○	○	○	○	○	○	○			○	10
佐賀大学医学部附属病院				○	○	○						○	○		○									10
地域医療機能推進機構 佐賀中部病院				○	○	○							○										○	可変
独立行政法人国立病院機構 佐賀病院				○	○	○			○				○	○									○	8
公益易財団法人 佐賀県健康づくり財団																						○		可変
唐津赤十字病院				○	○	○						○	○	○									○	10
済生会唐津病院				○	○	○	○	○	○		○	○	○	○	○								○	7
医療法人社団如水会 今村病院				○	○	○					○		○	○									○	10
社会医療法人祐愛会 織田病院				○		○		○	○		○	○	○	○									○	6
独立行政法人国立病院機構 嬉野医療センター	○		○	○	○	○	○				○	○	○		○	○	○	○	○	○			○	8
独立行政法人国立病院機構 東佐賀病院				○	○	○	○	○	○		○	○	○	○	○								○	8
伊万里有田共立病院	○			○	○	○			○		○	○	○	○					○		○	○	○	7
白石共立病院				○	○	○		○	○	○	○		○		○		○		○	○			○	6

注）独立行政法人国立病院機構　嬉野医療センターの診療情報提供書に表示不具合（修正内容が反映されず古い情報のまま表示されてしまう事象）が発生しており、現在調整中。また、白石共立病院において）「自動」を選択して最新データ取得を実行した場合に、一部の画像が取得されない不具合が発生しており、現在調整中

表 1-2　ピカピカリンク（ID リンク）開示施設における開示情報等（1-1 の＊詳細内容）

	DICOM 画像	返書／報告書	診療情報提供書／依頼書	その他文書
佐賀県医療センター好生館	・放射線画像 ・眼科画像	・報告書 ・内視鏡レポート ・病理レポート ・眼科カルテ	・診療情報提供書	
佐賀大学医学部附属病院	・放射線画像 ・内視鏡画像 ・超音波画像 ・眼科画像			
地域医療機能推進機構 佐賀中部病院	・放射線画像			
独立行政法人国立病院機構 佐賀病院	・放射線画像 ・内視鏡画像 ・超音波画像 ・心電図等 ・眼科画像			
公益易財団法人佐賀県健康づくり財団				
唐津赤十字病院	・放射線画像			
済生会唐津病院	・放射線画像 ・内視鏡画像 ・超音波画像			
医療法人社団如水会 今村病院	・放射線画像 ・内視鏡画像 ・超音波画像			
社会医療法人祐愛会織田病院	・放射線画像			
独立行政法人国立病院機構 嬉野医療センター	・放射線画像 ・内視鏡画像 ・超音波画像	・内視鏡レポート ・病理レポート	・診療情報提供書	—
独立行政法人国立病院機構 東佐賀病院			—	—
伊万里有田共立病院	・放射線画像 ・内視鏡画像 ・超音波画像	・返書 ・報告書	—	・入院経過概要
白石共立病院	・放射線画像 ・内視鏡画像 ・超音波画像	・回復期総合実施計画書 ・主治医意見書 ・指定難病関連文書 ・更正医療意見書 ・栄養管理計画書 外	・診療情報提供書	

その前に知っておきたい費用のこと

「在宅療養を始めようとする御本人と御家族にとって、在宅医療にどれぐらいお金がかかるかは重要な問題です。在宅医療にかかるお金は、①医療機関への支払い、②薬局への支払い、③介護保険の自己負担などが主なものです。

在宅ケアを受ける場合、多くの方は介護保険を利用します。この場合、医療機関に支払う医療費とは別に介護保険の支払いが生じます。介護保険の支払いは、要介護度とケア内容によって異なってきますので、これらが決まった後ケアマネージャーにご相談ください」（「在宅医療にかかるお金」在宅医療助成　勇美財団ホームページより）

在宅療養にはどのくらい費用がかかるのでしょうか……。大変気になることですが、お店で物を買うように簡単に料金は出せません。訪問医療、訪問看護、訪問介護それぞれに医療保険、介護保険を利用した料金制度があり、サービス内容によって異なり、さらに医療・介護保険の合算などがあって大変複雑です。ここでは、三人のMSW（医療ソーシャルワーカー）、二人のケアマネジャーが知恵を絞って、できるだけわかりやすく、生活者の立場から在宅療養にかかる費用について紹介しています。

知っておきたい 医療費と助成制度のこと

佐賀大学医学部附属病院 地域医療連携室
江口 利信

在宅療養に際して、知っておきたい大事な情報の一つとして、医療費をはじめ経済面のことがあります。総務省の家計調査報告によれば、家計における平均的な5大支出は、「食費」、「小遣いや日用品」、「交通・通信費」、「教養娯楽費」、「住居費」であり、「保健・医療費」は下位にランクされています。ですからそこに思いもよらない医療費が生じると、家計は圧迫され、経済的負担が大きくなります。

超高齢社会などにより増え続ける社会保障費の抑制や地域包括ケアシステムの構築に伴い、入院・入所から在宅・地域への流れもあり、入院時の食事療養費の増額や高額療養費の所得区分の変更など医療費は日々変化しています。

ここでは、療養生活を安心して過ごせるよう医療保険や助成制度についてご紹介します。

（公的）医療保険制度

医療保険による医療費の患者負担は、75歳以上は1割（現役並み所得者は3割）、70～74歳は2割（現役並み所得者は3割）70歳未満は3割、6歳（義務教育就学前）未満は2割負担となっています。

高額療養費制度

医療保険により、医療機関などの窓口で支払う医療費を一定額以下にとどめる目的で支給される制度であり、1カ月間（同月内）に要した医療費の自己負担限度額を超えた分について支給されます〈表1-1　1-2〉。保険医療機関（入院・外来別）、保険薬局等それぞれでの取扱いであり、差額ベッド代などの保険外負担分や入院時の食事療養費は対象外です。

申請手続きは、加入している医療保険の保険者です。

表1-1　70歳未満の場合

	所得区分	自己負担限度額（1カ月）	多数回該当（4回目以降）
ア	年収約1,160万円以上 （標準報酬月額83万円以上の方）	252,600円＋（総医療費－842,00円）×1%	140,100円
イ	年収約770万円～約1,160万円の方 （標準報酬月額53万円～79万円の方	167,400円＋（総医療費－558,000円）×1%	93,000円
ウ	年収約370万円～約770万円 （標準報酬月額28万円～50万円の方）	80,100円＋（総医療費－267,000円）×1%	44,400円
エ	年収約370万円までの方 （標準報酬月額26万円以下の方）	57,600円	44,400円
オ	住民税非課税の方 （被保険者が市区町村民税の非課税者等）	35,400円	24,600円

表 1-2　70 歳以上の場合

<table>
<tr><th colspan="2" rowspan="2">区　分</th><th colspan="2">自己負担限度額（1 カ月）</th><th rowspan="2">多数回該当
（4 回目以降）</th></tr>
<tr><th>個人単位（通院のみ）</th><th>世帯単位（入院・通院）</th></tr>
<tr><td rowspan="3">現役並み所得者</td><td>月収 83 万円以上・
課税所得 690 万円以上</td><td colspan="2">252,600 円＋（総医療費－ 842,000 円）× 1%</td><td>140,100 円</td></tr>
<tr><td>月収 53 万円以上・
課税所得 380 万円以上</td><td colspan="2">167,400 円＋（総医療費－ 558,000 円）× 1 %</td><td>93,000 円</td></tr>
<tr><td>月収 28 万円以上・
課税所得 145 万円以上</td><td colspan="2">80,100 円＋（総医療費－ 267,000 円）× 1 %</td><td>44,400 円</td></tr>
<tr><td>一般所得者</td><td>月収 26 万円以上・
課税所得 145 万円未満等</td><td>18,000 円
（年 144,000 円）</td><td>57,600 円</td><td>44,400 円</td></tr>
<tr><td colspan="2">住民税非課税世帯区分 II</td><td rowspan="2">8,000 円</td><td>24,600 円</td><td rowspan="2"></td></tr>
<tr><td colspan="2">住民税非課税世帯区分 I
（年収 80 万円以下など）</td><td>15,000 円</td></tr>
</table>

注　1 つの医療機関等での自己負担（院外処方せんを含みます）では上限額を超えないときでも、同じ月の別の医療機関等での自己負担を合算することができます。この合算額が自己負担を超えれば、高額療養費の支給対象になります。

■限度額適用認定証

通常は窓口で自己負担額を支払った後、保険者に高額療養費の申請を行い、自己負担限度額を超えた分が払い戻しされますが、70 歳未満の場合は、事前に「限度額適用認定証」等を申請、提示することにより、医療機関での支払いが自己負担限度額までの支払いとなり、大きな金額を準備する必要がなくなります。

70 歳以上の方は、健康保険証（高齢受給者証、後期高齢者医療被保険者証）の提示だけで利用可能ですが、所得状況によっては負担額が少なくなる場合もありますので、保険者へご相談ください。

■世帯合算

さらに、一人の 1 回分の窓口負担では、高額療養費の支給対象とはならなくても、複数の受診や同じ世帯にいる他の方（同じ医療保険に加入している方に限ります）の受診について、窓口でそれぞれ支払った自己負担額を 1 カ月（暦月）単位で合算することができ、その合算額が一定額を超えたときは、超えた分を高額療養費として支給します（*ただし、70 歳未満の方については、21,000 円以上の自己負担のみ合算されます）。

■多数回該当

また、長期にわたり治療を続けている方は、直近の 12 カ月間に、すでに 3 回以上高額療養費の支給を受けている場合（多数回該当の場合）には、その月の負担の上限額がさらに引き下がります。

特定医療費（指定難病）医療費助成制度

国が定める 306 疾患で治療を受けている方（疾患によって認定基準があります）は、申請を行い、支給認定により、医療費の助成が受けられます。患者負担は総医療費の 2 割（後期高齢者及び前期高齢者の 1 割負担者は 1 割）、もしくは上限額となります（表 2）。

医療費助成の対象となるのは、認定された疾患およびその疾患に付随して発現する傷病に対する医療費のみであり、入院時の食事療養費は全額自己負担となります。

申請手続きは、住所地の保健福祉事務所です。

表２　特定医療費助成

階層区分	階層区分の基準		患者負担の割合：総医療費の２割		
			自己負担限度額		
			一　般	高額かつ長期（＊１）	人工呼吸器等装着者（＊２）
生活保護	——		0	0	0
低所得Ⅰ	市町村民税非課税（世帯）	本人収入～80万円	2,500	2,500	1,000
低所得Ⅱ		本人収入80万円超	5,000	5,000	
一般所得Ⅰ	市町村民税課税以上　7.1万円未満		10,000	5,000	
一般所得Ⅱ	市町村民税7.1万円以上25.1万円未満		20,000	10,000	
上位所得（＊３）	市町村民税25.1万円以上		30,000	20,000	
入院時の食費			全額自己負担		

＊１　医療費助成の支給認定を受けたのち、ひと月の医療費総額（10割分）が5,000円を超える月が６カ月以上ある場合は「高額かつ長期」の負担額への変更申請をすることができます。（ただし、支給認定を受けた月以降で、変更申請をする月から12カ月前の医療費に限ります）

＊２　一日中人工呼吸器等を装着されている方で、日常活動が著しく制限されている方は、人工呼吸器等装着者として申請をすることができます。認定を受けた場合、月額自己負担限度額が一律1,000円となります（生活保護受給者を除く）。

＊３　生活保護受給者以外で、正当な理由なく医療保険に加入していない場合は、「上位所得」としてあつかわれます。

小児慢性特定疾病医療費助成制度

18歳未満の児童で、国が定める小児慢性特定疾病により（疾患によって認定基準があります）、長期に療養を必要とする保護者に対して、支給認定により、医療費の助成が受けられます。患者負担は総医療費の２割若しくは上限額となります（表３）。

申請手続きは、住所地の保健福祉事務所です。

表３　小児慢性特定疾病医療費助成

	年収の目安（夫婦２人子１人世帯）		自己負担上限額（患者負担割合２割　入院＋外来）		
			一　般	重症（＊）	人工呼吸器等装着者
Ⅰ	生活保護等		0		
Ⅱ	市町村民税非課税	低所得Ⅰ（～約80万円）	1,250		500
Ⅲ		低所得Ⅱ（～約200万円）	2,500		
Ⅳ	一般所得Ⅰ（市区町村民税7.1万円未満、～430万円）		5,000	2,500	
Ⅴ	一般所得Ⅱ（市区町村民税25.1万円未満、～850万円）		10,000	5,000	
Ⅵ	上位所得（市区町村民税25.1万円～、850万円～）		15,000	10,000	
入院時の食費			1／2自己負担		

＊重症　①高額な医療費が長期間継続する者（医療費総額が５万円／月〈例えば医療保険２割負担の場合、医療費の自己負担が１万円／月〉を超える月が年間６回以上ある場合）、②現行の重症者基準に適合する者、のいずれかに該当。

特定疾病療養費

長期にわたり高額な医療費が必要となる「人工透析を必要とする慢性腎不全」、「血友病」、「抗ウイルス剤を投与している後天性免疫不全症候群」（特定疾病）については、申請手続きを行い、保険者の認定を受け、医療機関等の窓口で被保険証と併せて受給者証を提示することにより、支払う医療費が自己負担限度額（月１万円もしくは２万円）までになります。

申請手続きは、加入している医療保険の保険者です。

自立支援医療

障害の軽減、重症化を防ぐための医療にかかる費用が軽減されるもので、「精神通院医療」、「更生医療」、「育成医療」があり、疾患や症状・状態、治療内容によって適応される場合があります。

医療費の自己負担は原則１割になります。ただし、世帯の所得や患者本人の収入額に応じて、１カ月あたりの自己負担上限額が決められています（表４）。

申請手続きは住所地の市町村です。

表４

<table>
<tr><td colspan="3">←一定所得以下→</td><td colspan="2">中間所得</td><td>一定所得以上</td></tr>
<tr><td>←生活保護世帯→</td><td>市町村県民税非課税
本人収入 ≦ 80 万円</td><td>市町村県民税非課税
本人収入 ＞ 80 万円</td><td>市町村県民税 <3 万３千
（所得税）</td><td>３万３千≦市町村民税 <23 万５千
（所得税）</td><td>23 万５千≦市町村民税
（所得税）</td></tr>
<tr><td rowspan="3">生活保護
負担０円</td><td rowspan="3">低所得Ⅰ
負担上限額
2,500 円</td><td rowspan="3">低所得Ⅱ
負担上限額
5,000 円</td><td colspan="2">中間所得層
負担上限額：医療保険の自己負担限度額</td><td rowspan="2">一定所得以上
公費負担の対象外
（医療保険の負担割合
・負担限度額）</td></tr>
<tr><td>負担上限額
5,000 円</td><td>負担上限額
10,000 円</td></tr>
<tr><td>中間所得層Ⅰ
負担上限額
5,000 円</td><td>中間所得層Ⅱ
負担上限額
10,000 円</td><td>一定所得以上（＊１）
負担上限額
20,000 円</td></tr>
</table>

＊１ 「重度かつ継続」の範囲
・疾病・症状などから対象となる者
精神……①統合失調症、双極性障害、うつ病、てんかん、認知症等の脳機能障害、薬物関連障害（依存症など）
②精神医療に一定以上の経験を有する医師が判断した者
更生・育成……腎臓機能・小腸機能・免疫機能・心臓機能障害（心臓移植後の抗免疫障害に限る）、肝臓の機能障害（肝臓移植後の抗免疫療法に限る）
・疾病などに関わらず、高額な費用負担が継続することから対象となる者
精神・更生・育成……医療保険の多数該当の者
＊２ 育成医療の経過措置及び「一定所得以上」かつ「重度継続の者」の者に対する経過措置

障害者医療（重度心身障害者医療費助成）

重度の障害者（佐賀県の場合、身体障害者手帳１級～２級、知能指数 35 以下、身体障害者手帳３級でかつ知能指数 50 以下）が、健康保険を使って医療を受けた場合、医療費の自己負担が助成されます。１カ月 500 円を除した額が助成されますが、入院時食事療養費は自己負担です。所得制限がありますので、住所地の市町村にご相談ください。

日本の制度は、多くの場合、申請がなければ利用できず、また申請から認定まで手続きに期間を要し、また遡っても申請（受付）日からの適応、対象となることが多いため、より早く制度を理解し申請することが望まれます。また、上述以外でも、疾患や状態等によっては、各種制度の対象となる場合があるので、関係機関などへ相談してみましょう。

医療の現場では、患者さんが置かれている環境や諸事情、経済的理由により、必要な医療を受けられない場合が少なくありません。適切な医療が受けられるよう、また本人が望む生活が送れるよう医療機関や行政、各関係機関等が連携し、必要な支援が行えるような体制が望まれます。

佐賀県医療センター好生館
大石　美穂

人間だもの。
心のなかで、
いっしょに泣いたり笑ったり……。
いっしょに一歩をふみだしたいのです。

満岡内科クリニック
安藤　和美

人家に帰りたい…どうしたらいいの？
どうぞご相談ください。安心して暮らせるよう「家に帰りたい」をお手伝い致します。思いを形に。
人生のやり残しの仕事や大切な時間を支えます。

気になる医療費、生活資金 あなたはどうしますか？

佐賀県医療センター好生館 相談支援センター
大石　美穂

あなたにとっての医療費の確認

さて、患者さんが望む医療を適切に受けたいと思うとき、気になるのは医療費です。自分より少し先に退院される同じ病室の患者さんに聞いた請求金額と自分とでは、請求額が違っている……、請求の間違いではないかと疑問を投げかける方も少なくありません。

あなたが加入する健康保険証書で、自己負担の額は、前年度支払った健康保険税の額により、アからオまでの区分に分けられ、該当の範囲の負担を基準に計算されます。また、年齢によっても違いがあります（表 1-1：p.68、表 1-2：p.69 参照）。ですから、同じ病院、病名で同じような治療をしたとしても、負担する医療費が違うということは当然のことなのです。ここで大事なことは「あなたにとっての医療費の負担額」を確認することです。

また、公的医療保険制度内でもさまざまな助成制度、支援制度があります。詳しくは、「知っておきたい医療費と助成制度のこと」（p.68 ～ 72 参照）にありますが、ご自分が「どこに該当するかなど、もっと知りたい」、「よくわからない」という方は、受診先の病院の医療連携室や、がん相談支援センターの医療ソーシャルワーカーに相談してください。

暮らしの中の医療費

「医療を受ける」「日常生活を送る」「介護を受ける」「仕事をする」ということは切り離して考えることはできませんし、それには何より、お金も大事です。

表 1　療養と暮らしを支えるお金のこと

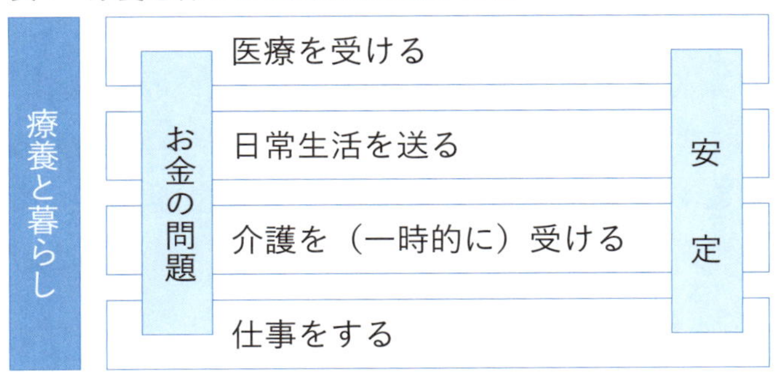

暮らしのなかで医療費の負担が膨らんだ場合、利用できるものにどのようなものがあるか、斎藤さん（架空）を例にして、詳しく考えてみましょう。

表2　給料にかわるもの

給料にかわるもの	その人の状況に応じた制度の申請やお金の使い方をする	
傷病手当金	医療保険によって異なる	各県健康保険協会等 各健康保険組合
私的保険	入院給付金 通院給付金 手術給付金	私的保険会社
見舞金 融資制度	各企業の制度を確認 生活福祉資金貸付制度	各企業担当課 社会福祉協議会
家族収入	貯蓄 家族からの支援 家族の就職の可能性	核家族 復職不可の可能性

斎藤さん　55歳　会社員（事務職）　年収500万円　社会保険加入（協会けんぽ）
大腸がんで人口肛門（ストーマ）造設予定
家族：妻　55歳　パートタイマー　年収120万円　斎藤さんの健康保険被保険者
　　　長女　19歳　大学生　長男　14歳　中学生　斎藤さんの健康保険被保険者

長期療養が必要で仕事を休む場合　傷病手当金の申請、身体障害者手帳の交付申請

斎藤さんは、これから大腸がんの切除手術を受け、ストーマ（人工肛門）をつくる予定です。

そうなると、入院費用や、ストーマを付けた後にかかる費用が必要ですが、その間、仕事を長く休むことになります。県外に住み、大学に通っている長女への仕送りや、生活費もねん出しなければなりません。このとき、次のような制度の利用が考えられます。

加入している健康保険の保険者に、**傷病手当金を申請**すると、連続する3日間を含み4日以上仕事に就けなかったことをふまえて申請することができます。最長で1年6カ月の支給が可能です。これは、患者さんのみ仕事ができないと思っているだけでなく、主治医が申請の期間は就労ができない状態であったことの証明が必要です。

次に、斎藤さんの場合、永久ストーマーを造ることになりましたね。これには、表4に示すように、**身体障害者手帳の交付申請**をすることができます。斎藤さんが、もともと他の障害で認定を受けていたり、尿路のストーマもあるとすれば、今回申請することで等級が上がることがあります。これまでの既往歴を確認し、申請時には現在交付を受けている手帳を持参し、申し出る必要があります。

仕事を辞める？　その前に

長期に療養することで、職場で働くことができないことでの気遣いから「仕事を辞めよう」と考える方も少なくありません。「仕事を辞める」ということは、単に退職の手続きをすることではないのです。

健康保険証も、その資格をなくします。仮に、斎藤さんが限度額を超える高額な医療を3月以上支払い、多数月該当となっていたとしても、退職して別の健康保険に加入した場合、この多数月での自己負担に該当しなくなります。また、健康保険税の支払い額も変わります。退職したあとも、今まで加入

表３　傷病手当金

療養や生活に必要な費用	医療を受ける 働きたいのに働けないとき・・・
療養と暮らし	病休や有休をつかったあと 傷病手当の支給申請ができます
	①業務外の事由による病気や怪我の療養のための休業であること。 ②仕事に就くことが出来ないこと。 ③連続する３日間を含み４日以上仕事に就けなかったこと。

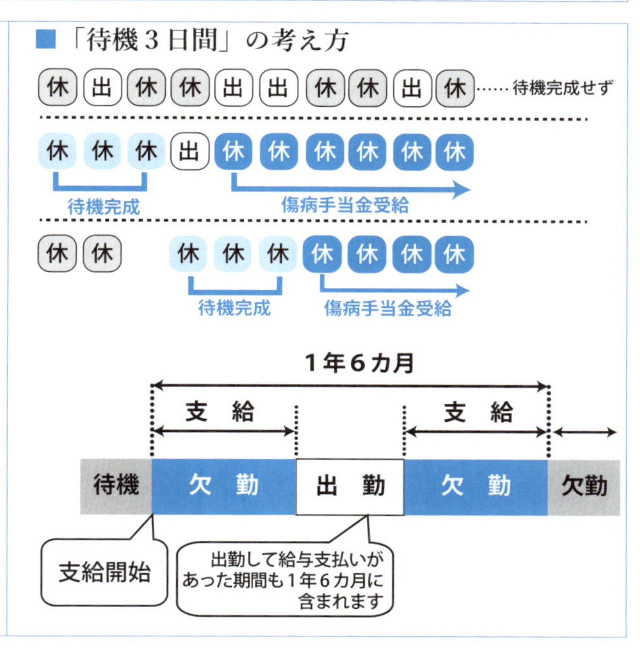

上記の表は、全国健康保険協会のホームページより

表４　障害者年金を受ける

障害年金を受けるには	障害が固定する・・・障害年金を受給する	
療養と暮らし	＊ご自身が受給した場合の内容を、よく確認することが大事	
病気やケガで生活や仕事などが制限される場合、受け取ることができる国の公的年金 老齢年金、遺族年金と並ぶ公的年金給付の一つで、国民年金・厚生年金・共済年金の全てに備わっている 障害年金は「障害基礎年金」「障害厚生年金」「障害共済年金」の３種類からなりたっており、初診日において加入していた年金の種類によって受給できる年金が決定する	障害基礎年金 １級　２級	国民年金に加入している人が１級又は２級の障害状態と認定された時に支給される ＊ストーマを増設しただけでは支給されない
	障害厚生年金 １級　２級 ３級	厚生年金に加入している人が１級～３級の障害と認定された時に支給される。（１級又は２級の場合は障害基礎年金もあわせて受給される） ＊永久ストーマを増設した人は原則として、障害厚生年金３級の障害に該当する。ただし、障害の原因となった障害の初診日に厚生年金の被保険者であること等が必要。 消化管ストーマ（イレオストミーまたはコロストミー）と尿路ストーマ（ウロストミー）の両方を造設した方や、ストーマがありさらにそのほかの障害がある方は、１級または２級にがいとうすることもある。
	障害共済年金 １級　２級 ３級	共済組合に加入している人が１級～３級の障害と認定された時に支給される（１級又は２級の場合は障害基礎年金も合わせて受給できる。

上記の表は、日本オストミー協会のホームページより

していた健康保険を継続して使うことができる「任意継続」をする方法があり、最長２年間有効です。この場合は、これまで事業所と折半していた健康保険税は、全額本人負担となります。

このように、思ってもみなかった負担をすることにならないためにも、仕事を辞めてしまう前に、専門窓口に相談しましょう。

子ども達の教育資金

そして、斎藤さんが心配なのは、お子様方のことでしょう。長女が「大学は退学して働くよ」と言ってくれたとしましょう。あなたなら、どう答えますか？　それもひとつの選択かもしれません。しかし、現在社会の現状を知ったうえで、意思決定することが大事だということを伝え、ご家族や親族と、よく話し合いましょう。

長女が受け取る１カ月あたりの賃金の参考として、厚生労働省が発表している学歴別にみた賃金学歴別の賃金では、女性では、大学・大学院卒が 294,100 円、高専・短大卒が 237,200 円、高卒が 201,800 円となっています。では、同じ 30 代の勤続で考えると、大学・大学院卒が 321,300 円、高専・短大卒が 267,000 円、高卒が 254,400 円という統計（平成 29 年度）の結果があります。

長女の「大学で勉強したい」という気持ちが、ご自分の病気のせいで断念せざるを得ないとすれば、なんとか志を貫いてほしいと思う気持ちとの葛藤があることでしょう。何より、希望と目標をもって入学した大学ですから、続ける方法はないのか、考えましょう。

ご親族の支援等も視野に入れてみるほか、学資保険の加入があれば、条件を確認することも必要です。それから、あしなが育英会の奨学金なども、該当の有無を確認されてはいかがでしょうか。この奨学金は、20 年かけて無利子で返すことができ、奨学金と併用ができます。一般と特別に分かれますが、一般の場合、最大７万円まで借り入れ可能で、給付（３万円）と貸与（４万円）に分かれているので、実質返す金額が少ないという利点があります。

■あしなが育英会：URL　https://www.ashinaga.org/

年金受給額の変更

さて、障害をもつことで、年金受給はどのようになるのでしょう？　障害年金の該当となる場合があります。斎藤さんの場合、どうでしょうか。通常年齢での受給内容と、障害年金として受給をする場合の違いも、ご自身でよく確認することが大事です。

これまで挙げた制度について、斎藤さんが支給を希望される場合、申請することが必要です。

「こうなったから、役所から受給の連絡がくだろう」ということではないのです。障害となったことを申し出て初めて受給の資格の確認がなされるということを知っておきましょう。

佐賀県内の年金事務所（佐賀・唐津・武雄）へご相談ください（付録 -3　P.178）。

ここで、はっきりとわかるように、社会保障制度はご自分の状態や環境によって該当範囲がかわる「オーダーメイド」だと考えることができます。「あの人が受けていたから、私も！」というわけにはいかないのです。自分だけではなかなか解らないと途方に暮れることはありません。繰り返しになりますが、受診先の病院の医療連携室や、がん相談支援センターの医療ソーシャルワーカーにご自分のこととして、早めに相談しましょう。

在宅医療は高い？

ひらまつクリニック 在宅医療部
伊東 展宏

在宅のソーシャルワーカーです

「高額な医療費で家計が大変」、「会社を長期に休んだら収入は……？」、「他の医療機関や介護施設について知りたい」、「障害者手帳って何だろう？」、「支払った医療費って戻らないのかな？」など、病気療養中はさまざまな心配事が生じる場合があります。そんな時に、患者さんの状況をうかがいながらいっしょに解決策を探していくのが、私たちソーシャルワーカーの仕事です。

私たちは、社会福祉の立場から患者さんの療養生活を支援しています。例えば、介護保険、高額療養費、傷病手当金、身体障害者手帳といった社会保障制度は、ほとんどの場合、病気になって初めて利用します。ですから、患者さんが、利用できる制度をご存じなかったり、「本当にこの制度は今の自分に適しているのか」と不安になられるのは当然です。このような時に、私たちは、患者さん一人一人に適した社会保障制度を確認しながら、安心で安全な療養生活の構築を目指しています。

これまで医療分野のソーシャルワーカーの仕事は病院内での仕事が中心でしたが、在宅療養支援診療所が地域包括ケアにおける在宅医療を担う機関として新たに位置づけられ、在宅医療の需要が高まるにつれて、在宅の現場にもソーシャルワーカーの役割が重要視されるようになってきました。

在宅医療の問い合わせ窓口です

当在宅療養診療所では、ソーシャルワーカーが在宅医療についての問い合わせ窓口を担当しています。「退院して在宅医療を受けたい」というのもあれば、「住んでいるところまで来てもらえるのか」などの問い合わせに、まずソーシャルワーカーが対応しています。

「在宅医療は、やっぱりお金がかかるのでしょう？」

「だいたい１カ月にどれくらいかかりますか？」

当在宅療養支援診療所への問い合わせでもっとも多いのが医療費の相談です。

「在宅医療は高い」と思っている人は多いと思います。在宅医療では「診療費」のほか、24 時間対応のための「在宅総合診療料」などが入るため、外来に通院するよりは費用がかかります。

しかし、自宅で受ける医療にも、病院と同じように「健康保険」が適用されますし、自己負担が１カ月間に一定額（自己負担限度額）を超えた場合、超えた額が後で「高額療養費制度」として払いもどされます。この一定額（自己負担限度額）は年齢や収入によって異なります。例えば 70 歳以上の一般所得者の場合、毎月の自己負担限度額が約 14,000 円までとなっており、これを超えて支払った医療費は後で戻ってきます。

在宅医療を希望した場合の心配の一つが経済的負担ですが、在宅医療は国を挙げて推進しているため、一般的には入院医療費より安くなります。特に低所得者、ご高齢の方はかなり優遇されていると言えます。

当診療所でのケース

〈ケース 1〉84 歳　男性　糖尿病　認知症

自宅で一人暮らし。子どもは遠方にいます。足腰が弱って通院困難ですが、病状は安定していて、月に２回の訪問診療で生活指導と血糖降下薬の処方が行われています。

この方の場合、この月の当診療所の医療費は約 7,000 円でした。

〈ケース 2〉76 歳　女性　脳卒中後遺症と高血圧

右半身マヒ。脳卒中の影響で飲み込みに問題あり、時折、誤嚥性肺炎を起こされます。

ふだんは月に２回の定期訪問診療のみですが、肺炎を起こした月は臨時の往診が必要となるため、医療費に幅がありますが当診療所の医療費は１カ月約 7,000 ～ 14,000 円となります。

＊複数回の往診があった月でも、当診療所からは約 14,000 円（自己負担限度額）を超えての医療費の請求はありません。

この訪問診療にかかる費用を聞いて、どう感じられたでしょうか。高いと感じた方も、安いと感じた方もいらっしゃるかもしれません。一般の外来診療と比較すると費用がかかりますが、訪問診療では、医師が決まった曜日に訪問いたしますので、病院へ行く手間や交通費などもかかりません。また、通院では、どうしても病院での待ち時間が発生してしまいます。病院の待合室には簡易な椅子など配慮の行き届かないところが多く、体調が悪く横になりたいと思ってもなかなかそうはいきません。ご自宅でしたら余計な待ち時間もありませんし、リラックスした状態で診療を受けることができます。

患者さんやご家族の負担を少しでも減らすためにも、訪問診療という選択肢があるということを知っていただければと思います。

コマッタコマッタ・・払えぬ理由「まずはご相談ください」

支払いが思うようにいかないことはありませんか。ひとりで抱え込まず、ご相談ください。患者さんやご家族にとって最善の方法を考えながら、行政と相談し解決へ導きます。ご家族の現状の生活を守るため、誰にも相談することなく、ひとりで抱え込まれる方、サービスの利用ができなくなり、ご自身の生活を犠牲にされる方もいらっしゃいます。事例ではケアマネージャーが中心となって関わっていただきました。

認知症で年金暮らしの患者さん、本人のみの生計は成立していました。ご家族には債務もあり生活までも患者さんの年金に頼ってしまった結果、サービス利用機関への支払いが滞る事態になりました。「○○に行きたい」デイサービス利用の停止に伴い、患者さんはさみしい思いを言葉にされることもしばしばでした。経済的虐待も視野に入れ、ご本人とご家族の経済の建て直しを図りました。ご家族も難色を示されていましたが、地域包括支援センター、生活困窮者自立支援センター、高齢者福祉課、母子保健福祉センターなどさまざまな機関の協力のもと、繰り返される話し合いの上で、患者さんの財産に関しては安心サポートの滞納分返済期間の通帳の預かり、成年後見人にお任せし、ご家族のことは生活困窮者自立支援センター、母子福祉センターへ相談し、生活を立て直す方向で進んでいます。何もしないできないのではなくて、何かできることをみつけることからはじまります。まずは、ご相談ください。

Kazumi.A

訪問看護にかかる費用

公益社団法人佐賀県看護協会介護支援事業所
認定社会福祉士（高齢分野）**角町　幸代**

介護保険を利用する場合と医療保険を利用する場合

訪問看護を利用した場合の費用は、一般に少しわかりづらいようです。その理由の一つは、訪問看護サービスが、介護保険を使って利用する場合と医療保険を使って利用する場合があるからです。

原則として、介護保険の要支援、要介護の認定を受けている人は介護保険で訪問看護サービスを利用することになり、保険の認定を受けていない人は医療保険を使ったサービスの利用になります。一人の利用者が、介護保険と医療保険を同時に使うことはできません。65 歳以上で介護認定を受けている人は、介護保険でサービスを利用することになります。

ただし、介護保険利用の対象者でも、厚生労働大臣が定める疾病等（末期がんや人工呼吸器を使用している状態、特定の神経難病等など）で、主治医が診療に基づき、急性増悪等により頻回（週 4 日以上）の訪問看護を行う必要があると認めた場合は指示書を出して、医療保険でサービスを提供することになります。

訪問看護にかかる費用

訪問看護の費用は、介護保険は 1 時間で 8,000 円程度に、緊急体制加算や初回加算等の月額での加算料金がかかり、そのうちの 1 ～ 3 割が利用者負担になります。

介護保険の場合は、高額介護サービス費が適応となり、他の介護サービス費用と合算した上で、その方の限度額以上の額が助成されます。

医療保険は基本料金が 1 回 5,500 円程度ですが、訪問回数や病状によっても費用が異ります。月の初日の加算や 24 時間対応体制加算、緊急加算等の月額の加算料金がかかり、そのうち 1 ～ 3 割が利用者負担になります。また、医療保険を使う場合は、交通費も別料金での支払いが必要です。前段の「知っておきたい医療費と助成制度のこと」に説明されている制度の対象となる場合は、助成制度があります。

訪問看護の料金体系は、大変複雑になっており、疾患名や状態、訪問看護事業所の体制などによっても、違ってきます。上記の説明はあくまでも目安ですので、利用に際しては、必ず利用する訪問看護ステーションの説明をお聞きください。

介護保険を利用した場合サービスにかかる費用は？

佐賀整肢学園オークス
古田　香澄

病院から在宅療養の場に移るときどうしても考えなければならないのは経済的なことです。潤沢な資産があっても、介護が長く続くかもしれない、お金はどれくらいかかるのだろうそういう不安を少しでも軽くするためにここでは介護にかかる料金についてお話をいたしましょう。

介護保険という制度

介護保険は介護を家庭から社会へという理念のもと1999（平成11）年から施行された比較的新しい制度です。そのため3年に一度の改正でサービス料金も変わっています。ただ変わらないことはそれが、サービスという現物支給に対して、応能払いであるということ、介護保険の対象者は1号被保険者（65歳以上の高齢者）2号被保険者（16疾病[*1]をもつ40歳以上の人）ということです。

■申請にかかる費用

介護保険は申請性ですが誰もが申請できるわけではなく、上記の1号被保険者と2号被保険者が対象になります。申請は本人・家族のほかに地域包括支援センターや居宅介護支援事業所、介護保険施設で申請代行をしてもらうこともできます。この申請代行には費用は掛かりません。

ご自分でする場合、申請用紙と主治医意見書をもらいます。主治医意見書は本人のかかりつけの医師に書いてもらいますが、こちらの記入は公費となり料金は発生しません。

■居宅介護支援

介護申請をしたら1カ月ほどで3つの内の一つの判定結果が出ます。

①介護1・2・3・4・5（5が一番重い）

②要支援1・2

③非該当

②要支援、③非該当は、地域包括支援センターの項でお話しするとして、ここでは①の介護が出た場合についてお話ししましょう。

介護認定が下りたら、お一人お一人に介護支援専門員（ケアマネジャー）が付くことになります。ケ

＊1：16疾病
末期がん　／　関節リュウマチ　／　筋委縮性側索硬化症　／　後縦靭帯骨化症　／　骨折を伴う骨粗しょう症
脊髄小脳変性症　／　早老症　／　脳血管疾患　／　初老期における認知症　／　脊柱管狭窄症　／　多系統委縮症
閉塞性動脈硬化症　／　進行性核上性麻痺、大脳皮質基底核変性症及びパーキンソン病
糖尿病性神経障害、糖尿病性腎症及び糖尿病性網膜症　／　慢性閉塞性肺疾患
両側の膝関節または股関節に著しい変形を伴う変形性関節症

アマネジャーの行う業務（サービス）を居宅介護支援といい、この料金は現在公費から10割出ており料金は発生しません

■介護サービス〈居宅サービス〉の費用

居宅サービスには、①家で受けるサービス（訪問系）、②施設に通って受けるサービス（通所系）、③施設に短期間泊まる（宿泊系）サービス、④地域密着型サービス、⑤特定施設サービスなどがあります。

居宅サービスには要介護状態区分（1～5）に応じて限度額[＊2]がきめられていて、その範囲内でサービスを組み合わせて利用することができます。通常サービスを受けるには1～3割の自己負担が必要です。⑤の特定施設サービスは、他のサービスとの組み合わせはありません。限度額を超えた場合は10割の自費となります。

それでは、介護サービスの種類ごとに料金の目安を見ていきましょう。こちらはあくまでおおまかな目安であって本人の介護度や時間や加算のあるなしで変わってきます。サービスを受ける際ケアプランを作成するケアマネジャーとよく話し合い決めると良いでしょう

①訪問系サービス

訪問系のサービスは原則1回の料金体系になっています。介護度による差はありません。訪問入浴、訪問看護が予防と介護に若干の差があるくらいです。

■訪問介護

資格を持つホームヘルパーが自宅を訪問し食事、入浴、排せつの介助等身体介護やお掃除洗濯、買い物などの生活援助、通院を目的とした乗降介助などの支援をします。

自己負担の目安：身体介護中心（20分以上30分未満）2,480円（1割負担の場合）248円
：家事援助中心（20分以上45分未満）1,810円（1割負担の場合）181円

■訪問入浴介護（予防）

介護士と看護師が居宅を訪問し入浴介護を受けます。介護予防の場合は若干安くなります。

自己負担の目安：1回12,500円（1割負担の場合）1,250円

自己負担の目安〈予防の場合〉：1回8,450円（1割負担の場合）845円

■訪問リハビリテーション

理学療法士や作業療法士、言語聴覚士が居宅を訪問し、リハビリを行います。

自己負担の目安：1回（20分）2,900円（1割負担の場合）290円

＊2：1カ月の居宅サービスの上限額（支給限度額）

要支援1	50,030円	要介護1	166,920円
要支援2	104,730円	要介護2	196,160円
		要介護3	269,310円
		要介護4	308,060円
		要介護5	360,650円

■居宅療養管理指導（予防）

病院や診療所、薬局から医師や歯科医師薬剤師などが居宅を訪問し療養上の指導をします

自己負担の目安：医師（月２回まで）5,070円（1割負担の場合）507円

：薬局の薬剤師（月４回まで）5,070円（1割負担の場合）507円

■訪問看護（予防）

疾病などを抱える人に対し看護師が居宅を訪問し療養上の世話や診察の補助を行います。

また、介護者に対し介護指導も行います。派遣先が病院か看護ステーションか又予防か介護かで料金が違ってきます。

自己負担の目安〈介護の場合〉

：病院の看護師（30分未満）3,960円（1割負担の場合）396円

：訪問看護ステーションの看護師（30分未満）4,670円（1割負担の場合）467円

自己負担の目安〈予防の場合〉

：病院の看護師（30分未満）3,790円（1割負担の場合）379円

：訪問看護ステーションの看護師（30分未満）4,480円（1割負担の場合）448円

②通所系サービス

通所系のサービスは、介護度が重くなるにしたがってケアの差が料金に反映されています。介護度が高いと料金も高くなります。

■（療養）通所介護

施設にて食事入浴などの日常生活上の支援や生活行為向上の為の支援を通いで行います

自己負担の目安〈通常規模の場合〉

要介護１（8時間以上9時間未満）6,560円（1割負担の場合）656円

要介護５（8時間以上9時間未満）11,440円（1割負担の場合）1,144円

■通所リハビリテーション（予防）

老人保健施設や、介護医療院、医療機関等で入浴などの日常生活上の支援や生活行為向上のためのリハビリテーションを通いで行います。

自己負担の目安〈通常規模の場合〉

要介護１（7時間以上8時間未満）7,120円（1割負担の場合）712円

要介護５（7時間以上8時間未満）13,100円（1割負担の場合）1,310円

③宿泊系サービス

宿泊系のサービスは入所施設の種類（特養併設、老健併設、独立型、病院など）や部屋の形態（ユニット型個室や多床室）で基本料金が変わってきます。また、部屋代、食費は全額負担になります（オムツ代は介護費の中に含まれます）。部屋代、食費に関して低所得の人に対する負担減免があります。利用前に手続きが必要です。当該施設もしくはケアマネジャーに相談しましょう。

■短期入所生活介護（予防）

特別養護老人ホームなどに短期間入所し、日常生活の支援や機能訓練を受けます。

■短期入所療養介護（予防）

老人保健施設などに短期間入所し、医療上のケアを含む日常生活支援や機能訓練を受けます。

■短期入所生活介護（介護老人福祉施設併設型の場合）

自己負担の目安：要介護 1（1 日）5,840 円～ 6,820 円（1 割負担の場合）584 円～ 682 円
：要介護 5（1 日）8,560 円～ 9,860 円（1 割負担の場合）856 円～ 986 円

■短期入所療養介護（介護老人保健施設の場合）

自己負担の目安：要介護 1（1 日）7,530 円～ 8,320 円（1 割負担の場合）753 円～ 832 円
：要介護 5（1 日）9,620 円～ 10,430 円（1 割負担の場合）962 円～ 1,043 円

④地域密着型サービス

住み慣れた地域で生活を続けるために地域の特性に応じたサービスが受けられます。ただし他の介護保険者のサービスは受けられません。

■小規模多機能型居宅介護（予防）

通所を中心に利用者の選択に応じて訪問や泊りのサービスを組み合わせて利用ができます。小規模多機能型居宅介護の料金は１カ月の包括払いです。宿泊費や食費は別途請求です（複合型サービスも同じく包括払いです）。

自己負担の目安：要介護 1（1 ヶ月）103,200 円（1 割負担の場合）10,320 円
：要介護 5（1 ヶ月）268,490 円（1 割負担の場合）26,849 円

■複合型サービス（看護小規模多機能型居宅介護）

小規模多機能居宅介護と訪問看護を組み合わせで、通い、訪問、泊りのサービスで介護と看護が受けられます。＊要支援１、２は利用できません

自己負担の目安：要介護 1（1 ヶ月）123,410 円（1 割負担の場合）12,341 円
：要介護 5（1 ヶ月）311,410 円（1 割負担の場合）31,141 円

■認知症対応型通所介護（予防）

認知症高齢者を対象として食事や入浴、専門的なケアが日帰りで受けられます

自己負担の目安：要介護 1（8 時間以上 9 時間未満）10,170 円（1 割負担の場合）1,017 円
：要介護 5（8 時間以上 9 時間未満）14,590 円（1 割負担の場合）1,459 円

■認知症対応型共同生活介護

認知症高齢者が共同生活をする住宅で介護を受けながら食事、入浴などの介護や支援、機能訓練を受けられます。近年、看取りをする施設も増えてきております。＊要支援１の人の利用はできません。居

住費、食費、オムツ代は自己負担です。

自己負担の目安：要介護１（１日）7,590円（1割負担の場合）759円

：要介護５（１日）8,520円（1割負担の場合）852円

■地域密着型通所介護

定員が１８人以下の小規模な通所介護の施設で日常生活上の介護や機能訓練が受けられます。

自己負担の目安：要介護１（８時間以上９時間未満）7640円（1割負担の場合）764円

：要介護５（８時間以上９時間未満）13,320円（1割負担の場合）1,332円

■夜間対応型訪問介護

夜間でも安心して在宅生活が送れるように巡回や通報システムによる夜間専門の訪問介護サービスです。＊要支援１、２の方は利用できません

自己負担の目安：基本夜間対応型訪問介護（オペレーターを設置している場合）

（1月）10,090円（1割負担の場合）1,090円

巡回サービス：（1回）3,780円/回（1割負担の場合）378円／回

随時訪問サービス：（1回）5,760円/回（1割負担の場合）576円／回

■定期巡回・臨時対応型訪問介護看護

日中夜間を通じて定期的な巡回と随時通報により居宅を訪問し入浴、排せつ、食事などの介護や日常生活上の緊急時の対応など訪問介護と看護が受けられるサービスです。＊要支援１、２の方は利用できません

自己負担の目安：訪問看護サービスを行う場合（１カ月）

：要介護１（１カ月）82,670円（1割負担の場合）8,267円

：要介護５（１カ月）294,410円（1割負担の場合）29,441円

自己負担の目安：訪問看護サービスはない場合（１カ月）

：要介護１（１カ月）56,660円（1割負担の場合）5,666円

：要介護５（１カ月）256,900円（1割負担の場合）25,690円

⑤特定施設サービス

■特定施設入居者生活介護（予防）

介護保険法による指定を受けた有料老人ホームなどに入居している高齢者に日常生活上の支援や介護を提供します。

自己負担の目安：要介護１（１日）5,340円（1割負担の場合）534円

：要介護５（１日）8,000円（1割負担の場合）800円

知って得するお金の話

佐賀整肢学園オークス
古田　香澄

医療・介護の負担が高額になった時

在宅医療・介護の費用は一般に入院しているよりも負担が軽くなります。それは「限度額適用認定証（p.69 参照）」が外来療養や訪問医療についても平成 24 年 4 月 1 日から適用になり、在宅でも上限額以上の負担がなくなったことも大きいといえるでしょう。

限度額の適用は、個別に、同一月、同一医療機関での受診が対象です（70 歳以上一般世帯で上限 18,000 円）。そのため複数の医療機関や調剤薬局を使った場合は「高額療養費申請」（p.68 参照）が必要になります。また、介護保険も同時に使った場合介護保険と医療保険の両方の利用負担を年間で合算し、高額になった場合は下記の限度額を超えた分が支給される高額医療・高額介護合算制度があります（世帯合算）。詳しくは「後期高齢者広域連合（電話 0952-62-0150）や市町村の窓口」におたずねください。

表 1　高額医療・高額介護合算制度の自己負担限度額〈8 月～翌年 7 月〉

所　得	70 際未満の人
901 万円を超える	212 万円
600 万円を超え 901 万円以下	141 万円
210 万円を超え 600 万円以下	67 万円
210 万円以下	60 万円
住民税非課税世帯	34 万円

所　得	70 歳以上の人がいる世帯
課税所得 690 万円以上	212 万円
課税所得 380 万円以上 690 万円未満	141 万円
課税所得 380 万円未満 145 万円以上	67 万円
一　般	56 万円
区分 II	31 万円
区分 I	19 万円

一般：現役並み所得者、区分Ⅱ区分Ⅰ以外の方で下記の者も含む
①被保険者が複数いる世帯で同一世帯の被保険者の合計収入額が 520 万未満
②被保険者が一人の世帯でその収入額が 383 万未満
③被保険者が一人の世帯で 70 歳以上 75 歳未満の方がいる世帯で合計収入が 520 万円未満
区分 II ：世帯の全員が非課税世帯の方で区分Ⅰ以外の方
区分 I ：世帯の税員が住民税非課税世帯であって世帯全員の所得が 0 円である世帯の方（年金収入の場合は 80 万円以下）

高額介護サービス費の支給

利用者が、同じ月内に受けた介護サービスの利用者負担額が利用者負担の上限を超えた場合、申請により認められた場合は高額介護サービス費として支給されます。

非課税世帯の人は所得に応じて個人単位の上限額が設定されます。

表２　高額介護サービス費限度額

利用者負担段階区分		上限額
現役並み所得者		44,400 円（世帯合算）
一般世帯		＊ 44,400 円（世帯合算）
住民税非課税		24,600 円（世帯合算）
	＊合計所得金額及び課税年金額の合計が 80 万円以下 ＊老齢福祉年金の受給者	15,000 円（個人）
＊生活保護受給		15,000 円（個人）
＊利用負担額を 15,000 円に減額することで生活保護受給者にならない場合		15,000 円（世帯合計）

＊平成 32 年度までは経過措置で、自己負担額が１割負担のみの世帯では 37,200 円

保険サービスを使った訪問診療・訪問介護にかかる費用〈事例〉

山田ひろしさん（80 歳）はサエ（82 歳）と二人暮らしです。二人とも年金暮らしですが、定年まで働いていたので、区分では一般世帯です。ひろしさんは認知症を発症し、アルツハイマー型認知症と診断されました。体はお元気でしたので（介護１）と認定が出ています。

ひろしさんには持病の糖尿もありますが、妻のサエさんは家事だけでも手一杯の高齢で、薬の管理まではとてもできませんし、毎日の散歩（本人談）や失禁を繰り返すひろしさんの介護で疲れて寝込んでしまいました。この日は、東京に住んでいる一人娘とケアマネジャーが今後のことを話し合っています。

娘：私的には父には施設に入ってほしいのですが、父が嫌だと言いますし、母ももうちょっと家で看たいと言います。どのような方法があるのかと、お金の相談もしたくて。

ケアマネジャー：そうですね。お家での暮らしを続けていくには、お金についてもご心配ですね。

娘：母が父を病院に連れて行けないので訪問診療を勧められました。また、母が休めるようにショートステイやデイサービスも勧めていただいています。費用は、どのくらいかかるものでしょうか？

ケアマネジャー：お金だけの話をしますと、介護度１の方は、ヘルパーサービスなら朝夕毎日入るだけの点数をお持ちです。デイサービスなら 20 回、ショートステイも 20 日程度行ける点数です。介護保険はご本人の限度額内で経済的に負担のないように、必要な分を必要なところに使うようにしましょう。サエさんが家事をしていただけるのは強みですね。医療は限度額上限が 18,000 円です。それ以上はかからないので、毎月、お父様の療養に家計から出せるお金がどれくらいあるか考えてみてください。

表３　ひろしさんの場合（要介護１　一般納税世帯）

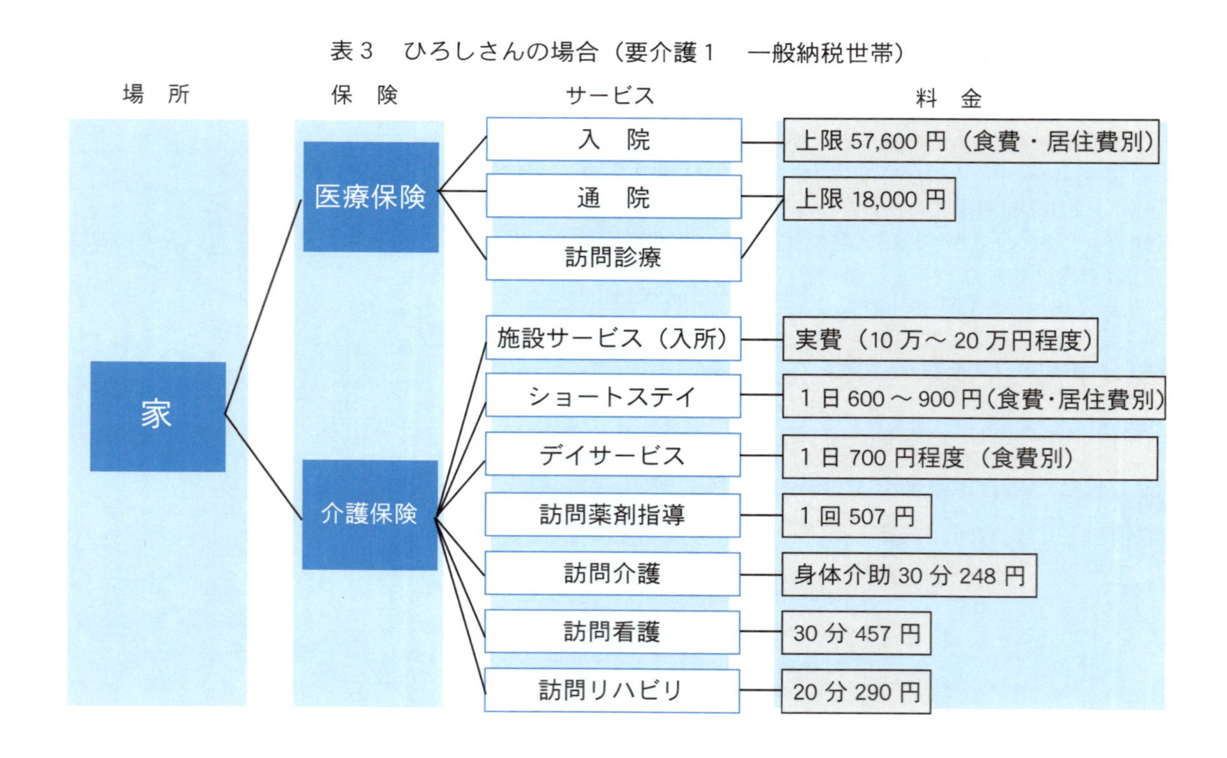

在宅ケアサービス
私たちがお家にうかがいます

在宅ケア・在宅医療の現場では、いろいろな職種の人たちが協働して患者さんやご家族の生活、療養を支える必要があります。在宅ケア・在宅医療を現在利用されている方、今から利用しようかと検討されている方には、どのような職種がどのような役割を果たし、お手伝いするのかを知っていただきたいと思います。

在宅をはじめると、ここに登場する職種の人たちが（全員ではありませんが）、実際にご自宅を訪問することになります。玄関のドアを開けて入ってもらう彼らと、よい信頼関係を結ぶことから「在宅」ははじまります。

また、在宅サービスを届ける側も、ケアチームの一員であるにもかかわらず、他の職種の業務を理解できていない場合もあります。医療・介護関係者は各職種の役割をしっかりと理解することで、多職種連携をよりスムーズに有用なものとしていきましょう。

ケアマネジャー選びの5つのポイント

佐賀整肢学園オークス
古田 香澄

在宅療養をするとき、病院を退院するときや自宅での生活に困難感を覚えたとき、40歳から64歳[*1]で特定疾病のある方や65歳以上の方は介護保険を申請します。そして要介護認定が出たらケアマネジャーを選び、ケアプラン[*2]（介護サービス計画）を作りそれに添って、いろいろな介護のサービスを受けることになります。ケアマネジャーは在宅療養・ケアを受けるあなたの伴走者です。では、ケアマネジャー（介護支援専門員）とはどのような人なのでしょう？　介護保険法にはこのように書いてあります。

介護支援専門員の定義（介護保険法第七条第五項）
介護支援専門員は、要介護者等からの相談に応じ要介護者等がその心身の状況に応じ適切なサービス（居宅、地域密着型、施設、介護予防、地域密着型介護予防）を利用できるよう市町村、サービス事業者との連携調整を行うものであって、要介護者等が自立した日常生活を営むのに必要な援助に関する専門的知識・技術を有する者として介護支援専門証の交付を受けたものをいう。

ケアマネジャーは、たとえば介護保険を家を建てることにたとえると、設計士のようなものです。ケアプラン作成はあなたの人生の設計図です。あなたがどんな家を建てたいか（どんな生活をしたいのか）を一緒に考え、２階建てにするのか？　平屋にするのか？　洋風？　和風？　と多くの情報を提供しながら作り上げていくことに似ています。設計士によっても、家の出来具合が変わってくるように、ケアマネジャー次第であなたの人生の最期のときがより良いものになるのかそうでないのかが変わってくるかもしれません。ここではケアマネジャーの役割を示しながら、ケアマネジャー選びの５つのポイントを探っていきましょう。

「速い」「うまい」「やすい」牛丼ケアマネは良いケアマネたり得るか？

■速い（迅速に動く）

迅速に動いてくれるケアマネジャーは頼りになります。疾患によっては、進行が速く、介護保険認定が間に合わない恐れがあります。介護保険は申請から１カ月以内に認定結果を送付しなければなりませんが、進行がんなどでは認定を待ってはいられない、みなし[*3]でケアプランを作り、療養・ケアのチームを作りサービスを提供してもらう必要があります。そんな時にそれを理解し迅速かつ的確に動いてくれるケアマネジャーは頼もしく、あなたの不安を解消してくれるでしょう。

＊１：p.84 脚注１の16疾病参照。
＊２：p.2（Q&A）ケアプラン参照。
＊３：「みなし」とは、介護保険が、申請日に遡り利用できる制度なので、認定まで待てない事情や利用を急ぐ必要かある時は、認定がでたとみなして暫定のプランを作成しサービスを利用することです。

この時、事業所が家から近いとか、近所だからとかは速さにはあまり意味はないかもしれません。

■うまい（知識・技術がある）

ケアプラン作成にうまい下手があるのでしょうか？　ケアプランは本人・家族の意向を尊重して作成します。ただそれは、ヘルパーさんに毎日きてほしいと言われたから、毎日サービスを入れるというものではありません。家の設計士は、地盤の緩い土地に３階建ての家は造りません。そこに専門性が発揮されるのです。

本人や家族が気づいていない問題やこれから起こりうるであろうことを分析し、提示し、納得してもらうことが上記にいう専門的知識・技術を有する、「うまい」ということです。設計士は地盤が緩い土地には、「ここに地盤強化をしましょう。敷地面積を広くとって平屋にしたらどうでしょう」とアドバイスをします。ケアマネジャ―も同じです。例えば、「ヘルパーさんに毎日来てほしい」と言われても、「ヘルパーさんに助けてもらうことも必要ですが、ご本人で長く生活していくには生活行為を取り戻すためのリハビリが必要ですね」と言える人です。それを上手い人と言います。では、うまいケアマネを見分けるには？　経験年数も一つの目安です。経験年数が長いということは、それまで多くの方の支援をしてきているということですので、経験値が豊かです。制度に詳しく多くの情報を持っていること、多くの社会資源（人も含む）を知っていることは知識、技術の高いケアマネジャーの目安になります。

主任介護支援専門員：5年以上の経験のある人が、研修を受け主任ケアマネジャーの資格を取りますので、この資格もうまい人の一つの目安になるでしょう。

■（気）やすい（相談援助職としての姿勢）

丁寧に話を聞いてくれることも本人、家族には不安が解消したり、緊張が解けたりすることになるでしょう。介護や在宅療養が初めての方が他人を受け入れる、相談するそのためには、本人の話を「聞いてくれる」ということが必要です。どこか他人事であったり、批判的であったり、ときにはお説教をする相談者には何も話せなくなってしまいます。ケアマネジャーは相談援助職です。その方の身に起きたことをその方の立場で聞く者なのです。

たとえば、深い穴に落ちた人がいたとして「深いね。困ったね」というのは地上から穴の中をみおろしているのです。その人の立場から見たら、深い穴の中から地上を見あげ「高いね。困ったね」ではないでしょうか。そう言ってくれるケアマネジャーを選びましょう。それは最初の出会いの時、あなたの「困った」やつらい気持ちを聞いてくれるか？　深い共感とあなたの自己決定を見守ってくれるかをよく観察しましょう。聞いてくれない人であったら、速やかに交代をお願いしましょう。我慢はしなくていいのです。ケアマネジャーの交代は何時でもできるのですから。

牛丼ケアマネのほかに選ぶポイントは？

■倫理の人

ケアマネジャーは公正、中立を旨とし、特定の事業所を紹介してはいけないことになっています。多くの情報をもち、いろいろな施設や人を紹介してくれる人、また地域の資源や行政のこと、障害サービスや生活保護制度、地域のボランティアなど引き出しが多く、人として偏りのない人を選びましょう。

■尊厳を守ってくれる人

ケアマネジャーはクライアントの尊厳を一番に考え行動します。あなたが言えないことも、あなたの代弁者となります。相性が良く、あなたをわかってくれそうな人、信頼できる人を選びましょう。第一印象、あなたの感性を総動員して最初の面接に臨みましょう。

牛丼ケアマネの見分け方

ではこの５つのポイントを押さえ、相性のいい牛丼ケアマネジャーに出会うには、どうしたらいいのでしょうか

■口コミ

あなたの周りに自宅で看取った方や介護を経験された方がおられたら、よい看取りができた、施設入所までみてくれたなどポジティブな意見を言われる方がおられたら、ケアマネジャーを紹介してもらうのもいいでしょう。

■介護保険の申請時から意識しましょう

介護保険の申請は本人の申請によります。その際、ここはと思う居宅介護支援事業所[*4]に相談し申請の代行を頼みましょう。申請代行（ご本人家族の他、地域包括支援センター[*5]や居宅介護支援事業所など）は無料でどこの事業所でも相談に乗ってくれます。申請代行では契約は発生しません。出会ったケアマネジャーが相性が良く牛丼ケアマネと思ったのならば、要介護認定（「予防[*6]」が出た時は委託ができるか訊いてみましょう）が出た時に依頼すればいいのです。残念ながら、相性が悪いようなら別のケアマネジャーを探しましょう。

■知り合いの介護医療職に聞いてみる

介護職や医療職は一番身近でケアマネジャーを見ています。評判の良いケアマネジャーを教えてくれるでしょう。

ケアマネジャーは、自宅で最後までを支援する介護保険のエキスパートです。より良い在宅療養を支援し、本人とチームを支えます。

これからのあなたの人生を託せるか？　（大げさかもしれませんが）そう考えてケアマネ選びのポイントとしてください。

＊４：居宅介護支援事業所とは、ケアマネジャーが勤務する事業所で介護保険のケアマネージメントを主な仕事としています。提供するサービスを「居宅介護支援」とよびます。
＊５：地域包括支援センターは p.56 参照。
＊６：予防は p.56 参照。

在宅医療における医師の役割

医療法人純伸会矢ヶ部医院
矢ヶ部 伸也

在宅療養支援診療所の役割

在宅支援診療所（病院）は平成 18 年に施設基準が設立された制度です。
平成 26 年の診療報酬改定の際に厚生労働省から公表された資料には、在宅支援診療所・病院の概要として以下のことが挙げられています。

■在宅療養支援診療所

地域において在宅医療を支える 24 時間の窓口として、他の病院、診療所などと連携を図りつつ、24 時間往診、訪問看護などを提供する診療所。

【主な施設基準[*1]】

①診療所である　② 24 時間連絡を受ける体制を確保している　③ 24 時間往診可能である
④ 24 時間訪問看護が可能である　⑤緊急時に入院できる病床を確保している
⑥連携する保険医療機関、訪問看護ステーションに適切に患者の情報を提供している
⑦年に 1 回、看取りの数を報告している。

■在宅療養支援病院

診療所のない地域において、在宅療養支援診療所と同様に、在宅医療の主たる担い手となっている病院。

【主な施設基準】

① 200 床未満または 4km 以内に診療所がない病院　② 24 時間連絡を受ける体制を確保している
③ 24 時間往診可能である　④ 24 時間訪問看護が可能である[*2]
⑤緊急時に入院できる病床を確保している
⑥連携する保険医療機関、訪問看護ステーションに適切に患者の情報を提供している
⑦年に 1 回、看取りの数を報告している。

厚生労働省の資料を大まかに言い換えると、24 時間体制で在宅ケア・医療を支える診療所や病院が有るということです。

「訪問診療」は、在宅ケア・医療を担う診療所や病院から自宅や有料老人ホーム、グループホーム、介護付き高齢者住宅、宅老所に医師・看護師・薬剤師・リハビリスタッフなどが定期的に出向いて診療を行います。あらかじめ日程を打ち合わせして、定期的に訪問します。患者さんや家族の要請に応じて予定されない訪問を行うことを「往診」と呼んでおり、「訪問診療」と区別しています。また、訪問診療の場合も往診の場合も、看護師や薬剤師、リハビリスタッフなどは医師が所属する医療機関から派遣

＊1：③、④、⑤の往診、訪問看護、緊急時の病床確保については、連携する保険医療機関や訪問看護ステーションにおける対応でも可。
＊2：④の訪問看護については、連携する保険医療機関や訪問看護ステーションにおける対応でも可。

されることもあれば、医師が連携した別の医療機関から派遣されることもあります。医師は別の医療機関であっても連携して情報を共有し、必要なケアが行われるように指示を出します。

在宅ケア・医療はさまざまな疾患の患者さんに提供されます。がん、特に進行がんの患者さんに対して看取りを含めた緩和ケアを提供します。また、緩和ケア病棟などと違い病気の種類に規制されることがありませんから、心不全や呼吸不全、神経難病、認知症など末期の状態ではなくても通院が困難な方に提供することができます。

患者さん本人が容易に通院可能な場合は在宅ケア・医療の対象外となっていますが、なんらかの事情で通院できないときには使っていただくことができます。詳しくは在宅療養支援診療所にお尋ねください。

かかりつけ医と在宅医

厚生労働省や医師会は「かかりつけ医」の普及を目指しています。「かかりつけ医」とは「健康に関することを何でも相談でき、必要な時は専門の医療機関を紹介してくれる身近にいて頼りになる医師のこと」とされています（日本医師会ホームページより）。主に外来で、地域住民の健康について予防治療（ワクチンや検診など）、初期治療、健康相談を担当する医師です。高次医療機関の受診が必要な場合には、どの病院の何科を受診したら良いのかを案内し、紹介状を書きます。

「在宅医」とは、在宅医療を支える医師のことです。国や医師会は「かかりつけ医」が「在宅医」になることを理想にしていますが、在宅医療に取り組んでいないかかりつけ医もいます。医師の専門分野によっては在宅での医療に向いていなかったり、日常業務の中で在宅医療との折り合いがつかない場合もあるためです。在宅医療を希望する場合にはまずかかりつけ医に相談し、在宅医療を行っていない場合には在宅に取り組んでいる医師を紹介してもらいましょう。

在宅療養・医療を支えるということ

私は医師になってから最初の 10 年ちょっとは消化器外科医として勤務していました。外科の患者さんにはがんの患者さんが多いため、多くのがんにかかった方の治療に従事しました。その中にはがんが進行してしまい、末期状態となった方もいらっしゃいました。状態が悪化したために入院され、旅立たれる方を担当したこともたくさんありました。

がん末期の状態で入院している方の中には、ご自宅に帰ることを切望されている方が少なからずいらっしゃいました。

「自分の暮らしていた場所に最期は帰りたい」「どうせ死ぬのなら自由に過ごせる場所がいい」

病院にいれば近くに看護師がいて状態が変化してもすぐに対応してくれます。病気を抱えて過ごすには病院にいたほうが安心だと医療関係者、ご家族は当然のように考えています。しかし、ご本人はそんな安心よりも、病院の制約から離れた自宅がよいと感じることは自然なことです。そういった希望をかなえるための在宅ケア・医療です。

在宅ケア・医療をはじめてみてわかりましたが、患者さんが病院から自宅へ帰ると、自宅にいることで安心したり、リラックスしたりするのでしょう、言葉では表現の難しい良い状態になります。がんの末期やさまざまな病気で体力の低下した方でも、病院からご自宅へ戻られると落ちついた表情をされます。

もちろん在宅という環境は病院や診療所での診療とは違い、部屋の広さもベッドの位置もその家その家で異なるので備品の準備に工夫が必要など、我々医師にとっては不利な側面はありますが、ご本人が落ち着かれるといったメリットはそういった不利な点を補って余りあると思います。

多職種との協働で在宅ケア・医療を支える

在宅ケア・医療を行うとき、多職種での連携が必要です。医師だけではとてもできません。多職種それぞれが自分の職種の強みを活かした意見を出し合うことで、より良い療養環境を作ることができます。ところが、今の日本の医療制度は医師を中心としてできていますので、看護師や薬剤師、その他の職種の人が治療に携わるときは「医師の指示で」動くことになっています。ですから、在宅ケア・医療を進めようと思った場合には、責任者として担当する医師がいないとなかなか在宅ケア・医療がうまくいきません。

医師は患者さんの状態や家族の状況などに応じて薬の処方や処置を行うのはもちろんのこと、訪問看護師や訪問薬剤師、理学療法士・作業療法士・言語聴覚士などのリハビリテーション担当者やケアマネジャー、ソーシャルワーカー、福祉用具専門相談員など在宅ケア・医療を支えるメンバーそれぞれと患者さんや家族の状態について情報を共有し、必要な支援を依頼することになります。このように書くと医師が全部指示をしているような印象になるかもしれませんが、実際には各職種のメンバーが患者さんや家族の状況を見てどんな援助が必要かを提案するので、医師は基本的な医師としての役割の他に旗振り役として多職種をうまくまとめる役割を果たしています。

医師は、訪問看護師と協働して、患者さんの状態と取り巻く環境の状況を共有するとともに、治療方針を確認し、その内容を指示します。訪問看護師から細かく患者さんの状態の報告をもらうことで、時間変化に応じた治療内容の調整が可能になります。

また、訪問薬剤師に診療情報の提供を行って、処方箋を発行して薬剤の指示を行います。薬剤師から薬の使用状況や自宅在庫の数、患者さんに薬の剤形があっているかどうかの報告などを受け、より患者さんが使いやすい薬に調整するように協働します。

理学療法士、作業療法士、言語聴覚士とは、患者さんの動作や嚥下などのリハビリテーションについてなるべく生活が充実して送れるようなリハビリテーションの内容を一緒に考えて、指示を出します。

ケアマネジャーへは医学的な情報を提供し、逆に患者・家族の生活状況などは情報をもらって日常生活の中にどのように療養・治療を組み込んでいくかを相談します。これには患者さん本人はもちろん、ご家族の生活状況も重要な点として取り上げます。

その他、多くの職種の人とも患者さんの情報を共有して、医学的に注意が必要なことがあればそれをお知らせし、ケアの提案があれば適切かどうかのアドバイスを行っています。

また、医師は他の診療科の医師や歯科医師とも連携しています。現在の医学は細分化されており、一人の医師ですべての医学・医療的な知識を把握することはほぼ不可能なので、患者さんの状態に応じて必要な相談をしています。特に食物や飲み物を飲み込む嚥下という分野においては、歯科医師、歯科衛生士、耳鼻咽喉科医師、言語聴覚士、栄養士などとの協働は必須で、いま、彼らとタッグを組んで、できるだけ最期まで口から食べられるように支援する取り組みを始めている地域も増えてきています。

このように医師は在宅ケア・医療の旗振り役として患者さんや家族のそばで多職種をまとめていく役割を担っています。

訪問看護師としての私

訪問看護ステーション陽だまり
片桐 都茂子

訪問看護と地域包括ケアシステム

訪問看護は、平成 4（1992）年に指定老人訪問看護制度が始まり、さらに高齢者以外への指定訪問看護制度が平成 6（1994）年に始まりました。平成 12（2000）年からは介護保険制度でも訪問看護を提供できるようになり、現在、全国に約 10,000 カ所の訪問看護ステーションが開設されています。佐賀県では約 70 カ所の訪問看護ステーションがあります。

訪問看護とは利用者が望む居宅で、可能な限りにおいて、その方の持つ能力に応じて自立した生活を営むことができるよう、看護職などが療養者の住まいに直接出向き、その療養生活を支援する看護活動です。介護保険と医療保険のいずれかを使って提供されるサービスで、 訪問看護師は、利用者の主治医の指示書に基づいて、自宅での医療処置、病状や健康状態の管理、療養生活の相談支援などします。

看護や介護を要する在宅療養者の増加をはじめ、入院治療の効率化や在院日数の短縮化により、訪問看護の必要性は年々高まっています。また、団塊の世代がすべて 75 歳以上になる 2025 年をめどに、現在、各自治体では地域の特性や実情に応じた地域包括ケアシステム構築が推進され、佐賀でも取り組まれています。地域包括ケアシステムの構築には医療や介護などの関係機関が連携して、包括的かつ継続的な在宅医療・介護の提供を行うことが必要とされます。そして、そこでも看護職が重要な役割を担うことが期待されています。

訪問看護は自宅訪問が中心ですが、条件によっては、自宅に限らず有料老人ホームやグループホーム、特別養護老人ホームにも訪問することができます。対象者も赤ちゃんからお年寄りまで年齢に関係なく、訪問看護サービスを利用することができます。訪問看護の活動範囲は、社会の需要にともなって広がっています。

訪問看護師の役割

訪問看護師の実際の役割は多岐にわたります。たとえば、病院から在宅への移行するときの準備、在宅での療養生活のトラブル対策、健康状態や病状の管理と適切なサポート、緊急時の対応、医師との連携、介護専門職との協働、状況に応じた各種サービスの提案、看取りなど、看護や介護が必要なご本人はもちろんのこと、ご家族が安心して在宅療養が続けられるように援助します。

しかし、私たちが訪問する方は、独居高齢者、高齢者同士の世帯、認知症同士の高齢者世帯、障害児や難病の在宅療養者など、その人の抱える問題は一つではなく、複雑化多様化し、絡み合っています。そのため問題を解決し、住み慣れた地域で暮らし続けるには、他職種との連携が不可欠です。

訪問看護師の喜び

訪問看護はこのようにいろいろな期待を受けながら活動しています。病院と違って、1時間前後その方だけとじっくり話しをしながら、ご本人や家族の希望に沿った看護ができます。また、家に訪問することでその方の日常の生活をみて、その方が望むケアや必要なケアを考えることができます。最期まで自宅にいたいという方の看取りをしながら、自分の人生を見直し、生き方を教わったり、「ありがとう」と感謝の気持ちをいただいたりと、看護師自身の達成感や満足感は大きいものです。ここが訪問看護の大きな魅力のひとつです。

さて、私は、看護師の仕事に就きたいと強く思ってなったわけではないけれど、いろんな経験を積み重ね、今は訪問看護師をしています。生と死に関わり、とてもやりがいのある仕事に巡り合えたと、今では選んだことを感謝しています。看護学校を卒業し、大学病院で働きました。めまぐるしい忙しさの中、患者さんと話をしていると、「家に帰りたい」と望む声を幾度となく耳にしました。しかし、その望みもむなしく、ほとんどの人が病室のベッドの上で亡くなっていきました。自分の人生の最期の望みなのに、かなえることは難しいのでしょうか……。

佐賀に住むようになって、6人の仲間とともに、“その人の心に寄り添う看護”がしたいと訪問看護ステーションを立ち上げました。住み慣れた家で最期までという方のために多くの看取りをしてきました。緩和ケア病棟に入ったのに、「やっぱりかあちゃんは家に帰りたかごた」と言って、1日で息子さんが家に連れて帰った方がいました。いつ亡くなってもおかしくない状況の中、住み慣れた家の住み慣れた部屋に入り、その方はしっかり目を開け、涙を流して喜びました。ベッドの周りには息子さんやお孫さん、親せきの方が集まり、話をしたり、手を握ったりしました。私がうかがうと、息子さんが「かあちゃん、あなたの好きな片桐さんが来てくれんさったよ」と話し、にこっと笑顔を見せてくださいました。そして翌日、たくさんの人たちに囲まれ穏やかな表情で亡くなりました。小さなお孫さんも大きな声で泣きました。深い悲しみの中にも、本人の望む家で看取ることができたという充実感がすべての人の心にありました。訪問看護をしていてよかったと思える瞬間です。

訪問看護を続けていて、時に本人や家族の意向と食い違った看護をしたり、ケアのやり方や言葉使いに注意をうけることもあります。何度も何度も立ち上がれなくなりそうなことがあるけれど、「来てくれてありがとう」という言葉を聞くと、もうひと頑張りと思って前を向くことができます。誠実にその方と向き合うことを心がけ、その方の人生や心に触れ、一緒に泣き笑いし、その方が望む生活に寄り添う看護をこれからもしていきたいと思っています。

ひとこと

陽だまりをはじめて14年目
出会いを大切に、そしてその方の心に届く看護を常に考えながら訪問看護しています。

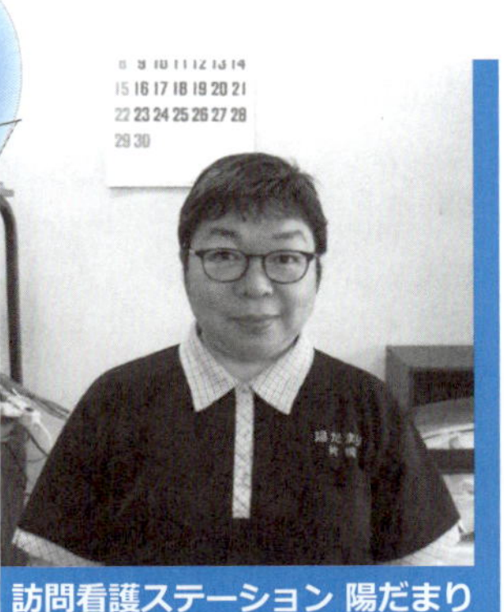

訪問看護ステーション 陽だまり
片桐都茂子

介護士の仕事

在宅介護お世話宅配便
吉井 栄子

介護の仕事を担当する人は、一般には介護士とかヘルパーと呼ばれています。

訪問介護サービスは訪問介護と介護予防訪問介護に分かれており、サービス内容が少し違ってきます。前者は要介護１～５の人が対象となりケアマネジャーが作成したケアプランにそってサービスが提供され、後者は要支援１、２の人が対象で、地域包括支援センターがケアプランを作成します。

介護士の仕事には、要介護者の自宅を訪ねてサービスを提供する訪問介護サービスと、いろいろな介護施設で入居者、利用者の介護にあたるものがあります。

その仕事には主に、下記のような役割が求められます。

介護士の仕事

■身体介護

身体の介護は介護士の代表的な仕事です。仕事内容としては、食事・入浴・排泄の介助などが挙げられます。特段の専門的配慮をもって行う調理。清拭（全身清拭）・部分浴・全身浴・洗面など・身体整容・更衣介助・体位変換・移乗・通院・外出介助、または、起床・就寝介助・服薬介助。それから日常生活動作能力や意欲の向上のためにともに行う自立生活に支援。身体に直接接触して行う一連のサービス。また、専門的知識・技術（介護を要する状態になった要因である心身障害や疾病などに伴って必要となる特段の専門的配慮）をもって日常生活上・社会生活上のためのサービスです。

■家事援助

家事など日常生活に必要な作業の代行的なサービスで、介護などを要する状態が解消されれば、ご本人が自身で行うことが基本となるサービスです。掃除・洗濯・ベッドメイク・衣類の整理・被服の補修・一般的な調理・配下膳・買い物・薬の受け取りなどの日常生活の援助的サービスです。

■メンタルケア

利用者の心をサポートするのも介護士の仕事です。話し相手になる、レクリエーションなどを催す、近隣の住人や介護施設の住人との交流を促すなど、利用者の心に安らぎを与えることも大切な役割です。

■相談や指導、助言

介護についての相談や指導、助言なども介護士の仕事内容に含まれます。介護を受ける方及びそのご家族と介護の方針を相談したり、介護用具を使う際の指導、自宅で介護をする場合の注意点の助言などを行います。

■報告・連絡・相談

多職種の方と連携する仕事なので、介護士間ではもちろんのこと、居宅介護支援事業所、行政、病院、診療所の主治医、訪問看護事業所、薬局などへの報告・連絡・相談が必要です。また、在宅医療の現場では守秘義務が最重要な事柄で、それがご本人、ご家族の信頼を得ることにつながります。

4Kをモットーに

介護士は利用者の生活に密着した活動を行うことから、他の専門職に比べて利用者の自宅に時間的に長く滞在し、それ故に精神的にも深く関わることになります。

私の事業所では、「望まれる形で最期までその方らしく」を目標にしています。また、感謝、感動、感激、感化の4Kが介護士の仕事だと思っています。誰もが幸せを感じていただける出会いの場を提供したいと考えています。

親しくなると、時計を見ながら「そろそろね」と私たちの訪問をウキウキして待ってくださっています。玄関のドアを開けてもらえるという信頼の上に成り立っている仕事です。4Kをモットーに利用者本人やご家族と接するうちに、ありのままの姿を包み隠さずに表現されるようになります。時とともに、お褒めの言葉をいただくようになっていきますが、時には私たちの失敗を叱責されることもあります。そのときは、素直な心で受けとめ心からお詫びします。すぐに話し合い改善します。そうして、「いつしか許される関係」になっていきます。

介護士は身の回りのお世話をする仕事なので、着ていらっしゃるもの、部屋の中の様子で利用者の方のほんの少しの変化に気づくことができます。思考や嗜好、生活歴も支援をする中でのコミュニケーションで着実に理解が深まっていきます。

看取りのお手伝い

私たちの介護は、「望まれる形で最期までその方らしく」を目標にしています。

看取りが近づくと医師から伝えられます。私たちが、ご家族、ご本人にしっかり寄り添うときです。最期のその日まで、ご家族の中で過ごさせてあげたいという思いにも添います。聞きなれた声や生活音や食事のにおいの中でその時を迎えます。

ご本人の好きだったお酒をご家族と酌み交わされて最期の時を迎えられた方もいらっしゃいます。昔話など皆さんで会話が弾み、私たちもそのころには家族の一員とまではいきませんが、しっかり寄り添います。そのような経験をさせていただくことで、介護の仕事が尊いものであることが実感できて大好きになります。

そして、私たちの施設では、お風呂に入っていただいたり、足裏マッサージ、頭皮マッサージなど、スタッフや他の利用者やご家族とでかわりばんこに「なでなでマッサージ」をしたりします。

その一方で、ご家族へのアプローチをしていきます。

「ご本人のご支度はどうされますか」「もうそんなに近いんですか」……ご家族がだんだんと心の準備に入っていかれます。ご家族で着物や洋服はこれが似合っていたと思い出話をされながら、「これでお願いします」と決めていかれます。

在宅における歯科医師の役割

北村歯科医院
服部　信一

歯科医師は、歯科医療及び保健指導を掌ることによって、公衆衛生の向上及び増進に寄与し、もって国民の健康な生活を確保するものとする。（歯科医師法第一条）

附　記

「歯科医師は、医師の施術可能な口腔外科、口腔内科的な治療行為をすることができる」となっています。ただ外来と違って要介護者において治療は口腔内科的治療すなわち口腔機能を携わることの割合が非常に高くなってきます。

歯科訪問診療の内容

歯科訪問診療には３つの柱があります

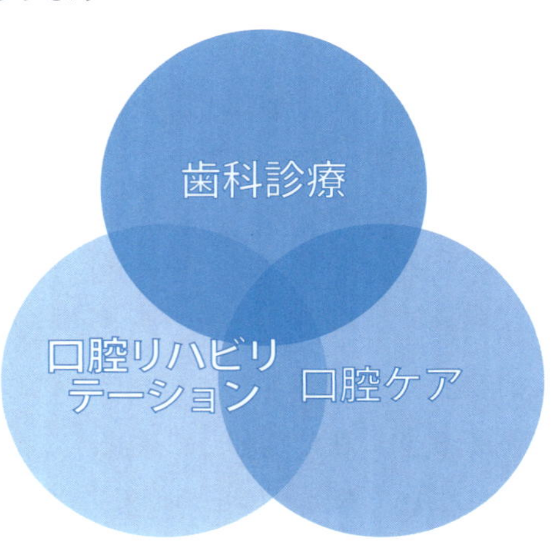

■歯科診療

外来での一般的な診療を居宅などで行うことが可能です。それをするには必然的に診療道具一式持参しなければなりませんが、以前と違ってずいぶんと携帯化が進み、運びやすくなりました。

だだ、要介護者の方は外来と違いその方の身体的及び精神的問題がありますので、多職種連携が必須になってきます。

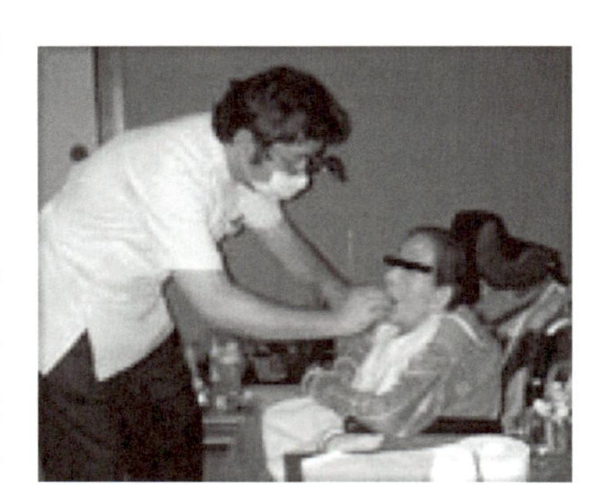

■口腔ケア

口腔の細菌数は、生活行動や生理的作用によって１日の内でも大きく変動します。要介護者の方にとって口腔ケアがおろそかになれば、歯垢に加え、痰が舌と口蓋にこびりつき、細菌数が最大に達します。さらに入れ歯が衛生的に管理されていなければ、細菌の温床となってしまいます。

このように感染や病気の原因となる細菌を減少させることは、疾病の予防につながります。また口腔内をきれいに清掃すると食事がおいしくなり生活の質が高まります。

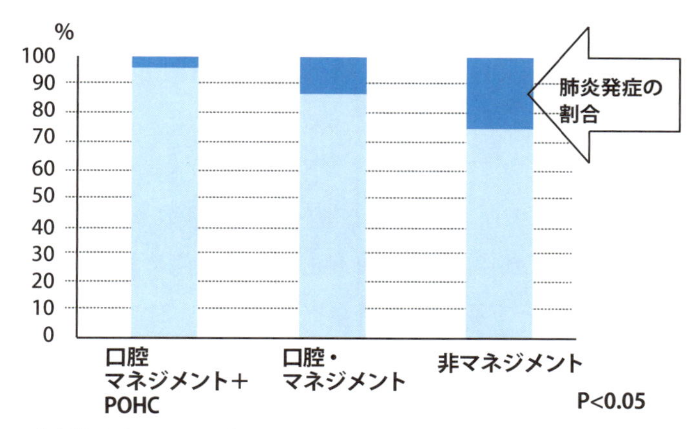

歯科衛生士による口腔ケアの違いから見た肺炎予防の効果割合

菊谷　武、福井智子ほか：介護施設における歯科衛生士介入の効果（口腔リハビリテーション学会誌、2012）

■口腔リハビリ

脳血管疾患また廃用性変化などによって、歯と口唇、顎の機能低下による連携が取れなくなり、食べ物をうまく飲み込めない方が、増加しています。このような場合、口腔機能の向上や嚥下機能を改善するような口腔内、口腔周囲組織へのストレッチなどによる刺激を行ういわゆる摂食嚥下訓練をします。

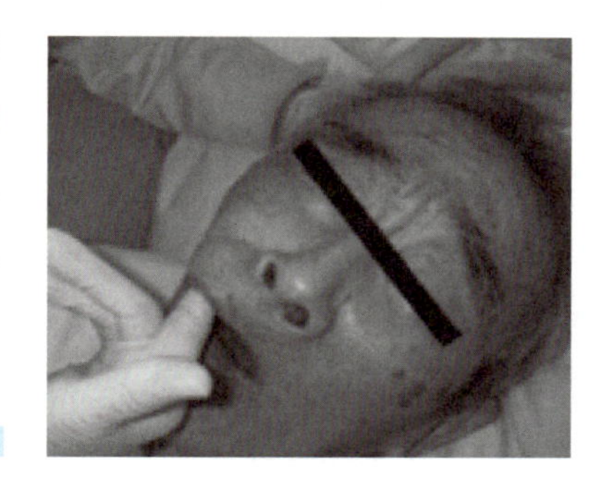

歯科診療と口腔ケアと口腔リハビリの組み合わせ

歯科診療と口腔ケアと口腔リハビリはより健康な口腔を回復するために非常に大切な組み合わせです。どれに比重を多くおくかは、要介護者の状況によりますが、現在の要介護者の方への歯科的介入はこの3つの要素の組み合わせとして考えられています。

多職種連携の必要性

3つの要素の組み合わせをもって、在宅、病院、施設等で歯科診療を行うためには、家族を含め他の職種との連携が必要になります。特に口腔ケア、口腔リハビリを行うときは、協働作業（我々が専門的口腔ケアを行わない期間、できる範囲の口腔ケアを手伝ってもらう）が不可欠です。従って、要介護者の情報を共有することはもちろん、現場での手助けが必然になってきます。また、訪問歯科診療などの相談は、佐賀県歯科医師会内（連携室：0952-25-2291）にてご連絡ください。

在宅食支援連携

□参考文献

歯科医師法

日本歯科医師会ホームページ

歯科衛生士の仕事

北村歯科医院
山田 知恵子

「歯科衛生士」とは、簡単に言えば、医科における看護師と受け取っていいと思います。

歯科衛生士は、歯科疾患の予防及び口腔衛生の向上をはかる（歯科衛生士法第一条）ことを目的として、人々の口腔の健康作りをサポートする国家資格の専門職です。仕事の内容は、次の３つの業務が法律に定められており、それぞれに専門性の高いスキルを必要とします。

■歯科予防処置

歯科の２大疾患である「むし歯」「歯周病」を予防する歯垢、歯石などの口腔内の汚れを専門的に除去するいわゆる口腔ケアです。さらに近年、誤嚥性肺炎予防における専門的口腔ケアの予防処置も加わってきております。

■歯科診療の補助

歯科診療は、歯科医師を中心とした「チーム医療」として行われており、歯科医師との協働で患者さんの治療に当たります。外来だけでなく訪問歯科診療においても円滑に診療を行うために大切な多職種連携を担っております。

■歯科保健指導

本人自らが口腔環境を改善することが大切であり、それには口腔衛生指導、すなわち専門的支援が不可欠です。歯科保健指導は、幼児期から高齢期までの各ライフステージにおいて、また病気や障害のある人など、すべての人に必要な支援です。最近では、誤嚥性肺炎予防における寝たきりの方や要介護者に対する専門的口腔ケアが重視されています。また、厚労省の見解におけるいわゆる「嚥下訓練」は医師、歯科医師の指導のもと看護師、言語聴覚士、および私たち歯科衛生士が行える重要な訓練です。したがって、食べ物の食べ方や噛み方を通した多職種連携のもと食支援が新たな歯科保健指導の分野として注目されています。

ひとこと

口腔ケアを行っていくごとに
患者さんの笑顔が戻ってくる
のが生き甲斐の毎日です。

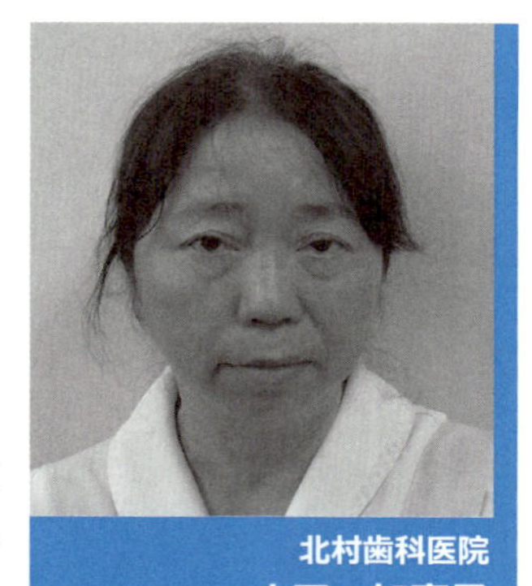

北村歯科医院
山田　知恵子

薬剤師の仕事

神埼薬局
千代延 誠治

薬剤師の仕事

皆さんは薬剤師にどのようなイメージをもっていますか。処方せん通りに薬をそろえて、渡すだけの人と思っていませんか。

たしかに薬をそろえる仕事をしますが、その際にはその薬がその人に合っているか、記載に間違いはないか、量は大丈夫だろうか、飲み合わせは大丈夫だろうかなどの事柄について患者さんの情報を収集して、面談をし、患者さんの話をよく聞いて確認してからそろえます。万が一「あれっ？　おかしいな」と思った時は医師に問い合わせて、確認後、薬の準備を行います。

お渡しする際も、「確実に飲めるだろうか」、「どうすれば飲めるか」、「安全に飲むためにはどうすればいいか」を考えます。

薬を安心して、安全に飲めるように

薬局を訪れる人の中にはたまに、薬が上手に飲めなかったり、飲み忘れたりして薬を大量に溜め込んでいる人や自己判断で調節したり、いろいろ種類がありすぎて収拾がつかなくなっている人がいます。

薬が飲めない理由はいろいろあると思います。

「飲みたくない」、一番シンプルで多い理由かと思います。また、「必要ないと思っている」、確かに効果を感じることができなければ必要ないと思うかもしれません。「薬を飲むのが怖い、不安である」、最近の週刊誌などでは危険な薬とか、薬を飲むと逆に寿命を縮めるなど不安を煽るような書き方をしているものがあります。また、飲もうと思っていても忘れてしまうというケースもあるかもしれません。誰か一言、声をかけてくれれば飲めるのに……という人、数が多すぎて何が何だかわからなくなっている人もいるかもしれません。場合によってはシートから押し出せない、一つの袋にまとめてもらったけど袋を破けないという人もいるかと思います。飲み込めない場合もあるのではないでしょうか。

でも、安心してください、薬剤師は安心、納得できるようにお手伝いします。

「飲みたくない」、「必要ない」、「不安だ」と言われる方には納得出来るまで説明し、不安や心配を取り除くお手伝いをします。数が多い場合は医師と話し合い、薬を変更したり、飲み方を変更したり、場合によっては中止してもらったりもします。取り出せない場合などは理学療法士さんや作業療法士さんなどに依頼して、取り出せるように手伝ってもらいます。飲み込めない場合は、飲み込めるように薬の形を変更してもらったり、飲み込めるように歯科医師や言語聴覚士さんなどと連携してどうすれば確実に飲めるようになるかを考えていきます。

まずは安心、安全に薬を飲めるように、使えるように薬剤師はお手伝いします。

薬の効果と副作用の監視役

そこで終わりではありません。むしろここからが薬剤師の出番です。

薬剤師は、患者さんが飲んだ薬がどれくらいで効いてくるか、どのように効いてくるか知っています。薬には直ぐに効いてくるタイプや、飲んでからしばらく経ってから効いてくるタイプなどがあります。それが何時間なのか、何日くらいなのか考え、説明し、確認します。肝臓が悪い人や腎臓が悪い人は薬が効きすぎたり、思ったような効果が出なかったりします。薬剤師は薬理学、薬物動態学、製剤学など薬学の知識をフルに使って、患者さんの療養、治療のお手伝いをします。

薬が効くということは、実は副作用が出るかもしれないということです。主に期待する効果を「作用」、それ以外の薬の効果を「副作用」と言います。副作用がおきてしまうと患者さんの治療、療養が台無しになってしまいますので、起こしたくありません。万が一に起きてしまった場合は医師に報告し、医師の指示のもと直ぐに減量、中止、変更などの処置を行って、ダメージを最小限に抑えます。

薬がきちんと効いているか、副作用が起きていないかを判断するためには、患者さんの通常の状態がわからないと判断ができません。通常を知るということは、普段からその患者さんの状態を把握しているということです。

今、薬剤師には「かかりつけ薬剤師」という制度があります。「かかりつけ薬剤師」はその患者さんの体質、体調、嗜好などを把握して、飲み合わせなどを考えて、薬物療法が成功するようにお手伝いする制度です。

もし今、「かかりつけ薬剤師」が自分にいないのであれば、最も信頼できる薬剤師に「かかりつけ薬剤師」になってもらってください。「かかりつけ薬剤師」は自分が受け持つ患者さんの通常の状態をきちんと把握して、効果と副作用を確認します。

体調の５領域― 食事・排泄・睡眠・痛み・認知機能

「食事は美味しくとりたい」、「一番の楽しみ」という方は大勢いるかと思います。私たち薬剤師は薬がきちんと効いて、美味しく食事がとれているか、薬の副作用によって食べられなくなっていないかを確認します。また、食べた分がきちんと排泄できているか、便は出過ぎていないか、止まっていないかを確認します。

睡眠、しっかりとれていますか。薬によって安眠できているか、睡眠を妨げていないかも確認します。効き過ぎによっては寝ぼけ、ふらつき、転倒に結びつくこともあります。

痛み、いやですね。痛みによって身体の動きは邪魔されていないか、薬によって動きがどうなっているかも考えます。特にがんは激しい痛みを伴うケースが多いので、痛みが出ている場合はさまざまな痛み止めを使用して、確実に早急に痛みを抑えます。痛みには体の痛み以外に心の痛みや社会的な痛み、スピリチャルな痛みなどがあります。それらを総称してトータルペイン（全人的痛み）と言います。それらの痛みを、多職種で協同して確実に取り除くことができるようにします。

認知機能も薬によってよくなったり、悪くなったりすることもあります。楽しい思い出を忘れてしまったり、わからなくなってしまっては悲しいことです。そうならないように薬の変更、減量、中止など行い確実に対応していきます。

薬剤師はこの５領域が薬によってしっかり保たれているか、邪魔されていないかを確認、把握を行い、患者さんの治療、療養が確実に行われるようにお手伝いしていきます。

患者さんの想いに寄り添うために

さて、確実に薬を飲めるようになって、効果や副作用のチェックも行って、療養生活がきちんとスタート出来るようになりました、これで薬剤師の仕事は終わり……？　ではありません。

薬剤師の一番の目的は薬を素早く届けたいとか、説明を上手にしたいとか、安全に飲んでもらいたい……ではありません。そこは当たり前の仕事で薬剤師は行って当然の事です。

患者さんお一人お一人に目標があります。薬剤師の一番の使命は、患者さんの目標を果たすためのお手伝いをすることです。

ウナギが食べたい、ぼた餅が食べたい、肉が食べたい、子どもの運動会に行きたい、静かに家で過ごしたい、夜ゆっくり眠りたい、痛みをなくして釣りに行きたい、バイクに乗りたい、墓参りに行きたい、畑仕事がしたい、桜を見に行きたいなど 100 人の方に 100 通りの目標が有ります。

それらを達成して豊かな療養生活を行ってもらうには、薬剤師だけでは難しいケースも多々あります。

どうするか？

個々の事例に対して、チームを組んで情報を共有し、患者さん個人の目的、目標を達成していきます。そのために薬剤師は医師や看護師、ケアマネジャー、ＭＳＷ、介護士、リハビリスタッフ、福祉用具相談員などさまざまな職種と連携を行い、情報を共有して患者さんの療養生活をより豊かで、快適なものするようにしていきます。

時には医療者側の思いと患者さん側の想いに差が生じることもあります。

もっと出来る治療があったのでは？　治療はもういいからゆっくり過ごしたい、家で過ごしたい、家より病院がいい、さまざまな想いがあると思いますが、予想外の展開になってしまうこともあるかもしれません。薬剤師は医療者側との想いの差を埋めるお手伝いもしますので、是非、いろいろなお話、想いを聞かせてください。

「かかりつけ薬剤師」をつくって利用しよう

普段、薬剤師が仕事をしている薬局は医療、介護の職種の中で唯一物流の機能を持っています。医師の処方せんによる薬だけではなく、市販の一般用医薬品やオムツなどの衛生用品、食品、栄養補助食品、サプリメントのようなサポートする商品やアロマなどのリラクゼーションのための商品なども取り扱います。薬局は健康相談や栄養指導、食事指導なども行えますので、気軽にご相談ください。そして、薬局を上手に利用してください。

如何でしょうか？　薬剤師の仕事についてご理解いただけたでしょうか？

薬剤師は「かかりつけ薬剤師」として、自分が受け持つ患者さんに安心、安全、確実に薬を服用してもらうようにさまざまな工夫を行い、薬の効果や副作用のチェックを薬学的に考え、食事、排泄、睡眠、運動、認知機能が薬によって保たれているか、邪魔されていないかをチェックし、その情報を多職種と共有して、患者さんの目的、目標を達成するためにどうするかを考えていきます。

皆さんも身近に「かかりつけ薬剤師」を見つけ、豊かな療養生活を送ってください。

在宅医療における訪問薬剤師の仕事

アイ薬局
増田　泉

在宅療養中の患者さんを支援する

■「薬の配達じゃないの？」

私が在宅の患者さんに訪問指導を始めて20年ほどになりますが、今でも初回の訪問時には、多くの患者さんや家族からこの言葉を聞きます。20年前はたしかにそんなことがありましたが、薬局にいても薬剤師の必要性を感じてもらっていたら、そんなことを訊かれることはないのではないか、今まで薬剤師として何してきたんだろうと反省させられます。

現在「日本では薬局はコンビニより多く存在し、健康なときから国民に寄り添って健康増進に寄与しなければならない」とされていて、早くから患者さんと接してるはずですが、その仕事に価値があると認めていただいてない証拠です。

■「薬をお届けするだけでなくご自宅を訪問し、指導を行うことで薬剤師も在宅での療養を支援します」

薬局の窓口に来局される患者さんと在宅療養されている方との指導で大きく違っていることは、状態の変化・検査結果によって担当医師の指示を仰ぎ、すぐに薬を変更したり量の増減ができることだと思います。ご自身で受診されて来局される患者さんは、健康被害が起こるような重大な変化でない限りは、次回受診時に医師から検査結果に伴って変更する旨の説明を受け、変更されることが多いかと思いますが、在宅医療では、結果が出てすぐに変更したり病状の変化によって変更することが多いため、医師が患者さんに説明した時点で指示を受け早急に訪問し、薬剤師が増減・変更を行います。

その一つの例として、薬局では飲み間違いや介護負担軽減のため患者さんへの投薬の際、一包化という方法をとってお渡しすることが多くあります。在宅医療でも同じで、一つの袋の中に5～6種類の薬剤を入れて、その中から指示通りの薬剤の変更を行うことは、それこそ本人・家族に時間の負担だけでなく正確にしなければという精神的負担となります。

例えば、「患者さんの病状変化にともない明日朝検査、血圧の薬以外中止、検査終了後に問題なければ他も服用させてください」、「検査結果出ました、Aを4分の1量に減らしてください」、「明日2倍量服薬、その後必要によって4倍量に増やします」などの指示は、専門であっても間違いなく投薬するのに時間がかかることです。在宅医療ではこれに注射剤の量の変更も加わりますのでこれは本人・家族ではできないことになります。

「薬はあまり飲みたくない、できれば減らしたい」

もちろんです。薬剤師が来ると薬が多いほうが儲かるからどんどん多くなるのではないかと思っている方がいらっしゃいますが、決してそうではありません。

無駄な薬は減らしたいと思っています（薬の多さで薬局が得することはありません）。そのためには、しっかりと患者さんの状況を把握して医師に情報提供することが必要です。症状が改善している場合は、わざわざ無理に減らす必要はありません。しかし、減らしたいと思っているのですから考え続けていく必要があります。在宅での指導は、薬を減らしていくための情報がたくさん得られます。

例えば、「風邪にともなって食欲不振・吐き気の改善に投薬した薬が続いているが、症状はずいぶん改善している」ということがありました。この場合、患者さんは家で過ごしておられるので、詳細な食事の量・質ともに確認ができることと、一度に簡単に減量できる薬ではなかったので、少しずつ減量していくにあたり、家族の協力も得て状態確認が詳細にできたことで、医師に減らす提案ができたと思います。

「麻薬を使用するなんてとんでもない」

麻薬を使用するとなると抵抗を感じる方が多いようです。「癖になるのでは？」、「重い病気にしか使わないのでしょう」と言われることもあります。

麻薬というとやはり悪い情報が多いため、使用するのに抵抗があると思いますが、私自身いくつもの医療用麻薬を使用した経験があります。病気の重い、軽いにかかわらず、手術の前後に使用したりもします。ですので、普段よりきちんと区別するために「医療用麻薬」と言うよう心がけていますが、痛みのコントロールをするのに他の鎮痛剤に比べて使いやすい面も多くあり、最近ではよく使用するようになりました。しかし、最初に使用するにあたっては、患者さんに対して十分な説明が必要です。医師の説明後、そこで足りない情報、医師に聞けなかった情報を補い納得して使用していただくために時間を割くことが出来るのも在宅のほうが適しています。窓口で聞きづらいことも、家だと納得いくまで聞くことが出来るとおっしゃる患者さんも多いようです。

医師から説明を受けていても実際に使用する直前になって聞きたいことが出てくる患者さんも多いので、実際に目の前に薬を置いて説明することは重要だなと感じます。

■「医師より説明受けたが、まだ使う気になれないので少し待ってください」

「医療用麻薬を使用することになったので、早急に薬を届けて、家族に薬について説明をしてほしい」と医師から連絡があったので、すぐにご自宅に薬を届けて医療用麻薬について説明したのですが、患者さんから「使う気にならない」と言われました。そこまではっきり拒否されるとは思っていなかったのですが、再度十分説明し、ご理解いただいた上で使っていただきました。その後も、注意事項等の説明をかねて1時間ほど居たのですが、患者さんの状況確認にベッドサイドにうかがうと、痛みがとれて食事の催促される様子に、家族の方は安心され笑顔が生まれました。

■「医療用麻薬の処方が立て込んで在庫が足りなくなった！」

医療用とは言っても、麻薬に関しては入出庫など厳しく制限されていて、すぐには手に入らないことがあります。また盗難などの危険性もあり薬局内の在庫が過剰にならないようにしていることもあります。それは、薬品を扱う卸業者も同様で、卸業者にも在庫が足りない状況が生まれることもあります。長期の休みの時には、入荷できないことがありますが、患者さんにはそんな事情関係ありません。

ですので、連休などの前には予測数を立てて入荷することがありますが、それでも足りなくなることがあります。また、医師が処方するにあたっても数量の制限が厳しいなどの点があり、ほかの医薬品に比べて厳しく管理されています。

個人的な意見ですが医療用麻薬の規則が緩和されることも在宅医療がやりやすくなる要因ではと考えることがあります。

「薬剤師が何の役に立つの？！」

これまで読んでいただいて、薬剤師が少しは役に立っていると思っていただけますか。

私は20年この仕事についていても、完璧に役に立てたと思えたことがありません。ただ、「在宅で療養できてよかった」と言っていただけることがうれしいことです。もちろん訪問指導で、お叱りを受けることもあります。その度に、私たちにとっては患者さんのうちの一人でも、家族、知人にとっては、その人ひとりなのだと思い反省します。「在宅療養でよかった」と言っていていただけるようこれからも日々研鑽していく必要があると思っています。

薬剤師の業務についてご理解いただくためには、患者さんのみならず人々の健康増進にもっと寄与していくよう努力していくことが重要だと思います。この本を読んでいただいて、薬剤師にとって患者さんとより多くの情報を共有することで初めてお役に立つ情報の提供につながっていくことをご理解いただけたら幸いです。

コマッタコマッタ・・そのお薬、つぶすのちょっと待ってください

薬剤師として在宅医療の取り組みに参加しています。患者さんは高齢者が多いので、だんだんお薬を飲み込むのが難しくなってこられる場合があります。

そんな時、ご家族の方などが、お薬をつぶして飲ませていると聞くことがありますが、じつは錠剤のお薬には仕掛けがあるものもあります。胃で溶けず、腸で溶けるようにコーティングされた物や徐々にお薬の成分を放出させるような物がその代表です。そのような薬をつぶして飲むと効果が安定しなくなります。

患者さんがお薬を飲みづらいようでしたら、薬局で粉砕したり、同等の効果が出る他のお薬への変更なども検討しますので、ぜひ薬剤師にご相談ください。

もう一つ、お薬関係での困ったことと言えば、やはり残薬の問題があります。訪問してお薬を探したら、お家の奥のほうから大量の残薬が出てくることがあります。

飲み残しの理由は患者さんそれぞれですが、中には「効かないと思ったから飲んでいなかった」と言う方がいらっしゃいました。薬剤師側からの説明や指導ばかりでなく、患者さんからのお話をよく聴いて指導に当たらなければならないと実感した事例でした。

Jun.N

訪問リハビリテーションの活用術

支援から自立へ

JCHO 佐賀中部病院附属介護老人保健施設
訪問リハビリテーションセンター
大川内　直木

概　要

「リハビリテーション」と聞くと病院のリハビリ室の中で行われている治療をイメージされるかもしれません。しかし、リハビリテーションの語源は「全人間的復権」です。病院で行われる治療のみでなく、その人らしい生活が送れるようにすることを目指しています。そのためには、障害によりできなくなったことだけに目を向けるのではなく、できることにもしっかりと目を向けることが大切になります。

本当に怖いのは、いろんなことをあきらめてしまい、できる力まで失ってしまう廃用症候群（生活不活発病）です。廃用症候群を予防するためには日々の生活の中で「できること（残存能力）」を活用していくことです。その活用の仕方を訪問リハビリテーションがアドバイスします。

訪問リハビリテーションにできること

■できること（残存能力）を評価（見極め）

訪問リハビリテーションでは、評価によりご本人がどのような動作ができるのか残存能力を把握します。評価をもとに残存能力が活用できる動作方法を検討し、ご本人・ご家族に提案していきます。ポイントは出来ることは自分でやっていただく自立支援です。自分で出来ることが増えていくことはご本人の意欲にもつながってきます。また、心身機能の維持向上や介護負担を軽減することも可能です。

例えば、入浴動作に関して言うと、浴槽の出入り、（縁）を跨（また）ぐ、洗い場に座る、浴槽に座る、体を洗う、髪を洗う、水で流すといった動作のどこができて、どこができないのかを評価することで支援する部分は変化します。本人の能力を考慮せず、すべてを手伝ってしまう介護を行うと、本人の力が使われないため、筋力低下や持久力低下など廃用症候群を起こします。

さらに自分は他人の世話にならないと何もできないといった疎外感、無力感につながり、本人の尊厳を損ないかねません。本人の尊厳を守るうえでも残存能力の活用、更に自立支援はとても大切です。

■本人にあった最適な運動や生活動作の方法を提案

廃用症候群をおこさず、自宅で生活していくために大切なのは、本人の動作能力（残存能力）を十分に活用して生活を送っていただくことです。本人の持っている力が活用されず、誤った動作や過剰な介護を行うと、本人の心や体の動きを阻害してしまい、やがて寝たきりになっていきます。生活環境に合った動作方法を習得することで動く機会が増えれば、心身機能を維持したり高めたりすることにつながります。

ある利用者のことです。当初、立ち上がり動作に家族の介助が必要だった方が、ご本人に起立動作のコツを教えて継続して練習していただいたことで、一人で立つことができるようになりました。介助なく自分の力で立ち座りを行うことで足腰の強化にもつながり、その後歩行の安定へとつながりました。

■ご本人に合った道具選びと環境設定の提案

病院から退院すると生活環境が大きく変化します。新しい環境に不安を感じる方は多いでしょう。昔は、病院で出来たことが家に帰ると出来なくなると言われていました。しかし、最近は本人に合わせさまざまな道具（ベッドや車いす、手すりの設置など）を選ぶことができ、自宅の方が本人にあったオーダーメイドの環境を整えやすくなりました。しかし、時々誤った環境設定をされていることがあります。誤った環境設定はかえって本人の動きを阻害し、介護負担を増やし、本人の機能低下を起こすことになってしまいます。

そこで訪問リハビリテーションでは残存能力を考慮し、本人の能力と道具・環境のマッチングを検討・提案します。さらに、提案した道具が十分に活用できるよう練習も行います。

■事例紹介

膝関節痛の強い利用者がいらっしゃいました。杖を使用し歩いていましたが長い距離を歩くことができず、家の中を移動するのもやっとのことでした。そこで、歩行器の活用を提案しました。導入当初は歩行器の使用には消極的でしたが、繰り返し練習して行く中で、膝への負担が軽減できていることを実感してもらうことができ、次第に歩行器の使用機会が増えました。歩行頻度及び歩行距離が延びることで、足の筋力強化にもつながり次第に膝の痛みが軽減し、再度杖で歩けるようになりました。

また、がんの患者さんで右の手足の運動麻痺が出現した方は、病気の進行もあり、起き上がりはいつも家族が介助されていました。ご本人は、できる限り家族の手を取らないように、できることは自分でしたいという思いの強い方でした。そこで、動きの残っている左の手足を使って起きられるようベッドの配置を変え、ベッドに手すりを取り付けてもらいました。すると、起き上がりの動作が家族の手を借りず自分一人で何とか出来るようになりました。病気の進行にともないできないことが増えていく中、自分でできることを増やすことでご本人も大変喜ばれました。

道具選び・環境設定を行う時には残存能力を活用し「人に環境を合わせる」ことがとても大切です。

■閉じこもらず生活空間を広げるお手伝い

平成27年度の介護保険法改定により、訪問リハビリテーションの役割の一つに「居宅からの一連のサービス行為として、買い物やバスなどの公共交通機関への乗降などの行為に関するリハビリテーションを提供するに当たっては、当該計画にその目的、頻度などを記録するものとする」という一文が加えられました。よって訪問リハビリテーションは、自宅のみでなく生活行為全般にアプローチすることができるようになりました。

屋内の環境と屋外の環境は大きく違います。例えば屋内は廊下で凹凸は少なく、移動範囲も限られた範囲を移動すればよいのですが、屋外は道路の凹凸や起伏、広い範囲を移動する必要があるなどさまざまな障害があります。転倒や疲労感といった不安がつきまとい、外出が億劫になる方がいます。しかし、閉じこもりはさらに機能低下を引き起こす要因となりますし、気持ちがふさぎ込む「うつ」の発症も懸念されます。

■事例紹介

腰椎の病気で、足のしびれや痛みのため寝たきりとなりました。手術後退院してからは、自宅で寝たり起きたりの生活を送っていました。買い物は、近所の方や近隣に住む娘さんに頼んで買ってきてもらっていました。訪問リハビリテーションを実施していく中で、杖や歩行器を活用し屋内歩行や家の周囲の歩行は可能となりました。しかし、閉じこもりの生活は続いていました。そこで、近隣の店での買い物ができるようになることを目標として、近距離からの屋外歩行練習を開始。当初は不安が強く、歩行距離はなかなか延びませんでしたが、繰り返し屋外歩行を行うことで少しずつ近隣の店での買い物ができるようになりました。

店に行けば欲しいものを自分で選ぶことができます。品揃えや予算に応じ、予定していた買い物内容を変更することもできます。そこに自己選択が生まれます。店内で商品を品定めしておられる姿は長年培われた主婦の目でした。自分で出来た実感は次につながる力となります。一度店で買い物をされて以降は積極的に屋外歩行練習を実践されるようになり、訪問リハビリテーション以外の時間も買い物ができるようになったところで訪問リハビリテーションは一旦役割を終えることとなりました。

訪問リハビリテーションで目指すところ

訪問リハビリテーションにおいても目指すのは自立支援です。

「評価」により「何ができているのか」、「何ができそうか」といった残存能力の把握を行い、どうすれば生活の中で活用できるか、体のことだけではなく環境整備などにも働きかけます。必要に応じ、ご家族やサービススタッフへも提案していきます。本人の病状や置かれている環境などによりできること、できないことはさまざまです。

その際、意識していることは「生活の主人公は本人」ということです。本人の「ああしたい」、「こうしたい」という思いと残存能力をマッチングしていくことが自立支援になります。病気によっては進行していくこともあります。自分で出来ることはわずかでも、どんな些細なことでも、自分の思いが実現できれば少しでも本人の自立支援につながると思います。

これからの医療は「治す医療」から「治し支える医療」へ、「病院完結型」から「地域完結型」へ転換を図るように言われています。介護は「心身機能」への働きかけだけでなく「活動」や「参加」へバランスよく働きかけることが重要であると言われています。住み慣れたところで最後まで自分らしく過ごしてもらうことを目指し、訪問リハビリテーションはその一翼を担っています。

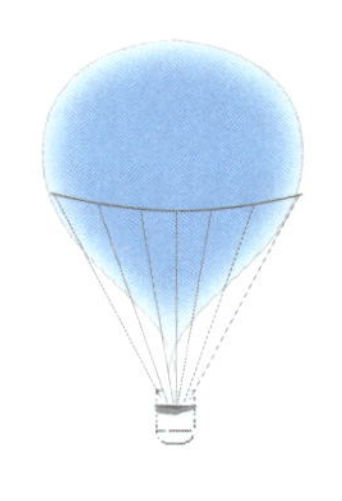

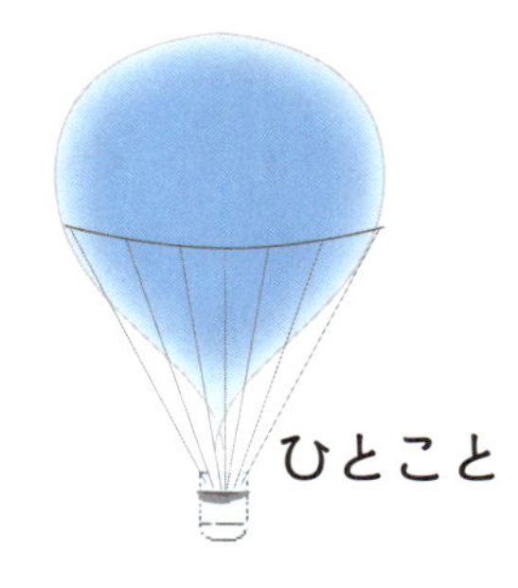

ひとこと

生きがいをもった生活を！
「気持ち」が動けば「体」も動きます。

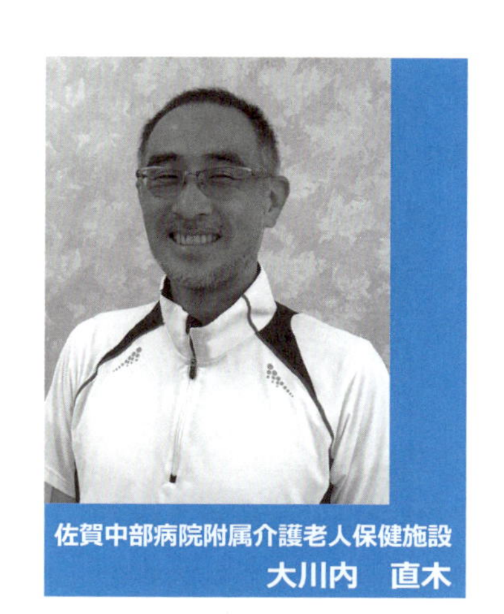

佐賀中部病院附属介護老人保健施設
大川内　直木

訪問入浴のよさを知ってください

湯船の中に笑顔の花が咲く

アサヒサンクリーン在宅介護センター佐賀
本庄　真

訪問入浴とは？ —— 身も心もキレイさっぱり。お湯は情熱で沸かしております

訪問入浴と言って、すぐにイメージ、ピンと来る方は何人いらっしゃるでしょうか？

・家のお風呂を使うの？

・車の中でお風呂に入るの？

この質問・疑問を受ける事がいまもあります。訪問入浴とは ——

①私たちが用意した浴槽にて入浴していただきます。

②浴槽が置ける環境であればどこの部屋でも入浴は可能です。

③３人１チームで訪問し入浴介助をいたします。チームの中に看護師もいますので安心して入浴していただけます。

ご自身で入浴することが困難な方に多く利用していただいていますが、皆さん、入浴後にはとても素晴らしい笑顔になっております。やはりお風呂は日本の心だなとしみじみ思います。

さて話は変わりますが、私は今日家に帰ったらお風呂に入ります。当たり前の行為として入ります。仕事を一生懸命していい汗かきましたので、普通にお風呂に入ります。ただ、歳を重ね、病を患い、自分の思うように身体が動かなくなってしまったら当たり前だったことが当たり前でなくなります。さまざまな理由で、毎日お風呂に入れなくなってしまいます。汗をかいて痒いのにお風呂に入れなくなります。

身体状況も考え、さすがに毎日は難しいけれど、限られた回数のお風呂は価値あるものにしたい。

「一風呂入魂」、精一杯お手伝いさせていただきます！

訪問入浴を利用される方の多くは終末期を迎えている方です。その意味で、私たちの仕事は出会いと別れが多い業種です。家の中全体のトーンが落ちている状況もあります。だから一時でも利用者、介護をされるご家族の皆さんに「笑顔の花」を咲かせていただけるよう、主治医・ケアマネジャー・関係機関の皆さんと連携を図り、より良い生活が出来るように考えております。

お風呂に入るので裸になります。介護の仕事で全身の観察が出来るのは入浴時だけです。その時に小さな変化を見逃さず、報連相（ホーレンソー）をしっかり行い、チームでご利用者を支えております。

訪問入浴の事例紹介 —— あの一言が私のお風呂人生を変えた！

訪問入浴を利用される方の多くは医療依存度が高く、終末期を迎えられている方です。

サービス導入する前の担当者会議の出来事です。その方は身体の至るところに重い病気を患っておられました。私たちの言葉は理解されましたが、自分から想いを言葉にすることが困難な方でした。

会議も終盤に差し掛かり、訪問入浴の利用回数の話になった際に、参加者の一人が、「入浴回数はそこまで多くなくてもいいのでは？　垢(あか)で人は死なないし……」と言ったその時、その方が「ウーッ！」と大きな声で唸り、その後、泣き出してしまいました。

発言をした人もその方の身体の状態を考えての発言でしたし、無理が一番の禁物でした。しかし、その姿に私やご家族で「ご本人の意見を尊重し、出来る限りお風呂に入ってもらうこと、できませんか？」と話しをした結果、何とか週２回の訪問入浴がスタートすることになりました。

お風呂に入るといつも笑顔でウインクしてくれるのが、「今日のお風呂は満点！」という合図になっていました。その後、主に介護されている奥様が、「若い時からこの人は典型的な亭主関白。自分で会社を設立し、何十人という社員を引き連れて仕事をしてきたからしょうがないけど、本当に頑固者。笑顔なんて久々に見たわ。特にウインクなんか絶対しない人なのにね」と話してくださいましたが、そういう奥様の顔も笑顔でした。

そして「この前は主人の声を代弁してくれて本当にありがとう。確かに垢で人は死なないかもしれないけど、心が死んじゃうんだよね」と話されるのを聞いて、私の心に衝撃が走りました。

その時の何げない会話で、入浴サービスの担うものの重さを痛感しました。サービスを提供する側の気持ちと受ける側の相互理解がとても重要なことに、その時初めて気付きました。あくまで介護は仕事。お客様のニーズに応えれば良いという短絡的な考えだったのが恥ずかしくなりました。

介護は人と人がいて成り立つもの、特に訪問入浴は文字通り裸の付き合いです。その人に対して何が出来るかをとことん考えなくてはならないものと今でも私の中に刻まれています。

その方のお宅に訪問することはもうできませんが、あの時の言葉「心が死んでしまう」方を増やさないように、身も心もキレイさっぱり出来るように、今日も笑顔で皆さんのところへ参上しています！

最後に

訪問入浴とはお風呂に安全に安心して入っていただくサービスです。それだけです。お食事の提供、掃除などは出来ません。お風呂だけです。しかし、裏を返せばお風呂のスペシャリストです。お風呂のことはお任せください。

本書を読まれて、訪問入浴のことを少しでも知っていただけたらとても光栄です。

これから超高齢化社会に突入して参りますが、さまざまなケース、ニーズがあるかと思います。これからもご利用者を支えるチームの一員として、佐賀地域の介護を支える一人として元気に活動していく所存です。よろしくお願い致します。

福祉用具と住環境

株式会社エヴァ
清藤　拓

福祉用具専門相談員の仕事

福祉用具と聞いて、まず頭に思い浮かぶのは「車椅子」や「介護ベッド」などではないでしょうか。しかし、福祉用具にはさまざまな種類や品目があります。高齢者や障害者の自立に向けたものや、介護する方の負担の軽減を行うものもそれぞれの目的に従って、数多くの種類の福祉用具があります。そういった福祉用具の中から、実際に使用する高齢者や障害者お一人お一人に合った福祉用具を選ぶ専門職を「福祉用具専門相談員」と言います。

例えば、車椅子でいうと、自分で操作して移動する「自走式車椅子」や介助者に押してもらい移動をする「介助式車椅子」、電動で移動を行うことができる「電動式車椅子」などがあり、またそれから細かくリクライニングなどの機能性など、座高の高さ、車椅子の全体の幅、シートの幅などその人に合った選定を行います。

そして私たちは福祉用具を利用される方に安心、安全、満足を提供するのが仕事です。

私たち福祉用具専門相談員は、介護保険で提供される住環境整備に関わるサービスを行っています。

■福祉用具貸与　■特定福祉用具購入　■住宅改修

この３つが介護保険で利用できるサービスです。

福祉用具貸与

用具名	要介護度・要支援度	説　明
特殊寝台	要介護２以上	サイドレールが取り付けされている、もしくは取付け可能であり、背上げ機能かベッドの高さ調整が無段階に調節できるもの。
特殊寝台付属品	要介護２以上	マットレスやサイドレールであり、特殊寝台と一体的に使用できるもの。
床ずれ防止用具	要介護２以上	エアマットや体圧分散に優れたマットレスなど。
車椅子	要介護２以上	自走式車椅子、介助式車椅子、電動車椅子など。
事いす付属品	要介護２以上	車いす用シートクッションや車椅子用テーブルなど。
手すり	要支援１以上	取付けに際し工事を伴わないもの。
スロープ	要支援１以上	段差解消のためのものであって、工事を伴わないもの。
体位変換器	要介護２以上	体の下に挿入し、動力によって体位を変換することのできるもの。
歩行器	要支援１以上	歩行の支えとして、フレームが左右、前にあるもの。
歩行補助杖	要支援１以上	松葉杖、多点杖、ロフストランドクラッチなど。
認知症老人徘徊感知機器	要介護２以上	認知症老人が屋外へ出ようとした時などセンサーにより感知し家族や隣人などへ通報するもの。

自動排泄処理装置	要支援 1 以上	尿のみ吸引するもの。
	要介護 4 以上	便も吸引するもの。

特定福祉用具

福祉用具は原則レンタル支給ですが、再利用に心理的抵抗感が伴うもの、使用により形態、品質が変化するものは「特定福祉用具」となり購入対象となります。

介護度によって提供できるもの、できないものがあります。ただし、医師などが必要と認めた場合には利用できることもあります。

各保険者によって異なることもありますので、詳しくはお住まいの地区の保険者にご確認ください。

用具名	説　明
腰掛便座	・和式便座の上に置いて腰掛式に変更するもの。 ・洋式便器の上に置いて高さを補うもの。 ・電動式またはスプリング式で、便座から立ち上がる際に補助できる機能を有するもの。 ・ポータブルトイレ。
自動排准処理装置の交換可能部分	・レシーバー、チューブ、タンクなど尿や便の経路となるものであり、居宅要介護者または、介護者が容易に交換できるもの。
入浴補助用具	・入浴に際しての座位保持、浴槽への出入りなどの補助を目的とする用具であり次のいずれかに該当するもの。 入浴用いす、入浴台、浴槽手すり、浴室内すのこ、浴槽内いす、浴槽用すのこ、入浴用介助ベルト。
簡易浴槽	・空気式や折りたたみ式などで容易に移動できるものであって、取水または排水のために工事を伴わないもの。
移動用リフトの吊り具部分	・リフトに取り付ける吊り具で連結可能であること。

住宅改修

病気や障害があったり、高齢になり身体に不具合が出てくると、それまではなんともなかった自宅の小さな段差が気になったり、開き戸の開閉に苦労したりします。また、壁に手すりが一つあるだけで、日常動作が安全でスムースになります。そうした住環境を整えるための住宅改修のサービスも行います。

介護保険が使えるサービスの種類は下記の表を参考にしてください。

住宅改修費に対する支給限度基準額（20 万円）の範囲内でかかった費用の 1 割（一定の所得がある方は、所得に応じて 2 割または 3 割）が自己負担となります。

なお、支給限度額については、在宅サービスの支給限度額とは別枠となります。

・手すりの取り付け
・段差の解消（スロープなど）
・床材の変更（畳からフローリングなど）
・扉の交換（開き戸から引き戸へ取り替えなど）
・洋式便器への取り換え（和式便器から洋式便器）
・その他（上記改修に付帯する工事など）

在宅での栄養ケア

満岡内科クリニック
那須 恵子

「食べること」は、空腹を満たし栄養を摂るだけではなく、楽しく語らい幸せなひと時を過ごす大切な日常の一場面です。人間をはじめ動物は、食べ物を食べて（栄養を摂って）生きていきます。その大切な「食べること（栄養を摂ること）」をサポートするのが、管理栄養士の役目です。

高齢者などでは、胃や腸の機能低下や噛んだり飲み込んだりする力の低下などのさまざまな理由から食事の量が減りやすく、そのため、身体に必要なエネルギーやたんぱく質が不足しがちになります。このような状態を「低栄養状態」と言い、この低栄養状態が続くと、身体が衰弱し、介護が必要な状態や病気になりやすくなってしまいます。

在宅療養を考える皆さん、食事や栄養のことでお困りのことはありませんか。

「最近急にやせた」、「食欲が出ない」、「噛むことや飲み込むことに問題がある」、「元気や意欲がなくなった」、「元々、食事療法をしていて、どんな食事をしていいかわからない」など。

管理栄養士が、在宅療養にかかわるさまざまなスタッフと協働して、皆さんのご自宅に訪問し、皆さんのサポートをしていきます。例えば…

■食欲がないとき

次のようなことにポイントを置いての対応を一緒に考えます。

・消化や栄養的に良いなど関係なく、食べられるもの、好きなもの、食べたいものを、食べたいときに食べる
・冷たいもの、あっさりしたもの、すっきりしたもの、さっぱりしたもの、のど越しが良いものなど
・少量ずつ盛り付けるなど、食欲をそそるような食器や盛付けを工夫する
・香辛料や酸味を加える
・季節料理・郷土料理など昔から食べているものを提供する
・濃い味付け、好みの味付けにする

■噛むことや飲み込むことに問題があるとき

まず、他職種スタッフと協働して、噛む状況、飲み込む状況を確認します。そのうえで、噛みやすい、飲み込みやすい食事や食品の提案をします。やわらかい、食べやすい料理の作り方をアドバイスしたり、市販の食品を紹介したり、状況に合わせた方法をご本人、ご家族、他のスタッフとともに考えていきます。

■元々、食事療法をしていて、どんな食事をしていいかわからないとき

食事療法の必要な疾患の状況を確認し、主治医と相談のうえ、在宅でできる食事療法をご本人、ご家族とともに考えていきます。

いずれも、在宅療養をしておられる方のところへ訪問し、食事や栄養管理、料理の工夫などの方法を具体的にお伝えいたします。なお、在宅での栄養ケアは、介護保険や健康保険を使ってサービスを受けることもできます。医師が「病気や身体の状況に応じた食事が必要」と判断することや、介護保険、医療保険のいずれを使うかなど、細かいルールがありますので、まずは、かかりつけ医や公益社団法人佐賀県栄養士会の栄養ケアステーション、地域包括支援センターなどにご相談ください。

■公益社団法人佐賀県栄養士会「栄養ケア・ステーション」

県民の皆様方から栄養と食生活についてのご相談を気軽にお受けする場として、公益社団法人佐賀県栄養士会では「栄養ケア・ステーション」を開設しています。

栄養ケア・ステーションでは、健康な人は健やかに暮らすために、なんらかの疾病のある人は一日も早く快方に向かうように、また妊娠中の方や子どもの栄養など、食生活の面からサポートいたします。

・食事のとり方や献立など一般的なことについて、ご相談に応じています。
・妊婦さんや離乳食、食育についてお尋ねください。
・高齢者の介護食などにお困りの方の相談にも応じます。
・高血圧症・糖尿病・肥満症などの病気の食事療法についてご相談ください。
・メタボリックシンドローム対策の特定保健指導（市町村、民間企業）を行います。
・介護予防（栄養改善）の指導などを行います。
・調理実習、栄養・食生活に関する講演などの講師を紹介しております。
・その他、栄養・食生活に関することについて、ご相談ください。

■公益社団法人佐賀県栄養士会
〒840-0054　佐賀市水ケ江一丁目12番10号　佐賀メディカルセンタービル1階
Tel　:0952-26-2218／FAX　:0952-26-5249
事務局開設時間/月～金 9:00～17:15（平日）お盆・年末年始は除く

＊　＊　＊

□簡単に作れる料理

エネルギー　70cal
タンパク質　2.3g／脂　質　3.0g
塩　分　0.6g

【牛乳豆腐】（1人分）
口当たりがなめらかで、幅広く好まれる1品です
牛乳を豆乳にかえることで、呉豆腐としてもおいしくいただけます。

〈材　料〉
牛　乳　50cc
片栗粉　1.5g
くず粉　2g
食　塩　0.1g
砂　糖　0.5g

A
ご　ま　2g
砂　糖　2g
濃口醤油　3cc
オクラ　3g

〈作り方〉
①鍋に牛乳・片栗粉・くず粉・食塩・砂糖を入れてよく混ぜて、中火で15分程ねり、型に流す。
②冷えて固まったら、切り分けてAの調味料をかける。
③オクラを色よくゆで、薄切りにして上に飾る。

公益社団法人佐賀県栄養士会HPより

□参　考
公益社団法人日本栄養士会　https://www.dietitian.or.jp/
公益社団法人佐賀県栄養士会　http://www.sagaken-eiyoushikai.or.jp/main/1.html

コマッタコマッタ・・ポリファーマシーと残薬について

今、あまり聞き慣れない言葉だと思いますが、「ポリファーマシー」が大きな問題の一つになっています。

ポリファーマシーとはPoly（多い）と Pharmacy（薬）からなる造語で、多剤併用を意味します。臨床的に必要とされる量以上に多くの薬が処方されている状態を指し、５種類以上の内服で副作用の発現率が有意に増加したことから、一般的に５種類以上の内服薬が処方されている状態をポリファーマシーと言います。

しかし、５種類以上だからポリファーマシーはダメ、５種類以下だから大丈夫という話ではありません。必要であれば５種類以上の薬を使うこともありますし、５種類以下でも必要ない薬を使えばポリファーマシーと言います。ポリファーマシーだから悪いと決めつけるのではなく、皆で見直しの意識を持つことが大事です。

何故、ポリファーマシーが発生するのでしょうか？

そこには医療者側の問題と社会的な問題があると言われています。何も医療者は好き好んでポリファーマシー状態にするわけではありませんが、現在の処方のあり方や、診療科の専門化、医学教育、ガイドラインなどが医療者側の問題の原因と言われています。また、患者側も、安心のために必要以上の薬を患者さんやご家族が欲しがったり、「お薬手帳」を持たずに複数の診療科を受診することが社会的な問題の原因になっていて、どちらか一方の責任とは言えない状況です。

薬が薬を呼ぶ処方カスケードもポリファーマシーの原因の一つです。処方カスケードとは薬の副作用によって起こっている症状に対して、副作用と気づかずに別の病気に罹ったと勘違いして必要のない薬が追加処方されることです。逆に治療されるべきなのに、治療がされていない場合（アンダーユース）もあります。患者さんの状態や想いにしっかりと目を配っていきたいと思います。

また、残薬も大きな問題となっています。残薬による損失額は年間 100 億円以上、残薬を削減できれば年間 3300 億円以上の薬剤費削減の可能性もあると言われています。では何故残薬が発生するのでしょうか？

残薬は、服薬状況が悪化することによって発生します。原因は認知機能が落ちることによる飲み忘れや、摂食・嚥下能力が低下して上手に飲めなくなることが考えられます。また、自分には必要ないという理解や納得の不足、副作用が怖くて飲めないなどがあり、自宅に薬がたくさん残ってしまったという事や、ポリファーマシーで数が多すぎて、整理がつかずに残薬が発生すると言われています。

では、どうすればポリファーマシーや残薬問題を解決する事が出来るでしょうか？　日本老年医学会が発行した『高齢者の安全な薬物療法ガイドライン 2015』を参考に処方見直しも必要だと思います。その上でまずは飲めない理由をしっかりと把握することが大事です。何故、飲めないのか？　何故、飲みたくないのか？　飲み込みは大丈夫か？　服薬介助してくれる人は居るのか？　そして、この薬はこの人に本当に必要なのか？　新しく起きた症状は薬による副作用ではないか？　患者さんがその薬を飲むことによって起こるメリットとデメリットのバランスを考え、患者さんの話をしっかりと聞き取り、また医療者、介護者、家族間で情報を共有して考えていく。そうすればポリファーマシーも残薬問題も確実に改善できると思います。

Seiji.C

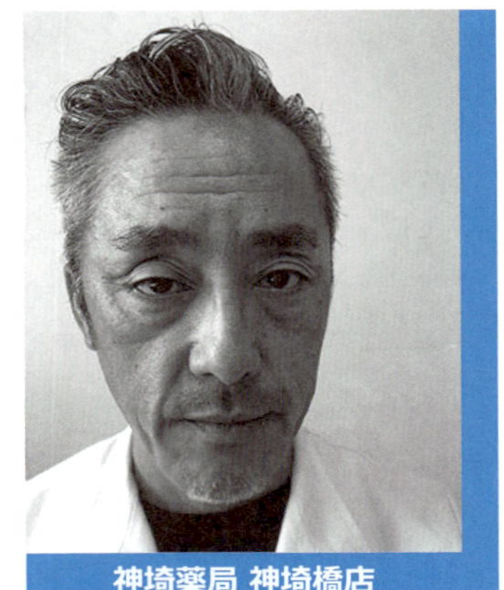

神埼薬局 神埼橋店
千代延　誠治

ひとこと

薬剤師って必要あるの？ って言われることがありますが、とんでもない、薬剤師を上手に利用すると療養生活の質は必ず上がります。
一緒に生活を見つめて考えてくれる薬剤師に「かかりつけ薬剤師」になってもらい、豊かな療養生活を送ってください。

看取りについて

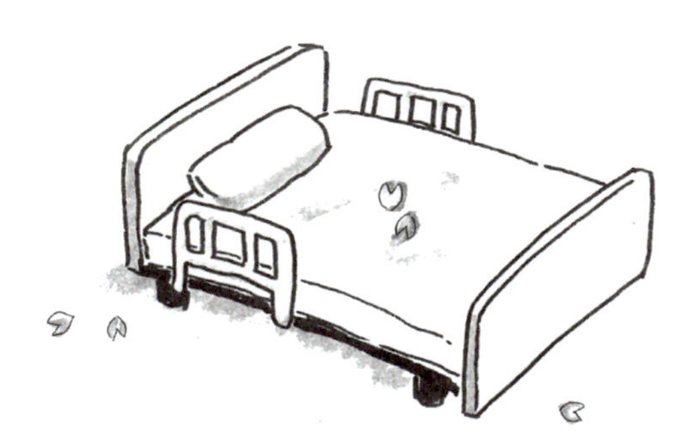

人が生まれる。人が死ぬ。それは人生の二大イベントです。古代イザナギ、イザナミのころより繰り返されてきた人の営み。それが今、死を語ることがタブーとなっていないか、いつか来る人生の終焉を見ないふりしてはいないか、そう問いかけながら自分たちのおかれた場所や仕事に真摯に熱く取り組み、生と死を見つめる医療者やケアスタッフがいます。

誰にも訪れることだから、心安らかに、幸福感に満たされて逝けたら素晴らしいと思います。それでも一人一人の願う死のかたちは違うのです。死を語ることは、人生を語ることなのです。

在宅での看取り

満岡内科クリニック
満岡　聰

良い看取りは、ご本人、ご家族のみならず、医療チームにも大きな財産となります。良い看取りを行うために必要な事柄をここでは説明します。

看取りとはもともとは、「病人のそばにいて世話をする」、「死期まで見守る」、「看病する」という、患者を介護する行為そのものを表す言葉でしたが、最近では人生の最期（臨死期）における看取りをもって、単に「看取り」と言い表すことが多くなっています。

緩和ケアと看取り

日本緩和医療学会や関連団体会議による最終確認などを経て、今年、緩和ケアとは、「生命を脅かす病に関連する問題に直面している患者とその家族の QOL を、痛みやその他の身体的・心理社会的・スピリチュアルな問題を早期に見出し的確に評価を行い対応することで、苦痛を予防し和らげることを通して向上させるアプローチである」と定義されました。

■在宅での看取りに至るまでの緩和ケアを依頼された時に行うこと

1．チームでケアカンファレンスを行い、病状とケアの方針を確認（ACP：アドバンス・ケア・プランニング）する。（チームとは、ご本人、ご家族、医師、訪問看護師、訪問薬剤師、ケアマネジャー、福祉用具専門相談員等）

2．上記の方針を決める際に、ご本人のこれまでの人生、仕事、趣味、大切な物事、大切な人間関係、やりたいこと、行きたい場所、会いたい人、食べたいものなどを尋ね、希望に沿うように努力することを伝える（こうしたことは亡くなられた後、ご家族にライフレビューを行う際に役立つ）。

3．特に疼痛や不快な症状があるときはカンファレンスが終わるまでに対応する。

4．病院で行う緩和ケアや治療は、ほとんどのことが在宅でできることを説明する。

5．24 時間、365 日、医療チームに連絡がつくこと、何かあった時の最初の連絡先（ファーストコール）は訪問看護ステーションであること、病院でナースコールを押すのと同じ感覚で訪問看護ステーションに連絡できることを伝える。例えば、「病院でもナースコールの後、医師が対応するのと同じで、廊下の距離が長いか短いかの違いです」などとわかりやすく説明する。

6．同時に、緊急時の連絡先を書いた紙を渡し、家の中の目立つ所に貼ってもらう。

7．日常生活の中で、食事、排泄、入浴、外出等について具体的に注意しなければいけないことを伝え、訪問入浴サービスや配食サービス、ヘルパー等、生活を支えるために利用できるサービスの説明を行う。

8．在宅看取りを行うメリットを説明する。
不安が少ない。せん妄も少ない。苦痛が入院より軽い。居たい場所に居られる。家族が移動しなくてもよい。

9. 息が止まるその時に、側にいない時があっても自分を責めなくてもいいということを説明する。
例えば、入院中でも夜間の巡回の時は異常がなく、朝の巡回で亡くなっていたということはありうる。それを避けるためには、食事、入浴、トイレ、睡眠の時も離れず起きていなければいけなくなり現実的ではない。ご本人が大切な人たちと、自分の居たい場所で、自分の好きなように過ごせたことを大事にしてほしいと伝える。

10. 急変時に決して救急車を呼ばないことを確認し、救急車を呼ぶと心配蘇生措置等の救命処置が行われるが、助からないだけではなく、救急担当者たちを疲弊させることや最後の穏やかなお別れの時間が損なわれてしまうことを説明する。

11. ご本人やご家族の気がかり、不安を尋ね、可能であれば具体的な解決策を提示する。

12. 今後の訪問の日時と、訪問の頻度を訪問診療、訪問看護、訪問薬剤師とともに調整し、例えば、次回以降は毎週火曜日午後2時半頃、訪問看護は木曜日と土曜日の10時頃に訪問するなどと伝える。

■在宅での看取りが円滑に行われるために必要なこと

1. ご本人が家で最後まで過ごしたいと思っていること
2. ご家族がいれば、そのご家族も在宅での看取りに賛成し、協力したいと思っていること
3. 本人、ご家族の不安が少ないこと
4. 治療方針が治癒を目指すものではなく苦痛の緩和であるということにご本人、ご家族が納得していること
5. 在宅医療チームが、疼痛を始めとした症状コントロールができること
6. 在宅医療チームが、24時間365日の対応ができること
7. ケアに疲れた家族が休めるようなレスパイトケアができることが望ましい。

■家族の看取りの意味づけ

・患者さんを一番愛する人たちがその側にいてその人の最後の時間を支え一緒に過ごすこと
・やがて亡くなる患者さんに、心残りがないようにケアをすること
・患者さんから最後のメッセージを受け取ること
・患者さんに最後のメッセージを伝えること
・だんだん弱っていく姿を見つつ、患者さんが亡くなる過程を見て、その死を自分の中に受け入れること

■看取りの主体は

以上のことを考えると、看取りにおいて最後のケアをすることによって家族は患者さんに与えるだけではなく、たくさん形のない贈り物をいただいていることがわかります。ある意味、子育てと似ているところがあると思います。すると看取りの主体は家族であり、医療者は家族が看取ることを支えるのが仕事だと思うのです。

看取りに至るまでの終末期に起こることを、あらかじめ医療チームが家族に伝えておくと、ご家族の不安が少ないようです。

死に至る過程でおこること

■死の３カ月から１カ月前の兆候

・自分の世界にはいっていく　・眠っている時間が長くなっていく　・会話が少なくなる
・食事量が減る

■死の２週間から１週間前の兆候

・見当ちがい、混乱する　・実在しない人と話をする　・寝具を引っ張る、しきりに体位を変える
・興奮する　・血圧が下がる　・心拍数が増えたり減ったりする
・体温が上がったり下がったりする　・皮膚の色が青ざめたり青白くなったりする
・呼吸が不規則になる　・眠っているが、呼びかけに反応する　・からだがだるくて重いと訴える
・食事をせず、水分をわずかにとるのみとなる

■死の数日から数時間前の兆候

・元気が出てくる（仲良しの時間）　・死の２週間から１週間前の兆候がより強くなる
・じっとしていなかったり、まったく動かなくなったりする
・呼吸のリズムが不規則になったり、止まったり、再開したりする
・目がとろんとしたり、半開きの状態になったり、涙が出たりする
・手、足、ひざが紫色になり、斑点がみられる
・血圧がさらに下がり、脈が弱くなり、触れにくくなる
・尿が減少する　・尿や大便を漏らす

■死の数分前の兆候

・下顎呼吸となる　・まったく反応がなくなる

看取りの前後で行うこと

1．亡くなる時期についてある程度予想がついたらご家族にお知らせすること
・尿が出なくなったら 24 時間以内。
・血圧が 70㎜ Hg を切ったら 24 時間以内
・下顎呼吸が始まったら数分以内。
2．在宅の場合、救急車を呼ばないようあらためて説明すること。救急車を呼ぶメリットは何もない。
3．息が止まった時にご家族や医師や看護師がいつも側にいることは必ずしも可能ではないが、そのことを苦にしないように説明すること。
4．看取った家族をねぎらうこと。
5．ご家族と一緒にエンゼルケアを行う
6．ご家族へご本人のライフレビューと病状経過を説明し、死亡時の病名、死亡時刻を伝える。
7．ご家族が為すべきことを説明すること（親戚を呼ぶこと、葬儀社、宗教の確認と連絡など）。
8．ご葬儀がすんだ後、落ち着いた頃にご家族とお会いし、安否の気遣いをし、必要ならばケアを行う。

看取りと延命治療、尊厳死

「死」を一つの切り口として、「延命治療」とは対極に位置づけられる、「尊厳死」、「自然死」、「平穏死」、「満足死」など多くの言葉が生まれています。近年、患者本人の意向を最大限尊重することがより重視されるようになり、改善が見込めない治療、延命治療については、希望しない人が増えてきました。介護者の立場から見ると、それぞれは「自然な看取り」、「平穏に看取る」などと言い換えることができます。

看取りにおける事前指示の有用性

患者さんのご家族にとって、患者さんが1分1秒でも長く生きたい、生きて欲しいと願うのは自然なことです。しかし、回復の見込みがなく、死期が迫っている状態で、患者さんが自分の意思表示をできない、食べることもできない、寝たきりでオムツという状態になった時、延命治療をするかどうかということで葛藤が起こりますが、本人の意思表示があると納得がいきます。

こうした時のために日本尊厳死協会はリビング・ウィルの普及を行っています。

看取りの意味

良い看取りを行えれば、それは、患者さんのご家族のみならず、医療ケアチームにとっても素晴らしい財産となります。ミルトン・メイヤロフはこう述べています。

「一人の人格をケアするとは、最も深い意味で、その人が成長すること、自己実現することをたすけることである。 他の人々をケアすることを通して、他の人々に役立つことによって、ケアする人は自身の生の真の意味を生きているのである」。

「家（施設）に帰りたい」「このまま家（施設）で暮らしたい」その思いや言葉ひとつで、訪問看護師は、その思いを果たすために動き出します。それは、絶対に最期まで家（施設）で暮らさなければならないという約束ごとではなく、ほんの少しの時間、住み慣れた家（施設）で生活するということでも構わないのです。人の気持ちはいつも揺れ動きます。そのことを前提として関わっていきます。

訪問看護師が行う看取りの支援

ひらまつ病院訪問看護ステーション
堀口　奈緒子

訪問看護師の役割

「訪問看護師は何をしてくれるの？」よく尋ねられる言葉です。私たち訪問看護師は、病院の看護師が行っている看護とかわりない役目をしています。ただ違う点としては、看護を行う場が、「治療」が主体となる病院と、「生活」が主体となる住み慣れた自宅（施設）であることがあげられます。

訪問看護師はそれぞれの利用者・家族の生活スタイルや自宅での決まりごとなど守るべきルールを理解したうえで、適切な距離を保ち、病状の把握とアセスメント、ケア、医療処置、精神的な支援など看護実践を行います。

訪問看護師は家族ではありません。しかし、1対1で向き合える環境だからこそ、思いに寄り添い、最期までいっしょに伴走していくことができます。そしてもう一つは、病院の看護師がいつもそばにいて、呼べばすぐに駆け付けてくれることに対して、訪問看護師は、常時そばにいることができないという点です。その対応方法として、介護者に対して事前に、病状がどう変わっていく可能性があるか、またその症状が出現した際にどう対応していただくか、きちんと説明をしておきます。そしてそれは、看取り間近の臨死期においても同様です。そうすることで、介護者があわてずに対応できるケースがほとんどです。

在宅医療はチームワーク

在宅において「チームワーク」はとても大切です。訪問看護師だけでは看取りは成り立ちません。さまざまなサービスが連携し、利用者・家族の望みを知り、同じ方向に向かって一致団結して行っていきます。そして、連携の中に、家族（介護者）が重要な位置を占めます。職種に関わらず、在宅医療において、みな対等の関係で連携していくべきであると思っています。

また、連携の中には、自宅で受けるサービスだけではなく、介護者が休息をするための施設サービスも含まれます。利用者の望みをかなえるために、重要な位置を占める家族（介護者）の休息は在宅療養にとって欠かせません。在宅サービスと施設サービスを組み合わせて利用することで、長期間の介護への負担軽減がはかれます。

また、施設形態にもよりますが、施設サービス利用中でも訪問看護を提供することができます。病状が不安定な状況でも訪問診療や訪問看護が対応することで、安心して利用していただくことができます。施設スタッフとの連携を電話や連絡ノートなどを活用し、利用者の情報交換を密にしています。在宅サービスと施設サービスを上手に利用され、自宅で看取りが行えた例は数多くあります。

「その人らしくどう生きるか」を大事にする

私たち訪問看護師が、利用者・家族に関わることができる時間は、利用者・家族の今までの生きてこられた人生のうちのほんの一時期だけです。だからこそ、今までどんな生活・仕事をし、どんな信念をもって、何を大事にして生きてこられたかなどを知ることはとても大事なことです。そして、最期を迎えるその日まで、その人らしくどう生きてもらいたいかをご家族を中心として、関わっている職種みんなで考え、想いを共有します。

自宅で看取りを行った事例

高齢者夫婦世帯で、自宅で看取りたいという家族の思いを、医療と介護の連携を密にとりながら、ショートステイをうまく利用し希望をかなえることが出来た事例です。

田代さん（80代・女性）／疾患名：膀胱癌終末期（左腎臓にカテーテルを留置）
家族構成／主介護者である80代の夫との二人暮らし。長男は遠方に在住。次男は隣市に住むが仕事が多忙で介護の協力は望めず。
退院時の状態：要介護4。シルバーカーでの歩行を見守り・排泄はトイレに誘導が必要・食事は自力で摂取）疼痛を除去するために、医療用麻薬を服用していた。

退院前に病院で支援会議を行い、在宅サービスを調整し、田代さん夫婦を支える体制を整えた。
連携したサービス：ケアマネジャー／医療ソーシャルワーカー／訪問診療／訪問看護／訪問薬剤
訪問介護／訪問入浴／短期入所生活介護（在宅療養の途中からの利用）
福祉用具専門員（介護ベッド・エアマット・ベッド柵・車いす）
在宅療養期間は55日間
病院医師からの説明　田代さんは終末期であり今後は緩和ケアが中心となる。状態によっては死期が早まることもあるという説明があった。夫は「妻には苦労をかけたから、今度は私が家で看たい」と自宅で看取ることを決められた。

■退院後の自宅に帰ってからの経過

退院後1日目
田代さん・夫は、お互いに自宅に帰れたことを嬉しそうに話されていた。
退院後2日目
便秘と腫瘍による圧迫の影響で大量の嘔吐や、夫がオムツの交換ができないと連絡があり訪問。訪問介護によるオムツ交換が開始となった。
退院後4日目
食欲低下、悪心があり、夫は「何を作っていいかわからない」と話され、この数日間の出来事に困っていた。医療用麻薬の服用も困難となり、内服からテープ貼付へ変更となった。訪問薬剤師が、薬剤の変更があるごとに訪問し、管理がしやすいように工夫をしてもらっていた。
退院後9日目

田代さんは、突然尿バッグを持って自室内を歩かれるなど夜間せん妄が出現。その日の夜には、車椅子より転落され、夫より「自分もグロッキーです」という言葉が聞かれ、介護疲れがピークとなっていた。

退院後 10 日目

緊急会議を在宅にて行い、特別養護老人ホームでの短期入所生活介護（ショートステイ）を利用してみることに決定した。

〈この時点での課題やケアのプロセス〉

・ショートステイ導入にあたって、施設スタッフはがん終末期の利用者の経験がないこと、看護師が不在の際の対応に不安があった。看護師へは医療用麻薬の使用方法、腎臓に留置しているカテーテルの処置内容を情報提供した。また、施設スタッフの不安が軽減できるように、ショートステイ利用中の定期訪問と、緊急時や困った事がある場合には、24 時間いつでも対応することを伝えた。

・ショートステイ利用前夜、発熱し、抗生剤を投与、同時に在宅酸素の開始となったが、夫の疲労を考慮し予定通りショートステイを利用することになった。施設へ訪問診療し、薬の調整が行われた。

・自宅に帰った田代さんは、「思ったよりよかった。みんなやさしくしてくれたよ」と言い、夫も「楽しい旅行から帰ってきたみたい」と、二人とも満足した様子だった。

・施設スタッフも今後の受け入れに大きな自信となり、定期的に 2 泊 3 日のショートステイの利用ができた。

■最後の一週間

退院後 48 日目

内服も困難となり、ショートステイ利用中に持続皮下注射が開始となった。施設側にも持続皮下注射の管理方法について説明した。このような状態でもショートステイを継続することができた。

退院後 51 日～ 54 日目

田代さんの呼吸苦が増強し、薬剤の調整が行われ、症状は落ち着いたが、夫の疲労と不安を考慮しショートステイ利用を勧め、予定より 2 日早く利用された。ショートステイ利用中に、夫、家族へ、主治医より「ここ数日だと思います」と説明され、施設スタッフより「ここ（施設）で看取ってもいいですよと」言われたが、夫は「自宅に帰る。そうでないと意味がない。最後は看取る責任がある」と言われ、施設スタッフとともに帰宅支援をした。在宅看取りまでの間には 8 回利用することが出来た。

退院後 55 日目

田代さんは大勢の家族に見守られながら静かに永眠された。ご家族みんなで思い出話をしながら、エンゼルケアをし、穏やかな時間が流れた。お気に入りの着物を着た姿に、夫は「惚れなおしました」といわれた。

■後日ご自宅に訪問（グリーフケア）

夫より「実は、ショートステイ中に、友人とお酒を飲みに行き気分転換できた」、「亡くなる前に、毎年恒例の家族皆でのすき焼きパーテイーができた」「理想の看取りが出来た」と満足した表情で話してくださった。

看取りについての学び
一診療医からの提言

医療法人純伸会 矢ヶ部医院
矢ヶ部 伸也

死の受け入れ

医学・医療の本来の目的は患者さんの健康に寄与し、命を守ることです。医師をはじめとした医療者も医学を志すときには「人を救う」という仕事に魅力を感じていることでしょう。私もそうでした。

昔と比べれば医療技術は格段に進歩し、救急搬送の仕組みも格段に整えられてきました。救命救急の分野では「preventable death（避けられる死）」を少しでも減らそうと一分一秒を争う技術の革新がどんどんなされています。人を救いたいという情熱を持った多くの人々が、たゆまない努力を積み重ねた結果であり、これからもどんどん進歩してゆくことでしょう。

しかし、どんなに医学が進歩しても、死は最終的には避けられないままです。老化やがん、認知症、さまざまな臓器の障害は、たとえ死を先延ばしにできたとしても人の命を奪ってゆきます。

医療・ケアに携わり人の生死に関わっていると、人が亡くなるときのご本人、ご家族の心の葛藤に間近で接することになります。進行がんで末期状態と宣告されて、「どうしても死にたくない、どこかに救ってくれる医者が居ないか」と、とても遠い医療機関まで足を運ぶ方もいらっしゃいました。眉唾ものの健康食品に驚くほどの大金をはたいている方もいらっしゃいました。ご主人を亡くされて5年経ってもまだ心の整理がつかずに、外に出かけられない女性もいらっしゃいます。人の死はご本人、ご家族に大きな傷を負わせてしまうことのある出来事です。

その一方で、死を受け入れ、穏やかな心のうちに旅立ち、ご家族も涙を浮かべた笑顔で過ごされる場合もあります。同じ「死」という出来事の中で、その苦しみは千差万別ですが、「死の受け入れ」の境地に近づくことでいくらか苦しみが減ることを経験します。

小林さんに学んだこと

小林さんという女性を担当をさせてもらったことがあります。30年くらい前に心臓の大手術をし、その後、肺の病気も併発していつも呼吸が苦しい、心不全と呼吸不全という状態でした。大病院だけでは急な発病のときに対応が難しいからと「かかりつけ医」を持つようにと言われ、縁あって私が担当させてもらいました。小林さんは大手術をくぐり抜けましたが、その後の心臓や肺の悪化にともない、いつも「死」を身近に感じていました。ご自身で作成された「尊厳死宣言書」を持ち歩き、延命治療はお断りしますと態度を明らかにされていました。心不全が悪化したときにどういう治療を選ぶのかも、ご自身でかなり明確に意思を表明されました。

一度、深刻な悪化をしたときには心不全の治療がまだまだ残されている状況で、入院治療をしたらまた改善する見込みがありました。そのことをきちんと説明すると、小林さんは「先生がそう言うなら」と入院されました。しかし、次に悪化したときには、病院の循環器内科担当医と相談しても、これといった決定的な改善方法はない状態でした。しかし、入院すれば強心剤の点滴など、一時的には楽になる方法はありました。「手を尽くすなら入院したほうがいいでしょうね」とその旨を説明しました。しかし、小林さんの答えはこうでした。

「先生、私は手を尽くしたくない。入院しても一時的な治療であってよくなる見込みが少ないのなら、ここ（自宅のマンション）でこのまま過ごしてここから旅立ちたい。先生が看取ってください」

娘さんもその方針に同意され、それから5日後に小林さんは旅立たれました。とても穏やかな、眠ったような最期でした。小林さんの自宅の書棚には「死とは何か？」を問う書籍が300冊以上ありました。その多くに付箋などが付いていて、小林さんが自分の死に向き合い、死について常日頃から考えていたことがわかります。私は、小林さんの生き方を目のあたりにすることで、人は死を受け入れることができるのだと思いました。

死から目を背けずに、ともに考える

佐賀では「日本尊厳死協会」や「佐賀のホスピスを進める会」がいのちの最期に関わる活動をしています。

全国的には「エンド・オブ・ライフケア協会」が「死を前にした人に何ができるか」ということを皆で考える活動をしています。「日本死の臨床研究会」も全国各地で研究会を開いています。

これまで日本人の多くは、人の死について「縁起でもない」と眼を背けて主体的に考えることを避けてきました。しかし、医学の進歩により、望まない治療を施されて、望まない延命という結果になりうる現代では、死から眼を背けたままではよい人生の最期を送ることができなくなってきています。死を受け入れ、人生の最期をどのように過ごすかをご家族や医療者と考えることで、より充実した最期を迎えることができるはずです。

誰しも家族の死はつらくて悲しいことですが、それを受け入れることができる死生観を育み、さらに社会にその思いを少しでも伝えて「看取りの文化」を構築することができれば、死を社会から切り離さず、「いつか終わる人生を充実して生きよう」というより良く人生を生きることに繋がるのではないかと考えています。

また、医療関係者、介護関係者は、患者さんやご家族が死と向き合うときに起こるさまざまな苦しみや葛藤をそばで支えられるように自らも死生観をもって、いっしょに考える姿勢や、考え方、導き方を学んでほしいと思います。ただそばにいるだけでは、心が折れてしまうこともあります。死を間近にした人とどのように接するのか、何ができるのかをあらかじめ考え、いろいろな人と意見を交わして自分なりの考え方を身につける必要があると思います。

こう書いている私もいくらか経験があるというだけで、なにか決定的な答えを持ち合わせているわけではありませんが、患者さん、ご家族、医療関係者・介護関係者の皆さん、市民の皆さんといろいろと考えていきたいと思います。本書を出版する私たち「在宅ネット・さが」の意図もそこにあります。

＊なお、本項では小林さんを実名で掲載しています。小林さんにはお名前の使用の許可を生前、ご本人と娘さんにいただいています。小林さんとご家族に御礼申し上げます。

一人で逝く
ゆり子さんの決断

佐賀整肢学園オークス
古田 香澄

末期がん、それでも「家に帰りたい」

ゆり子さんはとても美しい人でした。そしてとても強い人でした。

彼女はスキルス胃がんで入退院を繰り返していました。そのときすでにステージ4でしたが、彼女は予後告知を受けてはいませんでした。ただ、今回の入院が最後になるだろうことはうすうす気づいておられたし、彼女の体は誰が見ても衰弱していました。

彼女は少し体調がよくなったら帰りたがりました。病院はそれを彼女のわがままとみて、困難な人と位置付けていました。それでも、どうしても家に帰ると言い張る彼女に根負けをしたかたちで退院許可が出ました。今この時でないと、これからは状態は落ちていくであろうと予想されました。ただ、退院が決まると、彼女は明らかに元気になったし、ほがらかでした。

私はそんな中、急に退院となった彼女の担当ケアマネと代行申請の依頼を病院のMSWから受けたのです。

■最短で介護保険の申請を

通常、介護保険の申請から認定が出るまでは1カ月ほどかかります。また、退院後2週間は安定するまでの期間として認定調査が行われません。ゆり子さんが今、認定調査を受けず退院してしまうと、早くても1カ月と、2週間、認定が出ないことになります。また介護保険は、申請日にさかのぼって介護は受けられますが、退院後すぐに介護サービスを受け（みなし利用）、調査を待たずに亡くなった場合には、認定が出せない状態となり、利用したサービスの対価は自費の請求となってしまいます。退院までの日にちは土日をはさみ5日、私とMSWはすべての手続きで最短の道を取りました。その日のうちに申請書を出し、次の日の調査を依頼し土日をはさみ、月曜退院という超スピード申請（末期のがんの場合は、早い調査スケジュールを組んでくれる保険者もあります）。そして“みなし”で暫定のプランを作る。ここまでが5日間でした。

■退院前カンファレンス・・・在宅ケアチーム介入を説得

話は戻りますが、退院5日前に私は、チームとなる訪問診療、訪問看護、訪問薬剤の事業所と病院で本人と面談、カンファレンスに出席しています。緊急の連絡先は、近くの親戚の女性とのこと、彼女に最後のことは任せている。遺産もお願いしていると言われます。

帰るまで土日をはさみ5日、環境調査はいつしよう？　彼女にお家を見せてもらえるか尋ねると、彼女はそれを嫌い、他者の介入自体を嫌がっているようでした。そんな彼女に、MSWは退院の条件として、チームの受け入れを約束させました。本人が嫌がっても医療・介護の介入がないと、独居での退院はできないと説得してくれました。退院と同時にベッドを入れること、ポータブルトイレは本人の意思を確かめてから設置などの取り決めを行い、その日を待ちました。退院当日、彼女は訪問看護師さんに同行してもらい自宅に向かいました。今この時こと切れてもおかしくない状況でした。独居なので、ヘルパーが主に支援に入ります。意外なことに、ヘルパーが自宅を訪問することに対して彼女の受け入れは良好なものでした。

住み慣れた家に看取られて一人で逝く

退院１日目、食欲がない。お好きなものやレトルトの粥など用意してもらいましたがほとんど食べられず、ジュースを少し飲む程度でした。看護師は毎日、看護師がいない時間帯にヘルパーが入って支援しました。手伝ってもらってですが、ポータブルトイレも使えました。

それから数日、比較的穏やかに日が過ぎていきました。

私は「ゆり子さんがどうしても家に帰りたかったのは、なぜ？」と尋ねました。「ここでね。夫も子どもも送ったの。私が仏様ばまつらんば、だれもしてくれんけんね」と。仏壇には先に逝った夫の位牌と子どもらの写真が並んでいました。

退院７日目、ポータブルトイレが使えなくなりました。ゆり子さんは、オムツ対応を了承してくれました。

退院 10 日目、いよいよ食事が入らない。退院時は最後の時は入院すると言われていたらしいが、訪問の医師に今後のことを尋ねられたとき、「入院はしない。ここで逝く」と言われたそうです。

私は、ゆり子さんが独居なので、今後、どのような体制をとるか訪問看護師と話し合いました。早朝、ヘルパーがモーニングケアにいる。お昼に看護師と交互に入ってもらう。夕方、ヘルパーが鍵をかけて帰る。ヘルパーさんにはオムツ交換と水分補給をしてもらいました。ただ、いよいよ末期になると、嘔吐が激しく何も受け付けられなくなります。

「ここ数日だろう、もしかしたら亡くなったゆり子さんをヘルパーさんが発見することになるのかもしれない」という連絡が入りました。ヘルパーさんが一人で見つけるのはつらかろうと、担当ヘルパーさんに私、あるいはヘルパー主任が同行する形の二人体制を敷くことにしました。

死は突然訪れました。家に帰ってから２週間、折しも休日。たまたまヘルパーさんが一人で訪問した時に発見し、「打ち合わせ通りかかりつけ医に連絡し、近くの親類に連絡しましたが連絡が取れません」と私に連絡がありました。

ゆり子さんの自宅を訪れ、しばしの喧騒のあと、私は彼女と二人になりました。外は新緑の光に満ち溢れ、家の中は静寂に包まれていました。静寂とはこういうものかと思いました。コトリとも音がしない。

彼女は、本人が言うように一人で逝ってしまいました。ただ、その死は孤独死というたぐいのものではありませんでした。彼女はこの家に看取られて逝ったのだと思いました。彼女の愛した者たちに囲まれ、この静寂の中で逝ったのです、幸せだったろうと思いました。その顔は何時にもまして美しかったのです。

身寄りのない彼女は献体登録されており、そこが彼女の最後の場所になりました。

小児の在宅医療と看取り

ひらまつクリニック 在宅医療部
野田　稔

小児がんの在宅看取りの問題点

現在、2025 年問題に向け、全国的に在宅医療や地域包括ケアの推進のための活動が広まり、高齢者の在宅看取りは、施設での看取りも含めて増加傾向にあります。しかしながら、小児がんに関しては、未だそのほとんどが病院で亡くなられている状況であり、それにはさまざまな要因があります。

■インフォームドアセント

まずは患児本人の問題です。近年は「インフォームドアセント」が重視されています。「インフォームドアセント」とは、子どもの理解度に応じてわかりやすく治験や臨床試験について説明し、子ども自身が発達段階に応じた理解をもって了承（合意）することです。それには、子どもの人権を尊重した、十分な倫理的配慮が必要ですが、死を認識できていない子どもに対し、終末期の説明をどのように行うかは、現在でも大きな課題のひとつです。

■家族、在宅医療関係者の受け入れの難しさ

次に親や保護者の「受け入れ」の問題があります。親が子どもを看取ることは非日常的なことであり、とても受け入れ難く、不安や葛藤は大きいものです。小児がんの場合、近年では約 7 割の方が治癒されており、そのため今後の治療が難しいとわかっていても、可能な限り病院で積極的な治療を、と希望される方が多く、自宅に連れて帰るという例が少ないというのが現状です。

そして、在宅医療関係者の問題もあります。在宅医療を担当する医師や看護師、薬剤師、ソーシャルワーカーは小児の臨床経験に乏しく、患児に向き合うこともですが、同様に、その家族を心理的・社会的にどう支えるかなど、協議するべきことが山積しています。さらに、スタッフの精神的な負担も大きく、スタッフ同士の精神的サポートも必要だと思っています。このような諸々の理由もあり、小児がんの在宅医療を引き受ける医療機関や訪問看護は多くありません。

■社会制度の問題

最後に、社会制度の問題があります。高齢者や終末期のがん患者、難病、障害者の場合は、介護保険法や障害者総合支援法による在宅サービスの制度がだいぶ整ってきたと思います。しかし、小児がん患者に関しては、患者家族の介護負担を軽減のために利用できるサービスや、小児用の福祉用具レンタルなどの制度が整っていないのが現状です。また、障害児であれば相談支援専門員がサービス調整を行いますが、小児がんの場合だと障がいにはならず介護保険でいうケアマネジャーのような調整役がいないことも、在宅生活の継続が難しい理由のひとつだと考えています。

そのような中でも、条件が整えば、小児の在宅医療も可能であり、実際、当院でも数人ではありますが、小児がんの患児を自宅にて看取りをさせていただきました。ご本人またはご家族の希望でありながら、それぞれ関わるスタッフも一緒に悩み、葛藤しながら、看取りができたという感じでした。

なかには、「家族と一緒にいたい」(p.33 参照)の事例にみるように、少しでも治療をと望む親の思いを振り切り、「入院はしたくない、家族と一緒にいたい」と強く意志表示し、自宅で看取った患児もいらっしゃいました。在宅医療開始時には、両親は化学療法を中止することに葛藤があり、娘の自宅療養に不安がみられましたが、その 2 週間後に在宅主治医(小児科医)が患児と個別に面談し、まさにインフォームドアセントを行い、その上で本人の希望を受け止め、両親もその患児の意志を尊重するということを確認できました。まずはそこが在宅医療の第一歩だったように思います。

学校、行政、多職種連携による支援の強化

また小児の場合、学校の問題があります。病気の進行に伴い、学校に行けなくなってきた場合の学校との関わりをどうするのか、クラスの友達との関わりをどうするか、勉強や運動会などのイベントをどうするのかなど、病気以外の問題もでてきます。それは、その患児のおかれた状況や環境によってさまざまだとは思いますが、本人や家族の了解があれば、できるだけ学校との関わりは大事にしたいと思っています。ただ、どうしてもご家族の中では学校は二の次になってしまっていると感じます。学校との関わりに対する患児本人の希望がどうなのかを確認できれば、その希望に添った関わりができるのではないかと思います。

「家族と一緒にいたい」では、在宅医療に関わる多職種と小学校の先生方、行政などを交えてカンファレンスを開催しました。患児の状況を、学校の先生方にも理解していただけたことで、学校が大好きだった患児と学校との関わりができたことはよかったかと思います。

高齢者や障害者、児童であれば障害児に関しては、介護保険などの利用できる社会資源はありますが、障害ではない小児がんの患児については、在宅医療で必要なサービスが制度化されていないのが現状です。事例が少ないと、どうしても制度化されるのは困難ですが、小児の在宅医療においても、もっと幅広くサービスが利用できるよう訴えていく必要があると感じています。

このように、決して簡単ではありませんが、本人やご家族が希望すれば、制度化されていない中でも協力してくれる事業所はあります。何かしら提案ができるかと思いますので、まずはご相談ください。

今後は、高齢者や成人のみならず、小児がんの患者やそのご家族の希望が叶えられるように、体制を整えていきたいと思っています。

主人を家で看取って

私の主人は膵臓がんを患い、初めは大学病院で抗がん剤の治療を行い、副作用にも「負けない！」と頑張っていました。でも、がんはどんどん進行して治療も難しくなり、大学病院から近くの病院を探すように言われました。

言われるがまま転院先を探していましたがなかなか見つからず、そんな時に、娘に「在宅医療という選択もあるよ」と言われました。しかし、私たちは在宅医療のイメージがなく、主人も私も病院で治療を受けなければ命が短くなると思い、なかなか受け入れることができませんでした。それでも、娘たちとともに在宅医療について話し合っていくうちに、一度受診してみようかと思うようになり、娘が探してくれた診療所に行くことにしました。これが満岡先生との出会いです。

在宅医療を選びましたが、知識もないのにどうしよう……、私に主人の介護ができるか、不安でした。

家に帰ってみると主人と私を囲んで在宅ケアのチームができており、訪問診療が始まり、満岡先生をはじめ、薬剤師の千代延先生、訪問看護ステーションバルーンの方、ケアマネジャーに支えられ、いろいろ教わりながら、それまでの二人きりの生活から180度変わったようなめまぐるしい日々がはじまりました。

私ははじめ、主人がお医者さんや訪問看護師さん、薬剤師さんなどチームの人たちを受け入れることができるかが心配でした。それでも、訪問にみえた満岡先生と子どもや孫のたあいもない話をするうちに、徐々に打ち解け会話が弾むようになっていきました。満岡先生は帰り際にいつも主人の手を握り、目を見ながらにっこりと笑顔で握手をされます。主人は最初、戸惑っていましたが、次第に慣れていき、自分から手を伸ばすようになり「あぁ、先生の顔をみていたら、がんが治ったような気がするバイ」と言うようになりました。主人はもちろん、私も先生の笑顔に元気をもらいました。

薬剤師の千代延先生と主人は、共通の趣味がバイクということもあり、休日に愛車のハーレーに乗って千代延先生が訪ねて来られた時は、患者と先生ではなくバイク仲間として病気を忘れたようにうれしそうに話をしていました。

訪問看護師さんたちにもずいぶん支えてもらいました。会話が少なくなっていた私たちにやさしく寄り添って、主人に八つ当たりされた時は私の話を聞いてもらったり、先生に主人の様子を伝えるときは「ノートに書き留めていたら、忘れずにすむよ」とアドバイスしてもらったり。頑固な主人が痛み止めを我慢して痛み止めの薬を飲まない時は、薬の効果について上手に説明してくれ、そのお陰で、痛みが来る前に早めに薬を飲むようになりました。主人の誕生日も一緒に祝ってくださいました。でも、何よりも、緊急電話を遠慮せずにいつでもかけられるということが命綱のようで、私を安心させてくれました。

がんが進行して、亡くなる２カ月前からは痛みや不安との闘いでした。主人は眠れない夜に一人で散歩をしていました。ある時転んで、目のまわりの青あざ、足にも擦り傷をつくって帰ってきたことがありました。痛々しいその顔をみて、「一人で散歩に行かんでね、私を起こしてね」と言いましたが、主人は私に心配をかけまいとしていたのだと思います。

痛みがある時も痛いと言わず、我慢している様子でした。そんなある夜、私が寝ていると思ったのでしょう、小さな声で「あぁぁ、痛い……」とうめいているのを聞いた時は本当に切なかったです。そんな主人を一人ぼっちにはできないと思いドライブに出かけました。以前はハンドルを握らせてくれなかった主人が助手席で、私が運転手……、深夜２人きりのドライブ、体力的にも精神的にもつらかったけれど、今、振り返れば、あの時間を過ごせたことを本当に幸せに思います。

体力が次第になくなり、立ち上がることが難しくなったころ、ケアマネジャーさんが介護ベッドや手すりをレンタルしてくれました。本当は歩くのも難しい状況だったと思います。大好きだったお風呂もふらついて一人では入れなくなり、二人の娘の介助で入浴しました。冬の寒い日で、浴室を暖房で暖め、痩せた体がすぐに冷えてしまわないようにと娘たちは汗だくで入れてくれました。

家で看取るということは決して簡単ではありませんでした。主人の死への不安を受け止め、支えるつらさがあり、葛藤があり、看病疲れで寝込んだこともありました。堪らなく不安になり、泣きたくなることもありましたが、そんなときは、最後まで生きることをあきらめず頑張っている主人に失礼だと思い、気持ちを切り替えました。

満岡先生は、目標を持つようにとよく話されていました。主人の目標は大好きなバイクにもう一度乗ること……、体力的にそれが難しくなり、誰が見てももう無理な状態でしたが主人は歩くことをあきらめず、玄関先まで歩き、外の冷たい風にあたるのが好きでした。

ある日、千代延先生が「サイドカーが見つからんけん、私の車で来ました、内橋さんドライブに行きましょう」と誘ってくれました。運転は満岡先生、助手席に主人、後部座席には千代延先生と娘が乗り、ドライブに行きました。乗車する際も千代延先生に抱き上げて乗せてもらい、もう話をする元気もない状態だったのに、力の入らない手でピースサインをし「ありがとう……、元気になったら先生の家に行くね！」と言ったそうです。バイクに乗ることはもうかなわなかったけれど、千代延先生のオープンカーに乗せてもらって、風を感じながら走ったことはうれしかっただろうと思います。これが、主人が亡くなる二日前の出来事です。

まだ、大丈夫と思っていた矢先にその日が訪れました。私はこころの準備ができず、会いたい人を呼ぶように言われても、まだ事態が信じられませんでした。主人は横になろうとせずベッドに座ったまま、私が横に座ってその体を支えていると、そのまま私の腕の中で息を引き取りました。まさか、こんな形でお別れしようとは思っていませんでした。家族、親友、みんなに囲まれた最後でした。

看護師さんと一緒に、孫や娘もきれいに体を拭き、主人が元気なときに着ていたスーツを手伝って着せてもらいました。まだまだ私の頭の中には主人を支えていた感覚が取れず、何が何だかその時の様子が思い出せません。

でももし、病院に居たら……、こんなふうにみんなの愛がこもった送り方はできなかったと思います。悲しくつらいけれど、寂しがり屋の主人には最高の別れだったと思います。

主人が亡くなったことで医療チームは解散し、私は一人になりました。今でも、あれで本当によかったのかなと思い悩むことがあります。満岡先生も心配して、私の不安な気持ちを受け止めてくださいます。話を聞いてもらえただけで、心が軽くなるように思います。

今回、このような機会をいただき、正直私でいいのかなと、不安でした。でも今、在宅療養に移ることに悩まれている方や、これから医療を学ばれていく方に向けて、患者や家族の気持ちを知ってほしいと思い話をさせていただきました。

内橋　陽子

在宅療養の知識

ここでは、在宅療養に関する少し専門的な知識を紹介します。

内容は、「緊急に対応すべきこと」、「在宅ケア・在宅で行う医療行為と使用する医療機器」、「疼痛緩和について」、「緩和ケアで起こりうる症状の治療」、「摂食嚥下・誤嚥性肺炎」、「褥瘡のこと」、そして「在宅療養と災害」です。

「在宅療養と災害」以外の項目はすべて在宅医療と終末期の緩和ケアに関する事柄です。医療は、在宅療養を支える大きな柱です。本書の随所で在宅療養においては多職種が関わり、チームとしての連携が欠かせないことを述べていますが、医療者でない人にもこれらのことを基礎知識として知っておいてほしいと思います。

難しいと思われたら、医師や訪問看護師に尋ねてください。

豪雨、酷暑、地震などなど日常生活そのものをひっくり返すような災害がいま、日本のあちらこちらで起きています。「天災は忘れたころに」くるものではなく、もはや私たちが生きる世界の一角にあって、常に意識の片隅に潜むものになってきました。それ故いま、病気や障害をもつ人、高齢者などの弱者を万が一のとき、どのように守るか、ふだんからどのように備えておけばいいかを考えておく必要があります。「在宅療養と災害」は貴重なアドバイスです。

緊急に対応すべき状況

医療法人純伸会 矢ヶ部医院
矢ヶ部 伸也

容態の急激な変化

在宅ケア・医療として自宅や介護施設などで治療を行っていると、急激な状態の悪化が自宅等で起こる場合もあります。そういったときにどのように対応するかを考えてみましょう。

急激な変化というのはさまざまな原因で起こります。その原因に応じて対応も変わります。まずはそういった変化をどのように医療者につなげるか、言い換えると、連絡すべきタイミングは患者さんの状態のどのような変化に気づいたときかがわかると安心です。自宅や老人介護施設には普段は医療者はいません。訪問看護師や在宅医を呼んでいただくとすぐに対応する体制を整えていますが、その連絡をどういう基準で、どこにするのかが大切です。ご本人、ご家族、施設職員等それぞれの立場で連絡のタイミングや方法を把握しましょう。

患者さんの状態というのは、バイタルサインという、生命を把握する上で重要な指標を使って把握します。項目として、意識状態、脈拍数、体温、血圧、呼吸数が挙げられます。

■バイタルサインをつかむ

体温の測定には体温計、血圧の測定には血圧計が必要となります。こういった計測器が手元にない場合には意識状態と脈拍数、呼吸数で把握します。また、指先ではかる酸素飽和度の測定機器がある場合には、酸素飽和度が重要な指標として役立ちます。酸素飽和度はバイタルサインに準じて報告されることも多いです。意識状態は呼びかけに応えられるかどうか、眼を開けられるかどうか、痛み刺激に反応するかなどで判断します。脈拍数は1分間に何回脈をうつかを数えます。呼吸数も1分間に何回呼吸するかを数えます。成人の場合、脈拍数は1分間に50～100回、呼吸数は1分間に12～20回が普通です。

バイタルサインの他に、患者さんの症状も重要です。痛みがあるかどうか、吐き気があるかどうか、息苦しさはあるかどうか、しびれはあるかどうか、食欲はあるかどうか、排尿、排便はうまくいっているかどうかなど、日常生活を脅かす症状がないかどうかを把握します。

■まずは医療者（訪問看護師、在宅医）に連絡する

このようなバイタルサインや症状の変化を見ることで患者さんの状態を我々医療者は把握しています。病態が悪化したらこれらのどこかに異常が起こります。ご本人・ご家族や施設職員が異常を感じたら、まずは訪問看護ステーションに連絡して、感じた異常を伝えてください。バイタルサインや症状について情報を教えてもらうとよりスムーズに対応できますが、そういった指標がなくてもとにかく相談してください。訪問看護師が居ない場合には、主治医に連絡してください。

病院に入院しているときにはベッド脇にナースコールのボタンが有り、何か問題があったらナースコールで看護師に知らせてもらうことが多いですが、在宅の場合のナースコールは訪問看護師の携帯電話です。まずは訪問看護師にご相談いただいたほうがスムーズです。普段から担当の在宅医や訪問看護師と、どういうときに、どのような連絡を取ればよいのかの打ち合わせをしておきましょう。

まず医療者につなげていただいたら、医療者が状態を把握してその後の対応を考えます。その治療方針についてはご本人、御家族と相談しますが、そのときには患者さんの今後の見込みによって判断の方針が変わることがあります。在宅ケア・医療を受けられる人の状態を大きく分けると、①慢性疾患の安定期の状態、②現在の医学では積極的な治療が困難な状態である終末期の状態、に分けることができます。

■慢性疾患の安定期にある場合

急に状態が不安定となった場合には、一般の方と同じように救急対応、救急搬送、救急治療をまず考えます。もちろん、ご本人、ご家族の意思を反映した判断を行いますが、余命が限られた状態ではないことが一般的ですから、最大限の治療をお勧めすることが多いです。

■現在の医学では積極的な治療が困難な状態である終末期の場合

急に状態が悪化した場合には、ご本人、ご家族とよく相談することが必要になります。もともと積極的な治療が困難な状態では看取りの方針をお勧めすることが多いです。治療を行っても死が避けられないと見込まれる状況では、いろいろな積極的な治療を行っても余命改善効果はあまり期待できず、かえって患者さんの体に害を及ぼすばかりということも少なくないからです。

こういった看取りの方針としている場合には、救急搬送などは行わずに自宅や老人介護施設で症状を緩和する治療を行います。看取りの方針にするかどうかはご本人、ご家族が医療者とよく相談した上で納得していただくことが大切です。我々医療者にとっても、看取りをお勧めするのはつらいことですので、積極的な医療を勧めたくなる場合もあります。しかし、見込みがないのにダラダラと積極的治療を続けるのも正しいとはいえません。医学的な予測は患者さんや家族にとっては意思決断の材料となる重要な情報ですから、余命が短いと予想されるときはその旨を伝えて、どういった治療方針を選ぶのかをよく考えていただくのが重要なことだと考えています。

進行したがんや認知症、老衰の場合には、余命が厳しいことは医学的には判断を下しやすい傾向がありますが、心不全や呼吸不全、神経難病の場合には余命の判断は難しいこともあります。実際の患者さんをどのように判断するかは、お一人お一人状況によって異なりますので、主治医とよく相談なさってください。

社会的緊急

患者さんの状態とは別に、家族の状況で入院や入所が必要となることがあります。ご家族の急病や疲労などのために、患者さんの介護が続けられない場合などです。こういった場合にも急いで対応が必要な場合には緊急対応を行います。

■救急車の利用について

救急車の利用については、必要なときは遠慮なくご利用いただいてよいものですが、状況によっては慎重に考えたほうがよい場合もあります。病気で特に余命の限りが予想されていない場合は、急に悪化したときには救急車で高次医療機関に搬送して治療していただくことが多いです。一刻も争う病態では救急車をご自身、ご家族の判断で呼んでいただいても構いませんが、できるだけ在宅医や訪問看護師にも連絡してください。終末期の方の場合は救急車を呼ぶ前に在宅医へご相談ください。在宅で看取りをする方針の場合、救急車を呼んでしまうと救急隊員は救命措置（胸骨圧迫〈いわゆる心臓マッサージ〉や人工呼吸など）をするように訓練されていますから、状況に応じてそういった処置がほぼ自動的に開始されます。

末期がん等でそういった人工呼吸や心臓マッサージを回避したいと考えておられる方やそのご家族は、救急車を呼ぶとかえってつらい思いをするおそれがあります。

救命と延命

「救命」と「延命」とは言葉は似ていますが、医療者が使うときにはおおよそ使い分けています。

「救命」とは、病気や怪我が命を奪いかねない深刻な状態で、医療的な処置によって安定して生命を維持できる状態まで回復する見込みがある場合に行う医療行為をいいます。

「延命」とは、病気や怪我が命を奪いかねない深刻な状態で、医療的な処置によっていくらか生命の時間を伸ばすことができるけれども、安定した状態まで回復したり、意識を戻したりすることが難しく、どのような手段を用いてもそう長くない将来に亡くなってしまったり、意識が回復しないまま人工呼吸器などでの生命の維持が続いてしまうなど回復とは言い難い状況で止まってしまうと予想される状態のときに行う医療行為をいいます。

つまり、「救命」と呼ぶときには回復の見込みがあると考えられており、「延命」と呼ぶときには回復は難しいと考えられているということです。ただし、全て確実に区別できるわけではなく、救命のつもりで始めた処置が延命になってしまうこともあります。

救命や延命については、市民の皆さんそれぞれが自分が悪化したらどういう治療を受けたいのかということについて興味を持っていただきたいと思います。いざ急に病気になって説明を受けても、そういった経験はなかなかありませんから皆さん戸惑われます。また、患者さんの症状がひどいときにはご家族が治療方針に迷うなかで心を痛めることもあります。「アドバンス・ケア・プランニング」という、人生の最後でどのような治療を受けたいかを予めご家族などと話し合う工夫も行われるようになってきました。

救命のための処置ならば、ご本人やご家族がやりたくないと思っても医療者から強くお勧めすることがあります。延命のためだけの治療ならば、医療者としてはあまりお薦めしない場合もあります。ただし、医療者の提示する方針はあくまでも目安であり、ご本人、ご家族の意向に沿って行うものだと思います。

「自分に死が迫っているときにどういう方針で治療するか」などあまり考えたくないことですが、こういったことを考えていないばかりに判断が保留され、さしあたりの延命が続いてしまうと回復の見込みが無いのに人工呼吸器に繋がれっぱなしだったり、胃ろうや経鼻栄養チューブなどの栄養チューブから栄養を入れ続けられて、ご本人にとっても、ご家族にとっても、医療者にとっても辛い状態になってしまうことがあります。ご自身や家族の尊厳を守るために、市民の皆さん一人ひとりに向き合っていただきたいことです。

在宅で行う医療行為と使用する医療機器

医療法人純伸会 矢ヶ部医院
矢ヶ部 伸也

病院から家に帰る、あるいは施設に戻っても、治療を一切やめてしまうということではありません。緩和ケアに移っても、さまざまな治療は続けられます。ご自宅や介護施設などでの療養生活をさまざまな医療行為が支えます。機器の小型化がなされ、持ち運びができるようになっており、また、そういった機器をレンタルで提供できる会社も増えるなど、在宅ケア・医療を支える環境が充実してきています。

栄養補給

■点　滴

血管内に直接栄養剤などの液体を入れる方法です。終末期の患者さんに点滴をすると、むくみや痰の増加など点滴の副作用でかえって悪化することが多いです。栄養が心配でも点滴するか否かは慎重な判断が必要ですので、主治医とよく相談してください。

①**末梢静脈点滴** —— 腕や足などの静脈から点滴をする方法です。一般的に点滴というとこの方法を指すことが多いです。

②**中心静脈栄養** —— 首や胸、太ももの付け根辺りから太い静脈にカテーテルを刺入、留置して末梢点滴では行えない高濃度の栄養輸液などを点滴する方法です。

i) 血管内からカテーテルを体外までつないで常時カテーテルが体外に出ている状態で点滴する方法と、ii) 中心静脈ポートと呼ばれる部品を皮下に埋め込んで必要な時だけ皮膚を針で刺してつなぎ、不要な時には抜去できるようにするやり方の２種類があります。ii) のポートを埋め込んでおく方法は点滴が不要なときにはチューブ類が体からつき出ていない状態にすることができます。入浴などできて便利ですが、ポートを埋め込む小規模な手術が必要です。

■経管栄養

血管内に液体を入れる点滴による栄養よりは、腸に栄養剤を入れて腸から栄養を吸収するほうが本来の栄養吸収に近くてよいとされています。むくみなどの点滴の弊害が起こりにくくなります。

①**経鼻経管栄養** —— 鼻から太さ 1.5 ～ 4 ミリ程度のポリウレタンなどでできたチューブを喉・食道を経由して胃や十二指腸まで入れ、そのチューブから栄養剤を流し込む方法です。嚥下運動の障害や食道狭窄などでうまく飲み込めない場合に行います。鼻からチューブを入れて留置すると違和感があったり唾液でむせたりすることもありますのであまり喜ばれる方法ではありませんが、栄養補給のために行うことがあります。

②**胃ろう** —— 胃の壁は腹壁と接しているため、おなかから皮膚と胃壁を通して胃の中まで管を入れることができます。ピアスのように皮膚・胃壁に穴をあけ、その穴にチューブを入れるのです。これを「胃ろう」と呼びます。胃ろうを入れると、そこから栄養剤を胃の中に入れることができ、口や

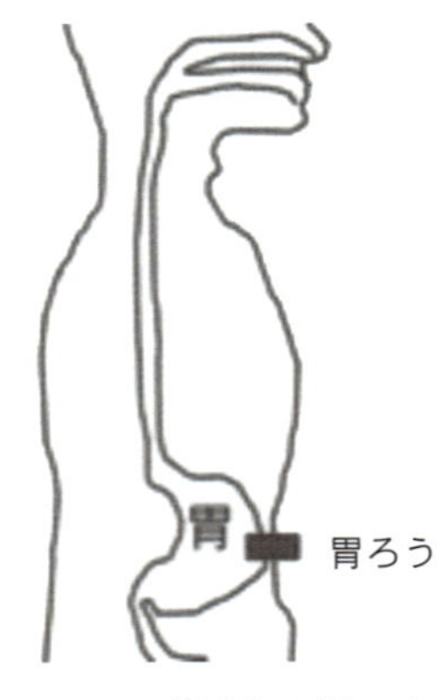

鼻、喉、食道を通らずに栄養剤が胃の中に入ります。嚥下運動の障害や食道狭窄などで飲み込めない場合や、飲み込むと誤嚥を起こして食べ物や飲み物が気管や肺に入ってしまう場合に用いる方法です。

胃ろうは本人の飲み込む力とは関係なく栄養が補給できるため、意識障害や重度の認知症の患者さんにも用いられることがあります。しかし、寝たきりで意識もなく、回復の見込みがない人に用いられることで「生きる屍」と揶揄されるような状態になった患者さんが増えました。回復の見込みのない患者さんに胃ろうを入れて生かし続ける医療は患者さんの尊厳が守られていないのではないかという批判が起こり、胃ろうの是非について議論となったことがありました。一部で「胃ろうは悪いものだ」という短絡的で誤った意見が述べられる場合もあります。しかし、胃ろうは口から栄養が摂れない人に栄養を補給するためには極めて優れた方法です。病気のために一時的に栄養が摂れず、栄養さえ摂れれば回復が見込める場合にはぜひ検討してほしい方法です。ただし回復の見込みがないと判断されるときにはその使用は慎重に考えるほうがよいでしょう。

③腸ろう

胃に胃ろうが入れられない場合に、腹壁と小腸の壁を縫い合わせ、皮膚から小腸に穴をあけて管を入れる方法です。胃ろうと同じように直接腸へ栄養剤などを流し込むことができます。

薬剤投与

薬は基本的には飲み薬で飲んでいただき、口・食道・胃・腸から吸収されて効果を発揮します。一部の薬は吸収されずに腸の中に入ることで効果を発揮するものもあります。口からの飲み込めない場合には以下のような工夫で薬を体内に届けます。

■外　用

①吸入剤 —— 吸う息とともに吸入します。高齢者などで息を吸う力が弱くなった方ではうまく使えないこともあるので、吸えるかどうかの確認が必要となります。

②坐　剤 —— 肛門から挿入します。人工肛門（ストマ）から入れることもあります。

③膣　剤 —— 膣から挿入します。

④貼付財 —— 皮膚に貼ります。

⑤塗布剤 —— 皮膚に塗ります。

⑥点眼薬 —— 眼に点します。

⑦点鼻薬 —— 鼻に点したり噴霧したりします。

⑧点耳薬 —— 耳に点します。

■注射・点滴

①皮下注射 —— 注射器に薬剤を詰め、針を皮膚に刺して皮下組織に注射薬を入れます。

②持続皮下注射 —— 持続皮下注射用の機器に装着した注射器や、持続皮下注射用のバルーンポンプに薬剤を詰め、針を皮膚に刺して針と注射器やポンプをチューブでつなぎ、少しずつ皮下に薬剤が入っていくようにして長い時間少しずつ薬を投与できるようにします。

③筋肉注射 —— 注射器に薬剤を詰め、針を皮膚に刺して筋肉に注射薬を入れます。
④点　滴 —— 栄養の点滴と同じように行います。
⑤中心静脈点滴 —— 栄養の中心静脈点滴と同じように行います。
⑥硬膜外注射 —— 硬膜外腔と呼ばれる部位に針を刺し、薬液を注入します。主に痛み止めに使います。
⑦持続硬膜外注射 —— 硬膜外腔にカテーテルを留置し、そこに薬剤の入った持続注射器やバルーンポンプを接続して長い時間少しずつ薬剤が入るようにします。主にコントロールの困難な強い痛みに使う方法です。
⑧髄腔内注射 —— 脊髄腔と呼ばれる部位まで針を刺し、薬液を注入します。主に痛み止めに使います。
⑨持続髄腔内注射 —— 脊髄腔にカテーテルを留置し、そこに薬剤の入った持続注射器やバルーンポンプを接続して長い時間少しずつ薬剤が入るようにします。かなり激しい痛みでも、この方法でコントロールできることがあります。
⑩輸　血 —— 主に末梢静脈から献血由来の血液製剤を輸血します。重度の貧血や血小板減少、凝固異常などに用いる方法です。アルブミンという重要なたんぱく質の減少に献血由来アルブミン製剤の点滴を行う場合もあります。

酸素投与

■高濃度酸素投与

酸素濃縮器や酸素ボンベから酸素をチューブに流し、鼻や口のまわりに酸素を流して高濃度の酸素を吸入してもらい、血液中の酸素濃度が上昇するようにします。

■人工呼吸管理

自力で呼吸が困難な場合や肺の機能が低下して自分の呼吸だけでは十分に酸素が肺から吸収できない場合に人工呼吸器を装着して呼吸を補助します。気管内挿管が必要なタイプと鼻や口から装着して人工呼吸をするタイプがあります。

ストマケア

①直腸がんや腸閉塞、クローン病、尿管がん、膀胱がんなどのために人工肛門や人工膀胱の手術をされた方のストマケアも主に訪問看護師がサポートします。
②ご自身でストマケアができる方にも様々な方法のアドバイスをします。
③病気などでご自身でストマケアができなくなった場合には主に訪問看護師がご家族のケアをサポートしたり、訪問看護師がケアを行ったりします。

褥瘡処置

①体が衰弱して椅子、車椅子、ベッドで座ったり寝ていることが多くなり、同じ姿勢で長くいると褥瘡ができることがあります。褥瘡は図 1（p.140）の場所にできやすいです。
②創の状態に応じた処置を行う必要があります。軟膏の塗布や保護剤の貼付などを行います。創に壊死した部位があるときは壊死組織を切除することもあります。
③圧迫やズレによる力がかからないようにして、褥瘡の発生や進行を抑えます。療養環境の整備とし

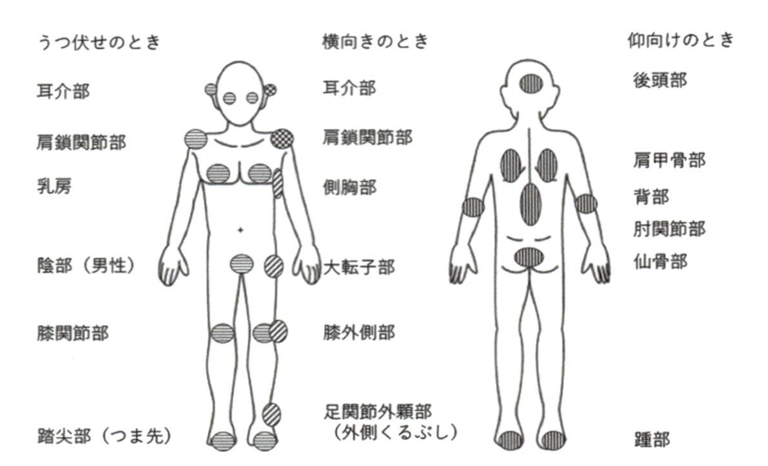

図１　褥瘡ができやすい身体の部位

て褥瘡の予防、治療のために圧迫やズレ力の回避のためにベッドや椅子のマットレスやクッションを調整します。

④最近の研究で圧迫だけではなく、ズレ力が加わることも褥創の原因とわかってきました。体に強く摩擦がかかった状態が続いたり、移動のときにズルっと引っ張ったり回したりするとそこから褥創が発生することが知られています。介護のために患者さんの体を動かすときにはズレ力がかからないように配慮が必要です。詳しいことは訪問看護師や医師にお尋ねください。

創傷処置

①病気の影響や手術の影響などで体に創があり処置が必要な場合には在宅医と訪問看護師が連携して創処置を行います。

②創の状態により排膿や止血を行う場合もあり、局所麻酔をつかった壊死組織の除去を行う場合もあります。

胸水穿刺・腹水穿刺

①がんなどの病気のため胸腔内や腹腔内に胸水や腹水がたまることがあります。胸水がたまると、肺のふくらみが妨げられ呼吸が困難になってしまいます。腹水がたまると、胃や腸が圧迫されて食事摂取が困難になってしまいます。

②胸水や腹水の貯留により症状が悪化した場合には、胸腔や腹腔に針を刺して腹水や胸水を取り除くことがあります。

③胸水や腹水の除去はタンパク質の喪失など望ましくない影響もあるため、効果と副作用の兼ね合いから慎重に判断する必要があります。

腹膜透析

①腎臓の機能が低下して老廃物が腎臓から排出されない人に行います。腹腔内にカテーテルを留置してそこから透析液を腹腔内に入れて、腎臓から排出されない老廃物を透析液に排出します。

②人工透析を行うと週に３回程度透析の施設に通院する必要があるため、移動の困難な人には腹膜透析のほうが良い場合もあります。

③最近では在宅腹膜透析に取り組むクリニックや訪問看護ステーションもあります。

在宅ケア・医療で用いる医療機器

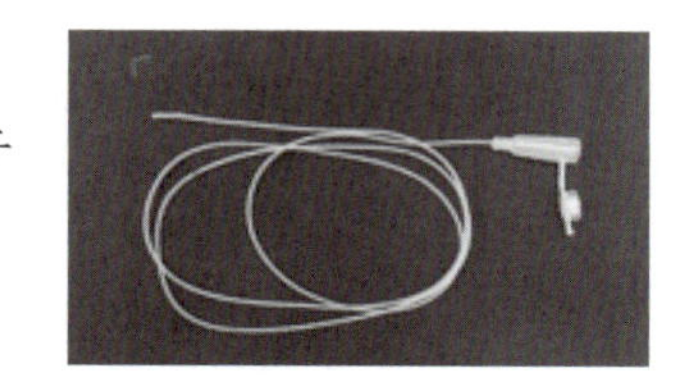

■経管栄養チューブ

鼻から喉・食道を通して胃や十二指腸までチューブを入れるときに使うチューブです。ポリプロピレン等柔らかい素材でできています。

■ IVH ポンプ

中心静脈栄養を在宅で行うときに用います。点滴を行うときに普通は頭より高い位置にぶら下げて行いますが、これは落差を利用して薬液を体内に注入するためです。ポンプを装着すると、ポンプの力で薬液を体内に注入しますから、薬液の高さが頭より下になっても大丈夫です。

■持続注入用ポンプ

10mℓの注射器に薬液を入れて少しずつ薬液を送り出すしくみのシリンジポンプや、50 ～ 200mℓの専用の容器に薬液を入れて少しずつ薬液を送り出す仕組みのポンプなど数種類のポンプがあります。持続皮下注射や持続硬膜外注射、持続髄腔内注射などの薬液注入の際に用います。少しずつ注入することで、長時間持続して薬液を体内に送り込むことができます。

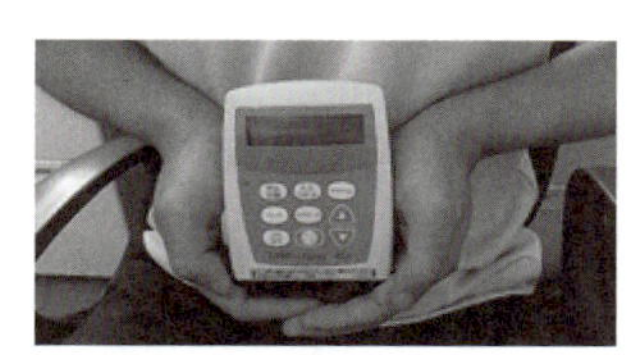

CADD ポンプ

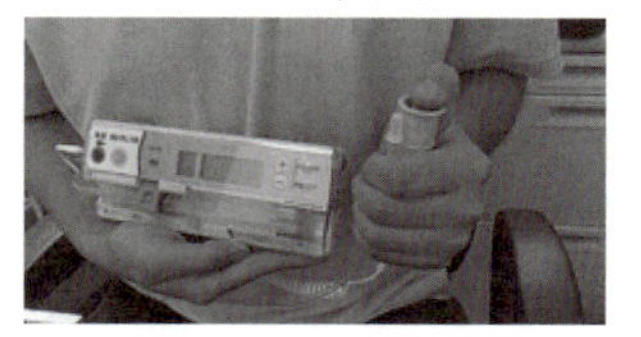

シリンジポンプ

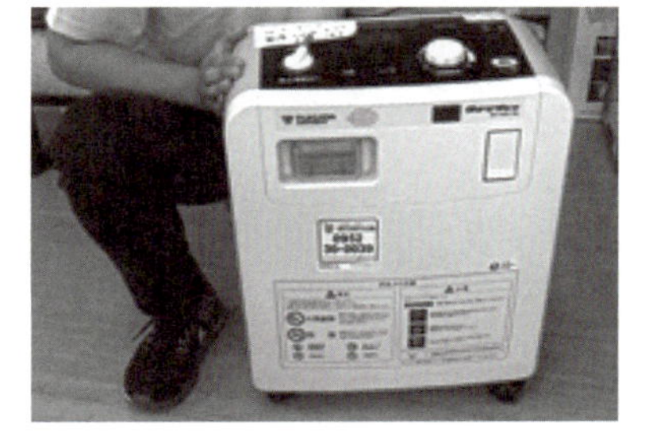

■酸素濃縮器

肺の働きなどが落ちて十分な酸素を体に取り込めなくなった場合に、息苦しさを解決するために高濃度の酸素を吸うことがあります。酸素濃縮器から高濃度の酸素をチューブで鼻や口に送ります。

■人工呼吸器

自力で呼吸ができなくなった人などに装着して呼吸をサポートします。鼻や口にマスクを当てて使用するタイプと、気管の中に管を入れて装着するタイプがあります。

■吸引器

痰が多いときなどに鼻・口や喉を通して痰を吸い出すときに使います。

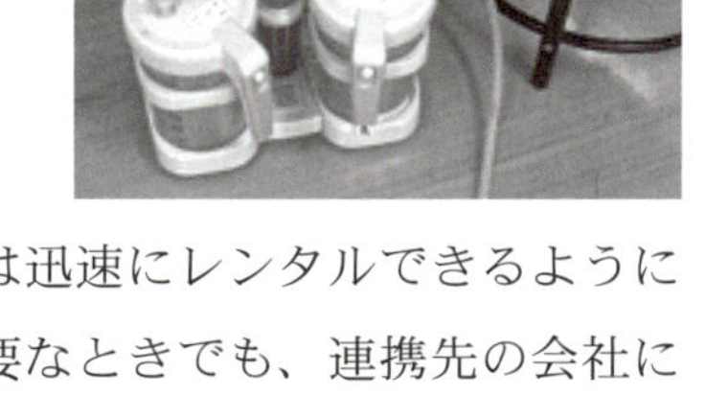

これらの機器は在宅医療を支える会社が準備していて、必要なときには迅速にレンタルできるようになっています。例えば、患者さんの呼吸状態が悪化して急いで酸素が必要なときでも、連携先の会社に在宅酸素を直ちに開始することを伝えれば、早ければ30分ほどで、長くても数時間以内には患者さん宅にこういった機器を届けてもらえ、使用することができるようになります。

疼痛（痛み）緩和について

らいふ薬局
友田　浩美

痛みの正体

病気やけがには、多くの場合痛みがともない、それ故にひとは恐れます。がんは、その代表的な病気といえます。しかしその「痛み」は、身体に起こる現象である一方で、感覚的で、感情的な体験とも言われています。ですから、痛みを訴えるひと自身が「痛い」といえば、たとえ医療者であっても他者が「そんなはずない」と否定できることではなく、その人の「痛み」はたしかにあるものなのです。

痛みは、肉体的な損傷によるものや、がんなどの病気が進むことでもたらされるもの、悲しみや不安で増幅されるものです。要するにそこにある「痛み」は、心と身体の両面における現象といえます。

医療現場では、痛みを理解・把握するために、身体面、精神面、社会面、スピリチュアルな面からなる４つの多面的な痛みとして考えていきます。

身体面
痛み以外の症状
がん治療の副作用
不眠と慢性的疲労感

精神面
診断の遅れに対する怒り
効果のない治療への怒り
ボディイメージの変化
痛みと死に対する恐怖
絶望感

社会面
家族と家計についての心配
職場での信望と収入の喪失
社会的地位の喪失
家庭での役割の喪失
疎外感、孤独感

スピリチュアルな面
なぜ起こったのか
なぜ神様はこんなに苦しめるのか
いったい、何のためなのか
人生にどんな意味と目的があるのか
どうすれば過去の過ちが許されるのか

痛みを分析、評価することが大事

一言で「痛みがある」といっても、その方にとってどんな苦しみなのか、何が問題となっているかは様々です。どの部位で、いつから痛みがあるのか。質問に患者さんが答えて、状況を伝えてくださる間に、医師は次のことを検討します。

・臨床所見（部位、期間、特徴）

・原因（がん、全身衰弱、治療によるもの、合併症）

・機序（器質的か機能的か、組織・神経・筋肉などどれに伴うものか）

・非身体的な要素はあるか（精神的、社会的、スピリチュアル）

さらに、痛みから解放されたときの状態を思い浮かべ、その患者さんが何かをできるように望んでおられるか、またはゆっくり休みたいのか、満足するポイントまで達しているかが大切な目標となります。痛みの治療をしているとき、医療スタッフが患者さんに痛みについて質問することがありますが、遠慮しないで、話していただければと思います。もちろん、その状態は信頼関係を築けていることが大前提ですから、医療スタッフは無理やり応えてもらうことは望んでおらず、話したいときに話したり、日記や手紙でもよいと思います。

WHO方式がん疼痛治療法

ＷＨＯ（世界保健機関）方式がん疼痛治療法は、世界のすべてのがん患者の痛みからの解放を目標に掲げたＷＨＯがん疼痛救済プログラムに基づいて作成された治療指針です。この方法は1980年代から基本的なことは変わらず、多くの国々でスタンダードな指針として周知されています。

ＷＨＯは、この治療法なしには世界全体で急増しているがん患者の痛みからの解放はありえないととらえ、その普及活動を宣言し、がん制圧プログラムの三本柱である「予防」「早期診断」「治癒治療法」に、第４の柱として「がん疼痛救済」を加えました。

「患者には痛み治療のために十分量の鎮痛薬を要求する権利があり、医師にはそれを投与する義務がある。有効な治療法を実施しない医師は倫理的に許されない」と宣言し、ＷＨＯ方式治療法の普及を進めるよう各国へ勧告しました。

この方法は、薬の使用を主軸としていますが、薬以外の方法を軽視しているのではなく、患者さんの状況に応じて補助的に併用するように推奨されています。世界各国で、がんの痛みの90％で有効であり、人種や文化、習慣を超えて実施できる治療法として位置づけられています。

ＷＨＯ方式がん疼痛治療法の具体的な内容は、以下５つのポイントがあります。

・経口的に

・時間を決めて規則正しく

・除痛ラダーにそって効力の順に

・患者ごとの個別的な量で

・その上で細かい配慮を

■経口的に

口から飲む薬を意味します。一番簡単な方法であり、患者さん自身で実施できます。口から摂取する方法は、薬のみならず栄養などあらゆるものについて摂取後の過程がよく研究されています。人類ができることで、最も知識を蓄え、経験を重ねた方法なのです。しかし、患者さんの状態によっては内服ができない場合や消化吸収が十分でない場合があります。このようなときのみ、注射、坐薬、貼付剤などに切り替えます。

■時間を決めて規則正しく

薬は体内に入ると効果を発揮しながらも、徐々に代謝されて効果は消失していきます。痛みの治療では、鎮痛効果が消失する前に次回分を使うことによって効果を維持する方針をとります。「時刻を決めて規則正しく薬をのむ」とは、一定の時間間隔で薬を反復使用することであって、必ずしも食事と関連して飲まなければいけないというのは誤解です。食前や食後に薬を飲む習慣がある場合は、毎日○時に薬をのむことを決めてから、食事の時間を設定いただく方が薬を飲む時間は一定になります。鎮痛薬によっては食事との相性が問題となる場合がありますが、食事との時間をどれくらいあけて薬を飲むようにすればよいかを説明されます。

■除痛ラダーにそって効力の順に

除痛ラダーとは、痛みの強さに応じた薬の選択法を示した階段図です。WHO 三段階除痛ラダーは、軽い痛み、軽度から中等度の痛み、中程度以上の痛みに分けて、それぞれの段階に応じた薬を分類しています。患者さんの病状には関係なく、痛みの強さに応じて薬を決定できる便利な指標です。はじめに選んだ薬では十分な効果が得られないときには、必ず一段ないし二段上の薬に切り替えることが基本です。

■患者ごとの個別的な量で

どの鎮痛薬にも効果は個人差があり、患者さんごとに必要な量はまったく異なること、がんの痛みに効く量には標準量がないことを心得ておくべきです。もし必要な量より少ない場合は痛みが少しも緩和されずに副作用だけ出現する一方、多すぎる量では痛みは消えるが好ましくない副作用が多くみ

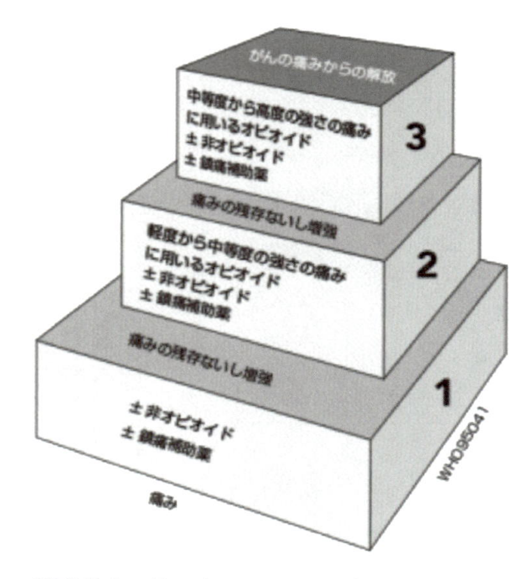

WHO 三段階除痛ラダー（WHO：がんの痛みからの解放　より引用）

られてしまいます。「患者ごとに個別的な量」とは、「痛みがなくなり患者が安楽と感じられる量」のことをさします。

言い換えれば、痛みがすっかり消え、副作用が最小ですむ量です。しかしながら、薬を使う前に、この最適な量を予知することはできません。そのため、薬を使い始めたらこのちょうどよい量を求めるようにします。

一般的に、薬を増やしていくと、痛みが軽くなる量が判ってきますので、その量を至適量とします。痛みをとるためには、速効型（早く効果がでる）の鎮痛薬と、徐放型（ゆっくり効果をあらわす）の鎮痛薬を使います。痛みが強く現れたときは、早めに速効型を使います。一日に必要な鎮痛薬の量は、徐放型の薬に加え、速効型の薬を何回使用したかを把握して総合的に導かれます。そのため、薬の使用状況を患者さんから正確に聞き取ることが大切になってきます。

■その上で細かい配慮を

医療スタッフは以上の４点を守ったうえで、わかりやすい薬の説明や使い方の指導、鎮痛薬の副作用予防策が大事であること、薬の保管方法、患者さんの心の状態などをしっかり把握するよう努めます。

モルヒネなど医療用麻薬については誤解が多く、つい最近までの日本では、寿命の長い短いによって麻薬に指定された薬の使用について決めていた現実があります。「もう先がないから、いよいよモルヒネ」と家族へ話し、危ない薬との印象を与えながらモルヒネを使い始めていました。ですから、高齢の世代の方の中には、「モルヒネを使うとすぐ亡くなる」という誤った記憶が残るという悲しい状況が散見されます。モルヒネは痛みに対する薬であって、がんの薬でもないし、終末期専用の薬でもありません。痛みがある身体にモルヒネを反復使用しても精神的依存は起こらず、なぜ起こらないかの解明は日本の研究によってもたらされました。

患者さんやご家族にとって治療や薬を使うことへの不安は常に抱えられるものです。
ご自身に関わることだからこそ、不安や疑問は解消しておいてほしい。そのために携わる医療スタッフにはいつでも質問や相談をしていただきたいと思います。

□参考文献

1）武田文和（監訳）：トワイクロス先生のがん患者の症状マネジメント 第２版、医学書院、2014

2）日本緩和医療薬学会（編）：臨床緩和医療薬学、真興交易（株）医書出版部、2008

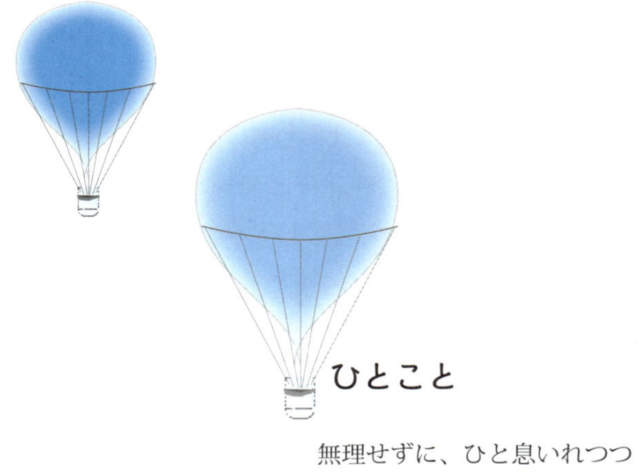

ひとこと

無理せずに、ひと息いれつつ
一歩ずつ。

佐賀大学医学部附属病院
酒井　宏子

緩和ケアで起こりうる症状の治療

佐賀県医療センター好生館 緩和ケア科
小杉　寿文

終末期患者における症状は身体的なものと精神・心理的な症状に大別される。ここでは主に薬物治療によって対応すべき症状について述べる。いずれの症状においても、その原因を常に考えて、必要な検査、対処できる方法も考える必要がある。臨床的に有用とされる方法について述べるが、必ずしも科学的に検証されておらず、エビデンスの乏しいものがほとんどであり、適応外使用であることも多い。その使用にあたっては処方医の自己責任として、その旨患者家族に説明が必要である。しかし、予後が差し迫っている患者の QOL を第一に考えて、有用な方法は勇気を持って使用するべきである。

消化器症状

■悪心・嘔吐

まず悪心・嘔吐の原因を考える。便秘や高カルシウム血症などの電解質異常や脳転移の可能性も考える。オピオイド処方時に以前はノバミン® を全例予防投与していたが、現在は出現時に頓用で対応できるようにすることが推奨されている。悪心がなくなれば中止する。抗精神病薬は長期漫然と使用すると錐体外路症状が出現するので注意する。ナウゼリン®（ドンペリドン）は心毒性が指摘されており勧められない。腹水貯留で輸液をしている場合は輸液の適応を再評価し、腹水ドレナージを検討する。肝硬変の腹水と異なり、癌性腹水の場合、物理的に苦痛を生じていれば腹水ドレナージは積極的に検討するべきとされる。

①プリンペラン®3 錠分を食事（朝、昼、夕食）の 1 時間前に 1 錠。（食前でないと意味がない）
②オランザピン 2.5㎎を頓用または寝る前。（注：糖尿病では禁忌）
③ルーラン® 2~4㎎ / 回を頓用または食前 1 時間。
④セレネース®（0.75）0.5~1 錠を寝る前や頓用など。
⑤セレネース® 注 0.5~1A を皮下注または静注、持続に混注。
⑥体動時や頭位変換時の悪心・めまい　アタラックスＰ®、トラベルミン® などのヒスタミン H1 ブロッカーを頓用や、持続投与に混注。
⑦デキサメサゾン、またはベタメサゾン 2~8㎎を朝に内服または皮下注、静注。
⑧ブスコパン注（機械的な消化管閉塞の場合に蠕動を止めることで症状緩和）
⑨脳転移・脳浮腫の場合にはデキサメサゾンまたはベタメサゾン 8~16㎎に加えてグリセリン点滴、イソソルビド内服などで抗脳浮腫治療を行う。輸液は控える。

■便　秘

オピオイドの使用によりほぼ必発となるが、不使用時でも頻度は高い。水分摂取不良、運動不足、排便時の疼痛コントロール不足により増悪する。

①酸化マグネシウム 500~1500mg分 2 ~ 分 3、便の硬さで調節。腎機能低下症例や高齢者に長期使用で高マグネシウム血症の可能性に注意。

②スインプロイク® 1 錠を朝食後。オピオイドによる便秘にのみ使用。内服 2~4 時間後に排便があるとされる。

③センノシド 1~4 錠頓用、ピコスルファート Na 適宜、アミティーザ® 2C 分 2 など。

④テレミンソフト® 坐薬、グリセリン浣腸など

⑤漢方薬（大建中湯 3~6 包分 3、大黄甘草湯など）

⑥クラリスロマイシン（200）2 錠、何を使用しても便秘が解消されない場合に試してみる。

■食欲不振

①デキサメサゾンまたはベタメサゾン 2~8mgを朝内服または皮下注、静注（投与経路に関わらず吸収と効果は同じ）。内服錠数が多い場合には朝と昼に分割する。作用時間と鉱質コルチコイド作用の無さ、消化管出血のリスクが少ないことなどでこの 2 種類が選択されることが、緩和ケアでは世界標準。午後遅くに使用すると不眠になる。がんに限らず、予後を考えて QOL を高めるために、必要であれば躊躇せず使用する方が良い。効果があればゆっくり減量して、効果のある最低量で継続する。効果のない量で継続する意味は全くない。２、３日試して効果がなければ中止する。長期使用すると口腔・咽頭カンジダに高頻度で罹患するため、注意深く継続的な観察と口腔ケアが必要。数ヶ月使用するとニューモシスチス肺炎も念頭に置く必要がある。

②漢方薬（六君子湯、補中益気湯、十全大補湯、など）

③メドロキシプロゲステロン（ヒスロン H®）1 回 200mgを 2 回

■消化管閉塞

腸蠕動音、腹部診察、レントゲンなどで総合的に評価が必要。一部の機械的閉塞に対して蠕動を誘発促進する薬剤を使用すると痛みや悪心が強くなる場合があり、場合によっては穿孔・破裂するため要注意。一般的には絶飲食で経鼻胃管やイレウスチューブで減圧することも検討。脱水分の補液は必要であるが、必要以上の補液は逆効果。腸管粘膜の浮腫、腹水などで腸蠕動は回復しないため、いつまでも改善しない。

①デキサメサゾンまたはベタメサゾン 4~8mgを朝に皮下注または静注。

②サンドスタチン®（オクトレオチド）300μg / 日を持続皮下注または持続静注。2~3 回 / 日皮下注などでも効果があるが、保険適応は持続皮下注のみ。癌性腹膜炎による（機能的）腸閉塞に適応。効果を期待して躊躇せず早期に試してみて、効果がなければ数日で中止する。糖尿病の場合、血糖値の変動があることがある。口渇を生じやすい。ステロイドやアミノ酸製剤と混注すると失活する。

呼吸器症状

■呼吸困難・咳嗽

自覚的な症状である呼吸困難と、他覚的な呼吸不全は異なる。たとえ酸素飽和度が低くても、本人の苦痛がなければ良いと考える。また、酸素飽和度が高くても呼吸困難を訴えていれば、それを苦痛として理解する必要があり、対処する。

忘れてはならないのは、高頻度で医原性の呼吸困難があることである。多くは輸液過多による体液過

剰であり、喀痰や胸水、肺がん・肺炎などの肺病変があるにも関わらず輸液をすることで劇的に症状は悪化する。体液過剰徴候（喀痰、肺病変の酸素化不良、胸水・腹水、四肢体幹の浮腫、脳転移による脳浮腫など）がある場合には、いわゆる終末期には輸液の適応はないとされている。輸液過剰があれば、以下に述べる薬物治療などをいくら行っても効果はないと考えるべきである。

我々は喀痰が多くて苦しんでいるのに輸液をし続けるのは、溺死させることに等しいということを自覚すべきである。輸液の減量中止に関しては、医学的・倫理的にその根拠と意味を本人と家族に十分説明しなければならない。酸素投与において必要以上の高濃度酸素は長期使用で肺障害となるため酸素飽和度は高ければ良いという考えは改めなければならない。あくまでもADLと苦痛を評価しながら投与する。

経鼻カニューレやマスクの不快感も理解する。排痰、気道浄化目的にネブライザーなども使用する。胸水による無気肺の場合は胸水ドレナージを検討するが輸液をしている場合は適応の検討が必要。

①デキサメサゾンまたはベタメサゾン 2~8㎎を朝に内服または皮下注または静注。多くの場合ラシックス 20~80㎎内服または静注を併用。がん性リンパ管症など浮腫性の肺病変などには効果が期待できる。

②モルヒネ 5~10㎎を頓用またはヒドロモルフォン 1~3㎎を頓用。効果があればそれぞれ徐放剤や持続皮下注などで眠くない範囲で効果のある量を継続投与する。疼痛治療と同じ要領で使用してよいが疼痛治療より少量であることがほとんどである。他のオピオイドを疼痛に対して使用していても、この2種類ほどの効果は期待できないため、追加投与または変更する。

■死前喘鳴

臨終の数日から数時間前に生じる上気道の分泌物による不快な喘鳴である。臨終期に意味のない輸液を行っていれば生じやすいが、輸液を行っていなくとも生じる場合がある。吸引しても改善しない事が多く、家族も不快になることが多い。

①ブスコパン注 0.5~1Aを舌下などで口腔内に投与または皮下注。抗コリン作用で分泌を抑制する。舌下投与で試してみて効果があればオピオイドなどの持続皮下注などに 1~2A混注しても良い。

全身倦怠感・身の置き所のなさ

電解質異常など改善する余地がある場合は検査も含めて検討するが、臨終間際にはほとんどの症例で出現する。薬剤も試してみるが、効果がなければ漫然と続けずに中止する。ベッドマットや、排泄方法を検討し、不必要に動くことがないように検討し、リハビリ目的に動くことを目標にしてきたことを改めて、体力温存を新たな目標とする。本人には辛い選択かもしれないが、現実を受け入れることも必要である。せん妄による症状の場合があり、せん妄の評価を継続する。臨終期はデキサメサゾンまたはベタメサゾンを使用しても効果がない場合が多い。効果がない時は鎮静が必要となることも多い。

①デキサメサゾンまたはベタメサゾン 2~8㎎を朝に内服、または朝に皮下注もしくは静注。2、3日試して効果があれば効果のある最小量を継続する。

②漢方薬（補中益気湯、十全大補湯、人参養栄湯など）

摂食嚥下・誤嚥性肺炎

北村歯科医院
服部　信一

近年、我が国の主な死因別にみた死亡数において肺炎が3位となり、肺炎の予防が重要視され、さまざまな医療機関や施設などで肺炎予防の取り組みが行われています。

肺炎は主に微生物の感染により引き起こされますが、その原因の一つが誤嚥です。誤嚥は食べものや唾液、あるいは胃液などが気管に入ることであり、誤嚥が原因で発症する肺炎を誤嚥性肺炎と呼びます。

誤嚥性肺炎は肺炎の中で大きな割合を占めると考えられており、その予防のためには誤嚥を減らすことが重要となります。しかし、誤嚥していても必ずしも肺炎になるわけではなく、高齢者の多くが日常的に誤嚥をしていても肺炎を発症しないといわれています。

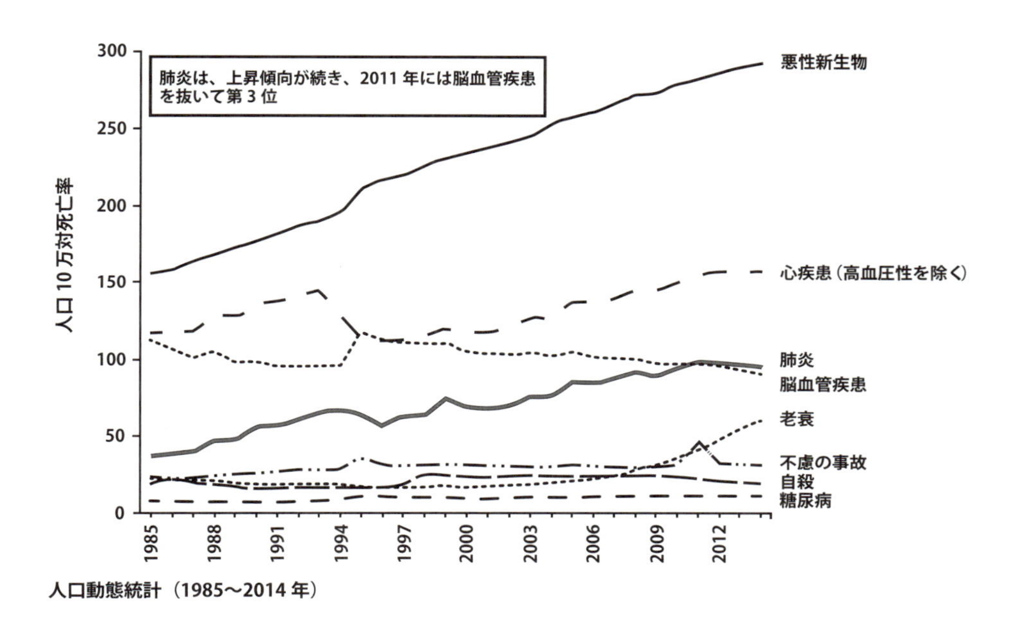

人口動態統計（1985～2014年）

肺炎患者の年齢別構成

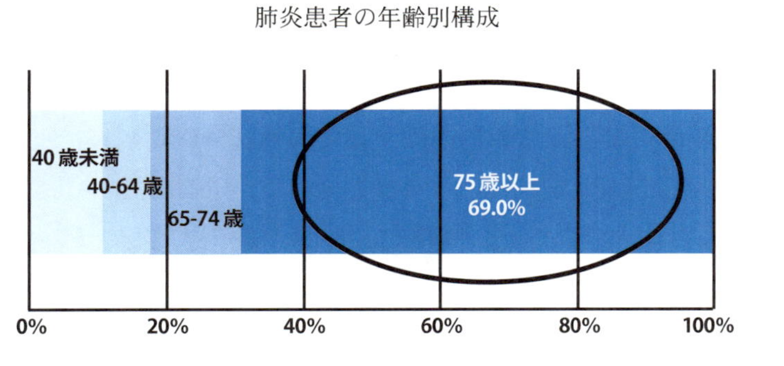

入院肺炎症例における誤嚥性肺炎の割合

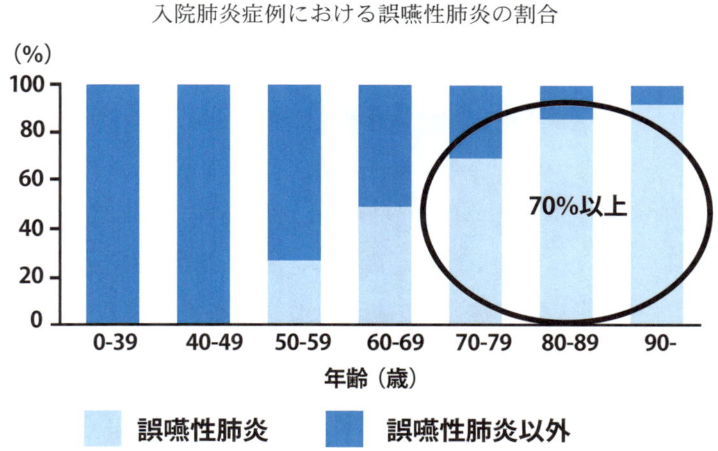

誤嚥と肺炎発症の関係

誤嚥により肺炎が発症するのは、抵抗力などの本人の要因（宿主要因）と誤嚥の量や内容など（侵襲）のバランスが崩れたときです。宿主要因としては、喀出力（咳の強さ）、全身の体力、免疫力などがあり、これらが低下することで肺炎を生じやすくなります。また、誤嚥した物の量が多かった場合や不潔であった場合も肺炎が発症しやすいため、食事摂取の仕方や口腔内の清潔について注意が必要となります。そのため近年、誤嚥性肺炎予防のため摂食嚥下リハビリテーションや口腔ケアが注目されています。

摂食嚥下リハビリテーションというと摂食訓練と捉えられる場合が多いのですが、摂食嚥下リハビリテーションの中には食事環境の調整や失われた能力を補うための食事摂取の仕方を工夫することなども含まれます。そのため、症状に応じた対応（症状コントロール）を行うことが大切です。

肺炎発症に関係する症状・状態および対応

肺炎発症の防止のために、宿主要因と侵襲のバランスを崩さないことが大切ですが、そのバランスを崩す要因として以下のような症状や要因が考えられます。

ⅰ）**口腔内の問題**：口腔内不潔、口腔乾燥など
ⅱ）**口腔機能の問題**：嚥下機能の低下、咽頭・気道粘膜の感受性低下など
ⅲ）**身体の問題**：寝たきりなどの活動量低下、消化管機能低下など
ⅳ）**栄養の問題**：低栄養、サルコペニア（筋肉減少症）など
ⅴ）**疾病の問題**：神経変性疾患や脳血管疾患など
ⅵ）**薬の問題**：向精神薬、抗コリン薬など

■口腔内の問題

誤嚥性肺炎は、口腔や咽頭の細菌が誤嚥物に含まれることにより引き起こされるものなので、口腔内の細菌量を少なくすることが重要です。

肺炎の主な起因菌として、肺炎球菌やインフルエンザ桿菌などがありますが、口腔内が不潔な状態であると、それらの誤嚥性肺炎起因菌の口腔内保有量は増加すると考えられます。そのため、口腔清掃を適切に行うことで口腔内細菌量を減らすことが大切となります。

口腔内の問題としては、口腔乾燥も影響することが考えられます。唾液は口腔内を潤し、物理的に洗浄する働き（自浄作用）があるため、唾液分泌量が低下することで自浄作用が低下し、誤嚥性肺炎起因菌の温床となりやすくなることが考えられます。また、健常人は1日1.5ℓの唾液を分泌し、これを処理するために600回以上の嚥下をしているといわれています。そのため、唾液の分泌量が低下すると一日の嚥下回数が減少し、嚥下関連器官の機能が廃用性に低下して、嚥下障害を発症することになります。このように、口腔乾燥は口腔内環境の問題だけではなく、嚥下機能にも影響するため、口腔乾燥への対応は誤嚥性肺炎を予防するため重要と考えられます。そのためには、適切なケアを行う必要があり、口腔保湿剤などが一般的に使用されています。口腔ケアに使用されるものとしては、液状タイプやジェルタイプなどがあり、目的によって使い分ける必要があります。

液状タイプは口腔粘膜に水分を与える保湿に効果的であり、ジェルタイプは口腔粘膜からの水分の蒸散を防止する効果に優れているため、口腔乾燥が重度の場合などは液状タイプで口腔粘膜を潤し、ジェルタイプで水分の蒸散を防止するなどの使用法が推奨されます。

■口腔機能の問題

嚥下機能が低下することで誤嚥が生じやすくなりますが、誤嚥の症状として最も現れやすいのがムセです。ムセは、誤嚥したときに気管から食物や唾液などを喀出するために生じる防御反射ですから、たとえ誤嚥があったとしても、ムセることにより肺炎のリスクが低減されます。そのため、ムセが弱い人は咳をする練習をして、誤嚥した際にしっかり喀出ができるようにしておくことが大切です。

しかし、誤嚥が多くなり、ムセの頻度が増えると体力が奪われ、食事が苦痛になることもあるため、そのような場合は食事内容の変更など他の対応を検討する必要があります。

食事に関する口腔機能は、嚥下機能だけではなく、口を開閉して食物を捕まえ（捕食）、咀嚼して食物と唾液を混ぜて飲み込みやすい形にし、喉に送り込むなどがあり、それらの一連の機能の低下も誤嚥につながることがあります。

捕食機能が低下して口唇がうまく使えないと食べこぼしの原因となりますが、嚥下時に口唇がしっかり閉じていることで口腔から咽頭に良好に食物が押し出されるため、口唇のしまりが弱い・口から食物がこぼれやすいなどの症状がある場合は、口唇の訓練などが有用です。

咀嚼については、歯の状態・義歯の状態が悪いとしっかり行うことができないため、歯科治療が必要な場合もありますが、咀嚼は顎や舌、頬、口唇などが協調して動くことで成立する協調運動であるため、舌や頬の機能も非常に重要となります。これらの機能は、おしゃべりの時（構音時）にも重要ですから、滑舌が悪い、声がこもって聞き取りにくいなどの症状がある場合は、舌や頬の体操なども有効です。

また、誤嚥時にムセがあれば誤嚥物を喀出することができ、本人や周囲も注意することができますが、誤嚥してもムセなどの症状が現われない場合もあります（不顕性誤嚥）。そのような場合は、意識的に咳をしながら食事をするなどの対応を行うことも必要になるため、対応について専門医療機関としっかり相談することが大切です。不顕性誤嚥になる場合は、咽頭・気道粘膜の感受性が低下している場合もあるので、服薬による治療なども行われることがあります。

■身体の問題

寝たきりなどで活動量が低下すると廃用状態となり、体力が低下するため宿主要因と侵襲のバランスが崩れやすくなります。それに対して、誤嚥性肺炎の治療中にリハビリテーションを行うことでADL向上や死亡率低減の効果があることが報告されています。ベッドを離れて過ごす（離床）こともリハビリテーションの一環となります。離床することで筋に一定の負荷がかかるため、筋量や筋力の維持に効果があり廃用症候群の予防となります。

また、寝たきりの状態では胃食道逆流をしやすくなることがあり、消化管機能が低下すると逆流しやすくなることが考えられます。逆流した胃内容物はpHが低く、化学的侵襲が強いため肺臓炎を生じやすい。化学的侵襲による肺臓炎は感染による肺炎と病態は違いますが、ともに誤嚥性肺炎とされます。

■栄養の問題

栄養状態の悪化や身体機能の低下、活動量の低下も誤嚥性肺炎に影響することがあります。

嚥下障害により栄養摂取量が減ると、栄養状態の悪化を招き、栄養状態悪化は心的能の低下につながり、身体機能が低下することで活動量も低下して食欲が低下します。そうなると、さらに栄養摂取量も減少しやすいため、悪循環に陥ることになります。そのため、嚥下障害の場合、栄養管理は非常に重要となります。

筋肉は栄養状態の指標の一つであり、筋肉量が落ちると体力・免疫力が低下しやすくなります。誤嚥性肺炎は、宿主要因と侵襲のバランスが崩れた時に発症しやすいため、宿主要因である体力・免疫力が低下した高齢者に多く発症し、治療のために安静にすることで筋肉量が低下すると、肺炎からの回復も遅くなってしまう場合もあります。そのため、誤嚥性肺炎の予防・治療のために必要なたんぱく質を摂取するよう心がけること、適切な運動を行って筋肉量を維持・増加させることが大切です。

■疾病の問題

摂食嚥下関連器官をコントロールする神経や筋の機能障害により摂食嚥下障害が発症します。中枢神経系では脳血管疾患が最も多く、パーキンソン病などの神経変性疾患、ギランバレー症候群などの末梢神経疾患などが摂食嚥下障害を発症しやすい。これらの疾患では麻痺による機能障害や認知障害などのさまざまな要因が含まれるため、状態によって筋機能訓練や機能の代償の工夫などを行います。

■薬の問題

薬の中には摂食嚥下機能に影響する薬があり、抗コリン作用がある薬（抗アレルギー薬や不眠症治療薬など）は、唾液を減少させることがあります。唾液が減少すると上記のように、口腔内環境の悪化や口腔機能の低下を招くことがあります。その他、抗精神病薬や抗てんかん薬などは嚥下反射や咳反射を抑制することがあるため、誤嚥性肺炎のリスクになることがあります。

以上のように、誤嚥性肺炎の要因は多岐にわたるため、それぞれの症状・状態に応じた対応が必要となります。特に摂食嚥下機能が低下しているような症状があるときは、症状の程度、身体機能、認知機能などを確認し、それらに適した対応を行い、症状コントロールを行うことが肝要です。

状態の確認としては、普段から多職種で情報共有できることが望ましく、そのためにさまざまな職種が使用できる評価ツールも開発されています。例として、KTバランスチャート[1]やEAT-10[2]、聖隷式嚥下質問紙[3]などがあります。これらは、専門職でなくても容易に摂食嚥下機能の評価ができるよう作成されているため参考にしてください。

□参考文献

1)Masaeda K, Shamoto H, Wakabayashi H et al : Reliability and Validity of a Simplified Comprehensive Assessment Tool for Feeding Support : Kuchi-Kara Taberu Index. Journal of the American Geriatrics Society 64(12) : e248-e252,2016.

2)若林秀隆，栢下淳：摂食嚥下障害スクリーニング質問紙票EAT-10の日本語版作成と信頼性・妥当性の検証．静脈経腸栄養 29巻3号：871-876,2014.

3)大熊るり，藤島一郎：摂食・嚥下障害スクリーニングのための質問紙の開発，日摂食嚥下リハ会誌，6：3~10, 2002.

褥瘡について

佐賀大学医学部附属病院
酒井　宏子

褥瘡は、重力によって、生体表面とマットレス外面の間にずれ力と圧迫が働き、骨と寝具に挟まれた組織が押し潰されて虚血となり壊れてしまうことです。骨突出がある部位では、重度な虚血となり、深く、かつ広範囲の褥瘡が発生します。骨突出部位に一致して発赤が確認できれば、褥瘡の初期段階と捉え、皮膚の観察と予防ケアを見直しましょう。

褥瘡の好発部位

寝ている身体の向きや姿勢によって異なりますが、骨が出て体重が集中しやすい部位に発生しやすく、仙骨部、大転子、踵部、尾骨部などが多くなります。

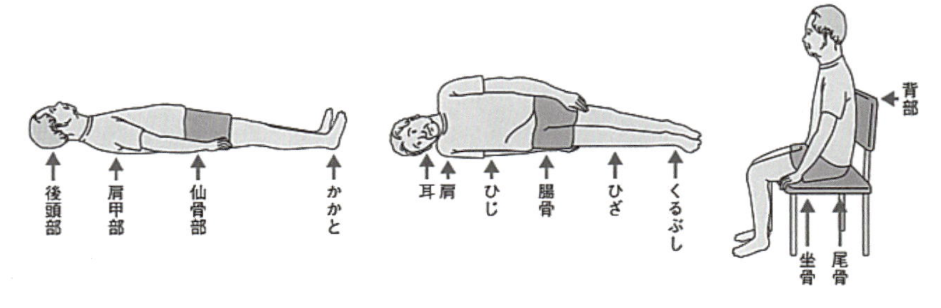

褥瘡の好発部位（日本褥瘡学会編：在宅褥瘡予防・治療ガイドブック　2015より引用）

褥瘡発生の要因

利用者側と環境・ケア面の２つの要因があり、以下の方に褥瘡ができやすいです。

・痩せて骨ばっている体型の方　・関節の硬縮がある方
・寝たきりの方、もしくは同じ姿勢を好む方　・栄養状態が悪い方　・むくみがある方
・尿失禁や便失禁による皮膚のふやけがある方
・体圧分散寝具の未使用や体位変換がされていない方　・介護力の不足

褥瘡の予防・管理の原則

褥瘡予防の基本は、褥瘡発生のリスクを評価し、在宅療養者、その家族を含めてチームで共有し、リスクに応じた褥瘡予防対策を実施することです。

褥瘡のリスクアセスメントについては、厚生労働省が出した日常生活自立度に応じた「危険因子の評価」をはじめ、ブレーデンスケール、OHスケールなどあり、それぞれ特徴があります。患者さんの状態、環境などに応じて使ってください。

リスクに応じた褥瘡予防ケア

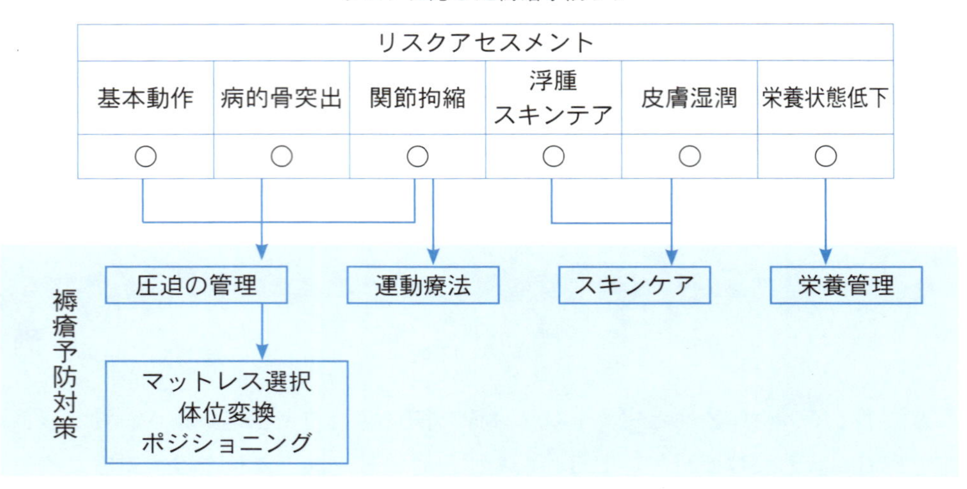

■圧迫の管理

褥瘡リスクアセスメントツールでリスクがあれば、体圧分散寝具を使用しましょう。自力体位変換能力がなく、かつ骨突出がある場合は、エアマットレスを選択します。自力体位変換能力があれば、可動性を妨げないマットレス（例：ウレタンフォーム）を選択し、骨突出があれば、10cm 以上の厚みがあるものが望ましいです。体圧分散寝具は導入するだけではなく、定期的にリスクアセスメントを行い、状態に応じて体圧分散寝具の種類を見直しましょう。

■スキンケア

乾燥している皮膚や、失禁により皮膚が浸軟している皮膚は、摩擦・ずれにより皮膚損傷を受けやすいです。乾燥した皮膚に対しては、入浴後（清拭後）に保湿剤を塗布します。保湿剤の塗る量の目安は、ティッシュペーパーが吸い付く程度が望ましいです。これは、外傷性皮膚創傷（スキンア―テア）の予防にも効果的です。

■栄養管理

栄養状態低下は、褥瘡発生の要因や創傷治癒阻害因子となります。栄養状態低下のリスクを予測できる一つの評価として摂食量の把握があります。摂食量が通常の 50％以下であれば、適切な介入を始めましょう。

褥瘡の治療

褥瘡が発生した場合は「治癒」が基本です。まずは、どうして今回できたのか？　どうしてここにできたのか？　栄養はしっかりとれているのか？　褥瘡ができた原因を考え、対策を立てます。

局所管理では、入浴または局所の洗浄を積極的に取り入れることで、壊死組織や異物を除去し、感染予防と治癒に必要な良好な肉芽を形成し効果が得られます。感染は全身状態の悪化を招きますので、炎症の徴候である「発赤」「腫脹」「熱感」「疼痛」を観察し、１つでもあれば感染を疑い、感染があれば、在宅主治医に相談しましょう。外用剤は、感染があれば、感染制御作用のある外用剤（例：ユーパスタコーワ® 軟膏、ポピドンヨードシュガー® 軟膏　ゲーベン® クリーム１％）を選択し、感染がなければ、適度な湿潤環境を保つため滲出液の量に応じて外用剤を選択します。

体圧分散寝具の選択やスキンケア、外用剤等で豊富な知識と熟練した技術を持っている、近隣の病院に勤務する皮膚・排泄ケア認定看護師に積極的にコンサルトしてみるのもよいかもしれません。

□参考文献　日本褥瘡学会編：在宅褥瘡予防・治療ガイドブック 第３版，照林社，2015.

災害と在宅療養

北九州市立大学大学院 マネジメント研究科
松永　裕己

はじめに

私自身の経験から書きたいと思います。私は佐賀県に生まれ育ったのですが、1991 年に２つの大きな台風を経験しました。17 号と 19 号です。台風がやってくるのは毎年のことですし、とりたてて心配もしていませんでした。しかし、19 号はそれまでに遭遇した台風とは違いました。

夜中に経験したことのないような強風が長時間続きました。何かが飛んできてぶつかったわけでもなく、風の力だけで家の窓ガラスが割れました。早い段階で電気は止まり、割れたガラスが当たらないように家族揃ってできるだけ部屋の中心に固まっていました。ようやく風が収まり外に出てみると、電柱が根本から折れています。鉄筋コンクリートの中空構造で強靭なはずの電柱が何本もなぎ倒されている光景は、非現実的なものでした。200 メートルほど離れたところに建っていたはずの空き家はぺしゃんこに潰れていました。ライフラインは全てストップしました。電気も水道も電話も止まりました。電柱が道路上に倒れていて通れない箇所もありました。

私が住んでいた地区に電力が復旧したのは３日後のことでした。県境の小さな集落だったせいか、最後まで復旧が手間取り、夜になると遠くの復活した灯りを見ながら今日も電気が来ないと思っていたのを覚えています。その３日間、公的な支援は一切ありませんでした。マスコミに取り上げられることもありませんでした。もちろん、阪神淡路大震災や東日本大震災に比べれば、被害はとても小さなものです。食べ物も自分たちで調達できましたし、寒い時期でもありませんでしたので凍えることもありませんでした。祖父母と同居していましたが、幸いに２人とも元気で健康上の問題もありませんでした。それでも孤立感や不安感は拭えませんでした。もし、要介護の家族や在宅療養中の同居人がいたらどうなっていたでしょう。

在宅療養者が直面するリスク

神戸常磐大学の畑教授らの研究によると、災害時に在宅療養者が直面するリスクは表１のようにまとめられています 。大きくは、①医療処置の継続に関するもの、②介護者の確保に関するもの、③場所の安全や安楽に関するもの、④移動・移送に関するもの、⑤生活に関するものに分けられます。

震災が発生すると、健康な人でも通常の生活に支障が出たり困難を抱える可能性が高くなりますが、在宅療養中の方の場合にはより深刻な状況や、健常者からすると想像しにくい不便さを経験することになります。

例えば、表１に挙げられているものに「食事の確保の困難さ」というリスクがあります。震災などで地域が孤立したり交通網が寸断された場合には、食事の確保はすべての被災者が直面する問題です。しかし、在宅療養者の場合には、単なる食料の入手や栄養摂取に留まらない問題に直面する可能性が高く

表1　災害時に在宅療養者が直面するリスク

カテゴリー	サブカテゴリー
医療処置の持続可能性のリスク	医療資源へのアクセスの困難さによるもの
	ベッドサイドでのケアの困難さによるもの
	装着された医療機器の持続の困難さによるもの
介護者の確保におけるリスク	主たる介護者の不在による介護提供の困難さによるもの
	介護能力が欠けることによるもの
	移動等の介護に必要な追加的な人員の確保の困難さによるもの
場所の安全と安楽のリスク	医療依存度が高いなどの特性への配慮不足による困難さによるもの
	個別性の高い療養者像の理解不足による困難さによるもの
移動・移送上のリスク	療養者の状況を踏まえた安全な移動の困難さによるもの
	自分で移動・移送先を選択することの困難さによるもの
	移動・移送先へのアクセスの困難さによるもの
生活上のリスク	食事の確保の困難さによるもの
	介護用品の確保の困難さによるもの

出所）畑吉節未・畑正夫「在宅療養者・家族のための大規模災害の備えの現状と課題」公益財団法人勇美記念財団、2016年、6ページ

なります。特別な食事や栄養素は、避難所に緊急的に配給される食糧では賄えないかもしれません。そうした食事が手に入るまでにかなりの時間がかかることも考えられます。健康な方にとっては十分な食べ物があっても、療養中の方にとっては深刻な状況だということがあり得るわけです。当然、食事の問題だけではなく、医療へのアクセスの問題やケアの問題など、在宅療養中であるからこそ抱える問題は数多くあるでしょう。こうした在宅療養の方に特有のリスクにいかに備えるべきでしょうか。

【自助・共助・公助】×【事前・直後・復興期】で考える

一般的に、災害への対応や防災に関しては、自助、共助、公助のそれぞれの領域で取り組みを強化することが有効だといわれています。

「自助」とは、自分自身の健康や命を自分で守るということです。自分自身の中には、同居する家族も含めて考えます。それぞれの家庭で必要なことは違います。それをしっかり把握することから始めましょう。病気の方がいる場合には、薬や器具なども必要になるでしょう。災害に備えて、必要なものを具体的にリストアップし備蓄しておくことが大事です。また、例えばベッドに寝たきりの方がいる場合には、地震などで家具が倒れるのを防ぐための措置は当然ですが、ベッドから落下することを防止しておくことも必要です。一人で動けない方は、とっさに落ちてくるものを避けたり、自分自身の体を支えたりすることは困難です。そうした事情は当事者が一番よくわかりますし、家庭内のことを行政に全て頼るわけにもいきません。まずは自分たちでできることに取り組みましょう。

「共助」とは、ご近所や地域のネットワークの中で互いに助け合うことを意味します。例えば、熊本地震のときには個人宅にある井戸を他の方にも使わせてあげるということが見られました。台風に備え

て自宅周辺の飛びそうなものを片付けるという簡単なことも、共助につながります。地域の防災訓練に参加するというのも立派な共助のひとつです。療養中の家族がいる場合には、防災訓練の際に一言伝えておくといいかもしれません。車椅子の方をどう避難させるのかなどという新たなプログラムを付け加えることも可能でしょう。

ご自宅に在宅療養者がいる場合には、ぜひその経験や困り事をご近所の方に共有してください。それは他の在宅療養者や家族にとっても役に立つ情報になりますし、いざというときに地域全体での取り組みを底上げすることにもつながります。

「公助」とは、市役所や国、消防などの公的な機関による支援です。避難所の設置や防災マップの作成、緊急支援物資の備蓄や提供など多岐にわたります。自助、共助にくらべると大規模で網羅的ですが、一方でそれぞれの家庭や地域に合ったきめ細かな対応は難しい面があります。また、大規模な災害の場合には、対応に時間がかかることもあります。だからこそ、自助や共助との組み合わせが重要になります。

さて、最近自治体などでは、災害への備えとして予防、応急、復旧の各段階で計画を立てるというケースが増えています。それぞれの場面で必要なこと、求められることが異なっているためです。災害が発生する前の予防と発生後の対応が異なるのは当然ですが、震災発生後に緊急対策として求められることと日常へ向かって回復していくときに必要なことは違います。怪我をしたときの応急処置とその後の療養の手当が異なるのと同じです。震災発生直後に応急措置として必要なこととしては、例えば水や食糧の供給がありますし、その後の復旧期では仮設住宅の整備や提供などが必要になります。

こうした予防、応急、復旧の段階ごとに計画を立てたり、備えたりすることは、行政の計画（公助）だけではなく、共助や自助にとっても必要なことだと思われます。表２は予防、応急、復旧の段階と自助、共助、公助を組み合わせたものです。この①～⑨でどのようなことが可能か整理しておくことが災害対応に効果的です。

表２　災害対策マトリックス

	予防期	応急期	復旧期
自　助	①	②	③
共　助	④	⑤	⑥
公　助	⑦	⑧	⑨

出所）執筆者作成

例えば、在宅療養の方がいる家庭で自助的にできることを考えてみましょう。まず予防期（①）には、先に挙げたように必要な食料や薬などをある程度備蓄しておくことが必要です。

震災直後の応急期（②）には、例えば車椅子でも安全に避難できる経路を調べておくことや、備蓄しておいた薬をきちんと服用することなどが入ります。

復旧期（③）に向けては、複数の訪問看護ステーションをリストアップし住所や連絡先を調べておくということが有効かもしれません。いつも利用しているステーションが災害の影響で使えないということが起こりえますので、それに対する備えが重要です。

①～⑨の具体的な対策は、療養の内容によっても異なりますし、お住まいの地域によっても違ってくるはずです。一度、ご自身や家族、周りの環境、地域の状況などを踏まえて、①～⑨を埋めてみましょう。

コミュニティの力とリダンダンシー

「リダンダンシー」という言葉があります。例えば災害で道路が不通になった場合、他の経路があれば回り道してでも目的地にたどり着けます。しかし一本しか道路がなければ、完全に交通は遮断されます。この場合の、「他の経路」を表すのが「リダンダンシー」という言葉です。予備的なもの、あるいは代替手段と理解してもいいかもしれません。災害のときには、このリダンダンシーが重要になるといわれています。最初に書いた私自身のエピソードでいえば、実は我が家には井戸水がありました。水道が止まってもそれが使えたお陰で、ずいぶん助かりました。これもリダンダンシーの例です。

しかし、リダンダンシーとは道路や橋や水道などのライフラインだけに当てはまるものではありません。

日常生活が壊れた場合にどうやって生き延びるのか、どうやってできる限りストレスのない生活を送るのかということを考えた場合、予備的なもの、代替できる手段はあらゆる場面で必要です。流動食そのものがなくても、すりつぶす道具があればなんとかなるでしょう。しかし、震災直後にそういうものを持って逃げるということはほとんどないでしょう。でも、もしかすると避難所で誰かが役に立ちそうなものを持っているかもしれません。それを借りることができるかもしれません。困っていることを誰かが気づいてくれれば、思いもかけない手助けが得られるかもしれません。こうした助け合いを促進するのは、やはり人と人の繋がりです。

人と人の繋がりこそがコミュニティを形成するものです。日頃からコミュニティの力を高めておくことこそが、最強のリダンダンシーといえるでしょう。

雨、雪、熱さ、寒さに負けず、そして歳にも負けず、訪問歯科診療にのめり込んでいる毎日です。

複数の居場所を創ることが、災害対策と幸せにつながります。

もう一つの家
最期の居場所

「たとえ西日が差し込む部屋でも、我が家で最期を迎えたい」という人、「生まれてきたときにも人の手を借りたのだから、最期も人の手を借りるのは自然なこと」と考える人、「他人様の手を借りず、家族にだけ看取られて逝きたい」と願う人、最期の迎え方、迎える場所について望むことは人さまざまです。しかし共通するのは、自分が安心できる「居場所」と思えるところで逝きたい。最期まで過ごしたいということではないでしょうか。

ほんの少し前まで、せっかく落ち着いた施設なのに、病気になったり、認知症が重くなると退所するか病院に入るしかないという状況が普通にありました。でもいま、最期まで自宅で過ごすための複合的なサービスや看取りを視野に入れた施設が増えてきています。

自宅ではないけれど…もう一つの選択

入所施設について

公益社団法人佐賀県看護協会介護支援事業所
認定社会福祉士（高齢分野）　**角町　幸代**

高齢や病気で介護が必要になり、自宅での生活ができなくなった場合、入所施設を利用するという選択肢も出てきます。

「入所施設にはどういう施設があるんだろう？」、「どういう手続きで利用できるのだろう？」、「誰が利用できるのだろう？」という疑問を持たれる方も多いのではないでしょうか。ここでは簡単に入所施設について紹介していきたいと思います。

公的介護保険の入所施設

要介護の認定を受けた方が、施設サービス費用の１～３割と居住費・食費の全額を自己負担して利用する施設で下記の介護老人福祉施設・介護老人保健施設・介護療養型医療施設、・介護医療院があります。居室の種類は、個室・多床室・ユニット型等です。施設サービス費用は、要介護度や施設・居室の種類により異なり、サービス費用の１～３割を支払います。居住費と食費は全額自己負担が原則ですが、所得等の状況で居住費・食費の負担限度額を申請することで、費用が減額されることがあります。

介護保険施設であるため、低所得者も利用しやすいという利点がありますが、入所の待機者が多く、すぐには入所できないということもあります。

■介護老人福祉施設（特別養護老人ホーム）

常時介護が必要な要介護３～５の方で、自宅での介護が困難な方のための入所施設です。

日常生活介護や療養上の世話を行います。基本的には、入所すれば最期まで生活でき、看取りまで行う施設も７割以上となっています。

定員 29 人以下の小規模で運営される地域密着型介護老人福祉施設もあり、少人数の入所者に対して介護老人福祉施設と同様のサービスを提供します。

■介護老人保健施設（老人保健施設）

要介護１～５の方で病状が安定している方が、看護・介護・リハビリテーションを受けて自宅復帰を目指す施設です。病院で治療を受け、退院して自宅に戻るには、もう少し身体機能等を回復させたいという方のための中間施設の役割があります。また自宅で、暮らしている方の身体機能が低下してきた場合、集中的にリハビリテーションを受けて、また自宅で過ごせるようにするために利用することもできます。入居期間は３カ月～１年で、３カ月ごとの判定会議で、入退所の判断をします。

■介護療養型医療施設（療養病床等）

病院での治療は終わったものの、長期の医学的管理のもと長期間の療養が必要な方で、自宅では生活するのが困難な要介護１～５の方が入所する施設です。医療・看護・リハビリテーション・日常生活上の世話を受けることができます。2023年までに介護医療院や介護老人保健施設に移行する予定となっています。

■介護医療院

長期療養が必要な要介護１～５の方が生活する施設です。医療・看護・リハビリテーション・日常生活上の世話を受けることができます。介護療養型医療施設の転換施設と位置付けられて、2018年４月からスタートしました。介護療養病床相当と、老人保健施設相当の２つのサービス種類があります。

認知症対応型共同生活介護（グループホーム）

認知症を有する要支援２、要介護１～５の方が利用する入所施設です。医療・看護スタッフの配置は義務ではなく、また、介護を受けながらも、ある程度は自立して日常生活を送れることが利用の条件であるため、高度な医療が必要となったり、寝たきり等で要介護度が上がると、退居しなくてはならないことがあります。地域密着型サービスであるため、住所地の市町村（または保険者）内の施設の利用となります。

少人数（５人～９人）の家庭的な雰囲気の中で、共同で生活する住居において、入浴、排せつ、食事等の介護、その他の日常生活上の世話、機能訓練を行います。サービス費用は介護度によって異なり、居住費と食費は全額自己負担です。

公的介護保険外の施設

要支援や要介護の認定を受けた方で介護が必要な方が利用できます。なかには要介護認定の結果が自立でも受け入れたり、食事のみを提供する施設もあります。

費用負担は、それぞれの施設の設定となりますが、一般的に公的介護保険施設よりも負担は大きくなります。また介護保険の在宅サービスを利用するに当たっては、サービス費用の１～３割を負担します。

■軽費老人ホーム

①Ａ型／Ｂ型

60歳以上のある程度自立している方が入居する施設です。食事サービス付きがＡ型、食事サービスなしがＢ型です。

②ケアハウス

60歳以上の自立した生活が送れない方が利用できます。食事サービスがあります。介護が必要な場合は、要介護認定を受けて介護保険の在宅サービスを利用して生活します。

■有料老人ホーム

①健康型有料老人ホーム

介護の必要がなく、自立した生活ができる高齢者が入居できます。食事などのサービスは提供されますが、介護が必要になったら退居しなければいけません。あくまで健康な高齢者のための住まいです。

②住宅型有料老人ホーム

施設のサービスとして、食事提供や安否確認、基本的な介護が提供されます。要介護となり、介護サービスが必要となった場合は、介護保険の在宅サービスを利用します。在宅サービスの事業所は自由に選ぶことができます。

施設によっては、介護度が高くなったり医療依存度が上がれば、継続して住み続けることが難しいこともあります。

■介護付き有料老人ホーム

健康管理や日常生活上の世話を、常駐の介護スタッフにより提供される施設です。65 歳以上の高齢者向けで、介護専用タイプでは要介護度１以上、混合型では自立生活を送れる方でも入居できます。常駐する介護スタッフによって介護サービスが提供されており、24 時間の看護師常駐など医療ケアが必要な方でも入居可能な施設もあります。

■サービス付き高齢者向け住宅

民間事業者などによって運営される介護施設です。基本的に「まだ介護の必要がない、比較的元気な高齢者のための施設」です。

施設には安否確認サービス、生活相談サービスの２つが義務付けられており、介護サービスの提供はされませんが、その分、自由度の高い生活を送れることが特徴です。ただし最近では、有料老人ホームとサービス面で変わりがない施設も増え、高度の医療が必要な方の受け入れを行っている施設もあります。自立度が高くても入居しやすい反面、介護度が高くなった場合、退居しなければならない場合もあります。介護が必要となった場合、介護保険の在宅サービスの利用が可能です。

サービスや費用、入所条件など、施設によって異なります。担当のケアマネジャー、地域包括支援センター、入院中の方は地域連携室の医療ソーシャルワーカー等に相談し、より利用者の状況にあった施設を選択するようにしましょう。

ひとこと

麻酔科とペインクリニックの専門医で、がんの痛みを専門とする緩和ケア医です。痛みをとることだけが目標ではなく、痛みが和らげば、何が実現できるのか、どのような生活をすることができるのが重要です。

佐賀県医療センター好生館
緩和ケア科　小杉　寿文

もう一つの選択
看取りを支援できる場所

小規模多機能型居宅介護と看護小規模多機能型居宅介護
療養通所介護

公益社団法人佐賀県看護協会介護支援事業所
認定社会福祉士（高齢分野）　**角町　幸代**

自宅での生活が困難になってきた場合、さまざまな在宅のサービスを組み合わせて、生活することになります。サービスの種類が多くなると、例えば、訪問看護はＡ事業所、訪問介護はＢ事業所、短期入所はＣ事業所、訪問リハビリはＤ事業所、福祉用具はＥ事業所というように、多くの事業所のスタッフが、利用者のご自宅に出入りすることになります。このようサービスを１カ所の事業所で行えるサービスに小規模多機能型居宅介護と看護小規模多機能型居宅介護があります。

小規模多機能型居宅介護、看護小規模多機能型居宅介護とは？

「通い」「訪問」「泊まり」を組み合わせ、顔なじみの同じスタッフがサービスを提供します。看護小規模多機能型居宅介護は、この３つのサービスに加え、「看護」も提供します。それぞれのサービスは下記の通りです。

「通い」サービスとは、介護保険のデイサービスにあたるサービスです。デイサービスとの違いは、デイサービスは施設が決めた時間割に沿って、レクリエーションや食事、入浴などをして過ごしますが、通いサービスは、一日を通して利用する人もいれば、食事のみ、入浴のみに数時間だけ利用するなど利用者の生活に合わせての利用ができます。

「訪問」サービスとは、訪問介護にあたるサービスです。訪問介護との違いは、訪問介護は、ヘルパーが時間単位で利用者の自宅を訪れ、決められたサービスを行うのに対し、「訪問」サービスでは、利用者の状態に合わせて、必要な時間、必要な量の支援を受けることができます。例えば身体的な介護のほか、家事支援、安否確認や服薬のための短時間だけの訪問も可能です。

「泊まり」サービスとは、「通い」サービスと組み合わせることで、ショートステイの機能を持ち、通いの場所と同じ場所で、泊まることができます。

「看護」サービスは、訪問看護にあたるサービスです。訪問看護師が自宅を訪問し、必要な看護を提供します。

また、計画作成（ケアマネジメント）は所属する事業所の計画作成者が行います。ひとつの事業所で、馴染みの関係のスタッフが、計画からサービス提供まで、24時間365日、利用者の状態に合わせて、切れ目のないサービスの提供が可能となります。

サービスの特徴は？

小規模多機能型居宅介護は、「通い」を中心に「訪問」や「泊まり」のサービスを組み合わせて、認知症高齢者や中重度の要介護高齢者等が出来る限り住み慣れた地域での生活が継続できるようにすることを目的としています。

看護小規模多機能型居宅介護は、医療ニーズの高い利用者の状況に応じたサービスの組み合わせにより、地域における多様な療養支援を行うことを目的としています。
①がん末期の看取り期・病状不安定期における在宅生活の継続支援
②家族へのレスパイトケア、相談対応による不安の軽減
③退院直後の在宅療養生活へのスムーズな移行支援などを行います。

利用料金、利用対象者、その他のサービスとの併用

■利用料金

要介護状態区分によって、1月の料金が決められており、負担割合により1～3割が利用者負担となります。その他に、食費と泊まり料金がかかります。

■利用対象者は？

この2つのサービスは、地域密着型サービスとなり、事業者が所在する市町村（または広域連合）に居住する者が利用対象者となります。居住する地域に、事業所がなければ利用することができませんが、小規模多機能型居宅介護や看護小規模多機能型居宅介護が、有料老人ホーム等の事業所を併設していることもありますので、併設のサービスを利用したり、同地域のサービス付き高齢者向け住宅などに入所することで、サービス利用が可能になる場合もあります。

また、小規模多機能型居宅介護は要支援、要介護認定の方、看護小規模多機能型居宅介護は要介護1～5の認定を持つ方が対象です。

■他のサービス利用は？

1カ月の料金は、介護保険の要介護状態に応じた限度額よりも低く設定されていますので、残りの額で、福祉用具レンタルが利用できます。また小規模多機能型居宅介護は訪問看護や訪問リハビリの利用も可能です。ただし、残りの額での利用になりますので、限度額を超える部分は自己負担となります。

看取りについて

看護小規模多機能型居宅介護は、看取り支援が行えます。小規模多機能型居宅介護は、訪問診療や訪問看護との組み合わせで、自宅や施設での看取りの支援が行える事業所もあります。

看取り期に長期の泊まり利用ができる事業所もありますので、対応については、各事業所にお尋ねください。

療養通所介護

療養通所介護とは、通所介護のサービスのひとつです。

利用対象者は、地域密着型通所介護になりますので、事業者が所在する市町村（または広域連合）に居住する者が利用対象者となります。

常に看護師による観察を必要とする難病、認知症、脳血管疾患後遺症等の重度要介護者又はがん末期患者を対象にしたサービスです。要支援の方は対象となりません。

医師の指示による医療処置や看護、食事や入浴などの日常生活上の支援や、生活機能向上のための機能訓練や口腔機能向上サービスなどを日帰りで提供します。他の通所介護を利用できない、医療ニーズが高い方が利用できるため、本人の外出の機会や家族のレスパイトの役割を果たせます。

ホスピスと緩和ケア

佐賀県医療センター好生館 緩和ケア科
小杉 寿文

ホスピスとは

死を間近にした患者とその家族が安心して過ごすことができるようにケアや環境を提供し、地域社会が社会資源やボランティアによって支えていくという考え方です。自律性と尊厳が尊重されなければなりません。つまり、どこでどのように療養し、どのように過ごすのかを本人と家族が決定し、その人が一人の人間として尊重されることが最も重要なことです。

緩和ケア病棟も「ホスピス」と呼ばれますが、「ホスピス」とは病棟や建物を指す言葉ではなく、延命のみを目標としてきた近代医療を反省し、「死すべき」人間の存在を認めるという哲学です。死を間近にしていない患者・家族をも対象としている緩和ケアの考え方とは、重複している部分が多くなります。

緩和ケアとは

WHO（世界保健機関）は2002年に緩和ケアを定義し、2018年に我が国の関係諸団体によって定訳が制定されました。「がん」や「末期」という言葉が含まれていないことは重要です。近年では、がん以外の生命に関わる疾患や病態に対しても緩和ケアが提供されなければならないとされています。心不全や腎不全、肝不全、呼吸不全、神経難病、そして認知症も緩和ケアの重要な対象となります。

がんの場合は、薬剤を用いて行うような痛みなどの身体的症状緩和が大きなウエイトを占めますが、それ以外の疾患においては、意思決定支援（Advance Care Planning: ACP）がとても重要であり、そのほとんどである。

緩和ケアの定義（WHO 2002）定訳

緩和ケアとは、生命を脅かす病に関連する問題に直面している患者とその家族のQOLを、痛みやその他の身体的・心理社会的・スピリチュアルな問題を早期に見出し的確に評価を行い対応することで、苦痛を予防し和らげることを通して向上させるアプローチである。

緩和ケアは、

- 痛みやその他のつらい症状を和らげる
- 生命を肯定し、死にゆくことを自然な過程と捉える
- 死を早めようとしたり遅らせようとしたりするものではない
- 心理的およびスピリチュアルなケアを含む
- 患者が最期までできる限り能動的に生きられるように支援する体制を提供する
- 患者の病の間も死別後も、家族が対処していけるように支援する体制を提供する

・患者と家族のニーズに応えるためにチームアプローチを活用し、必要に応じて死別後のカウンセリングも行う
・QOL を高める。さらに、病の経過にも良い影響を及ぼす可能性がある
・病の早い時期から化学療法や放射線療法などの生存期間の延長を意図して行われる治療と組み合わせて適応でき、つらい合併症をよりよく理解し対処するための精査も含む

ホスピスケアも緩和ケアも定義や概念は難しいかもしれませんが、共通するのは「反省」です。現代の医療が忘れている大切なことを思い出すことから、ホスピスケアと緩和ケアは始まっています。苦しんでいる人の痛みを和らげること、寂しさと不安で眠れない人の手を握って傍にいることこそがホスピスケアであり、緩和ケアの原点です。

至極当たり前の簡単なことです。痛みや苦しみを和らげることを学ばず、寂しさや不安をケアの対象とせずに、また、忙しさにかまけて傍に居ないこと、居られないことを「反省」する必要があると考えます。

緩和ケア病棟

緩和ケア、ホスピスケアを提供するための専門病棟のことをいいます。現在、我が国では緩和ケア病棟に入院できるのはがんか HIV 感染症患者に限られています。以前は末期（概ね予後 6 カ月）という条件がありましたが、現在は撤廃されています。生命予後に関わらず、専門的緩和ケアや治療を受ける必要性があれば、専門病棟としての緩和ケア病棟に入院することができます。

具体的には難治性疼痛に対するオピオイド（麻薬性鎮痛剤）の導入や神経ブロックなどの専門的治療、重度の褥瘡や体表に露出した腫瘍などの創傷処置などです。また、介護者に対するケアとしてレスパイト入院を受け入れることもあります。

■緩和ケア病棟の入院費用

緩和ケア病棟は入院料が包括です。高額な化学療法などはこの点で行うことはできませんが、緩和ケア病棟の理念、治療の目標が病気と闘うのではなく、病気と共存し、より良い生活を確保し、安心して過ごすことができることにあるため、化学療法や延命治療を行わないことを原則にしています。

2018 年度から緩和ケア病棟入院料も平均入院日数 30 日以内でかつ自宅退院率 15% 以上、または入院待機期間 14 日以内によって入院料が大別されました。上記を満たすと、入院 30 日以内は 1 日あたり 5,051 点、31 ～ 60 日以内は同 4,514 点、61 日以上は 3,350 点となる（入院料 1）。それ以外は 30 日以内が 4,826 点、31 日以上 60 日以内は 4,370 点、61 日以上は 3,300 点となります（入院料 2）。

これは急性期緩和ケア病棟と慢性期緩和ケア病棟との考え方にも通じており、在宅へ移行する準備、急性期症状緩和、レスパイトの対応を求められているものです。しかし、入院料 1 を算定するのは困難であり、あまり現実的ではありません。

なお、佐賀県内の緩和ケア病棟を巻末（付録 - 4　p.178）に載せています。

おわりに

佐賀県の在宅医療の現状と課題について

満岡　聰

佐賀県の死亡率

一般の方にはあまり知られていませんが、佐賀県の在宅死率はほぼ全国最下位です（図 1）。佐賀だけでなく、九州と北海道はほぼずっと全国的にもっとも低い傾向にあります。2013 年の在宅死率の都道府県別平均は 12.9％で、この時トップの東京は 16.7％、佐賀は 8.7％でした。ただし、在宅死率が高ければ良いというものではなく、この時の東京で在宅で亡くなった方の約半数は孤独死で検死を受けています。九州での在宅死率が低い理由として、病院や施設の数が多く、施設で亡くなる方が多い一方、東京では施設の数が需要に追いつかないため、難民化した方がお家で看取られることなく、亡くなっているという事情があります。

しかし佐賀県の現状が、住み慣れた自宅で最後まで過ごしたい方がいるにもかかわらず、療養環境が整っていないために、在宅療養を受けることができない方がおられるということも事実です。

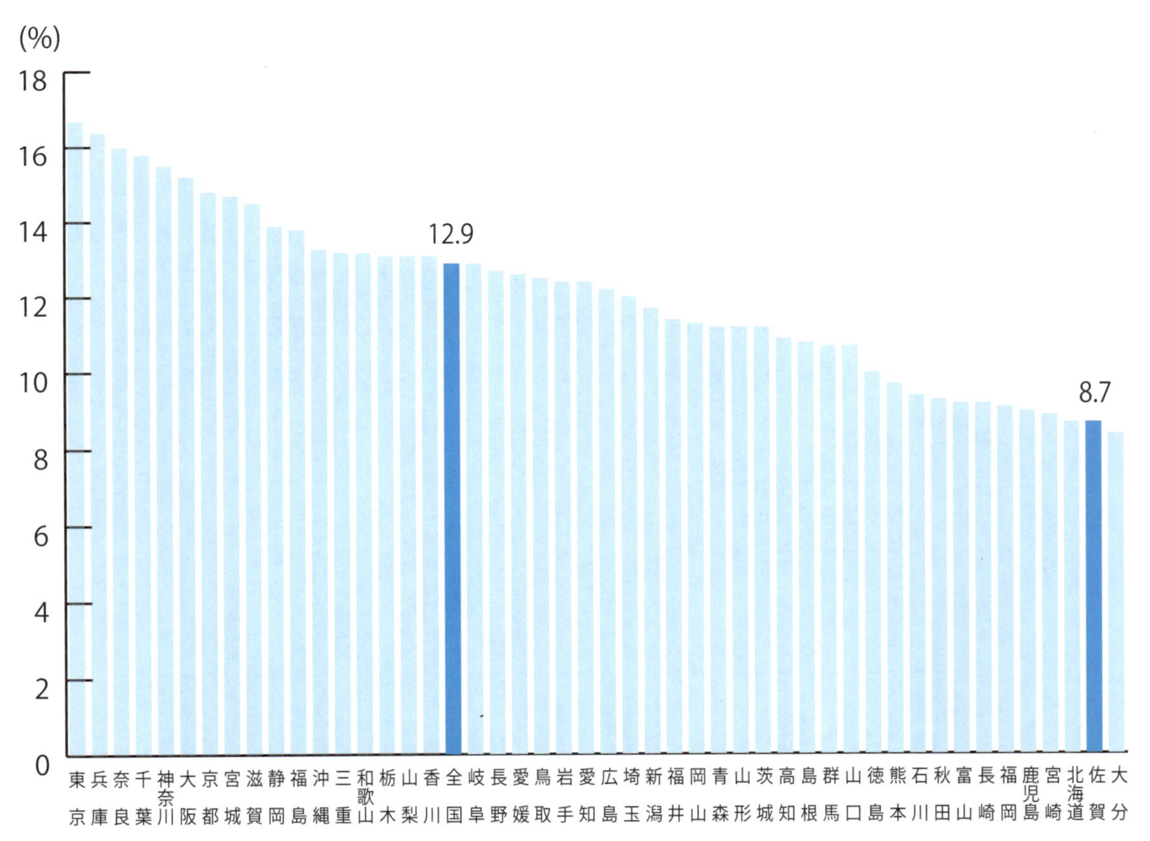

図 1　都道府県別自宅死亡率（2013 年　人口動態調査）

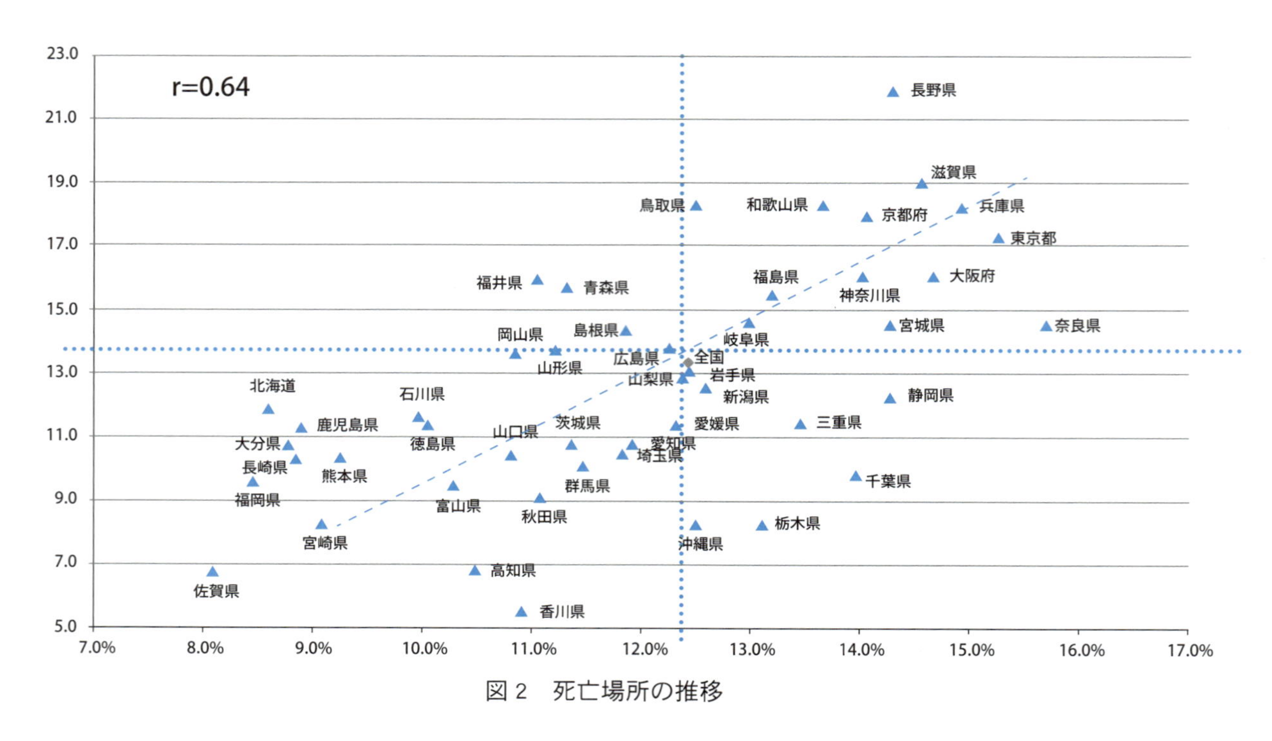

図 2　死亡場所の推移

訪問看護の利用率と在宅看取りの件数

また、訪問看護利用率が低い県では自宅死亡も低いという統計があり、少し統計が古くなりますが、平成 21（2009）年の統計では、佐賀県は人口 1000 人当たりの訪問看護利用実人数も自宅死亡率も全国最下位でした（図 2）。

佐賀県の看護師数が少ないかというと、平成 24 年の統計では、むしろ都道府県の人口当たりの看護師数では全国 6 位で、むしろ恵まれたほうだと言えます。それでも人口 10 万人当たりの訪問看護師数は全国平均レベルで（図 3）、佐賀県の看護師のうち訪問看護師の割合は全国より低いと言えます。

とはいえ、訪問看護師の割合が全国平均ならば自宅死亡率も全国平均並みでよさそうなものです。例えば、香川県や高知県も訪問看護利用率は同様に低いのですが、在宅死亡率は佐賀より高くなっており、その要因を考えると佐賀の在宅看取り率をあげることにつながると思われます。

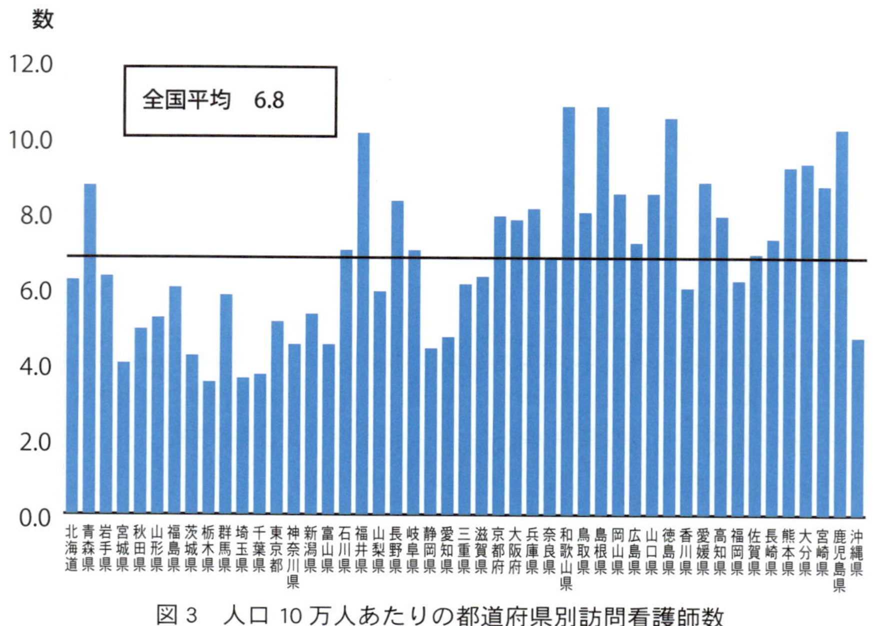

図 3　人口 10 万人あたりの都道府県別訪問看護師数

また、佐賀県の訪問看護師ステーション事業所当たりの平均訪問看護師数は徐々に増えてはいるものの4.27人で、1事業所で24時間365日をカバーするにはまだまだ十分な体制にはないようです（図4）。

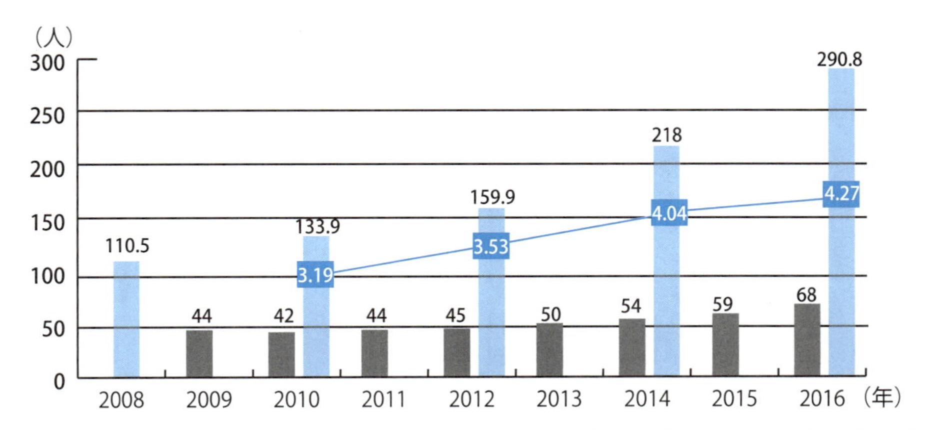

図4　佐賀県の事業所当たりの訪問看護師数（佐賀県と訪問看護協会の資料より満岡作成）

佐賀県の地域別看取り率

佐賀の在宅看取り率を二次医療圏で分析してみます（図5）。鳥栖市・佐賀市・有田町で在宅看取り率が高く上峰町、吉野ヶ里町・神埼市・嬉野市・白石町・太良町で低いことがわかります（図6）。

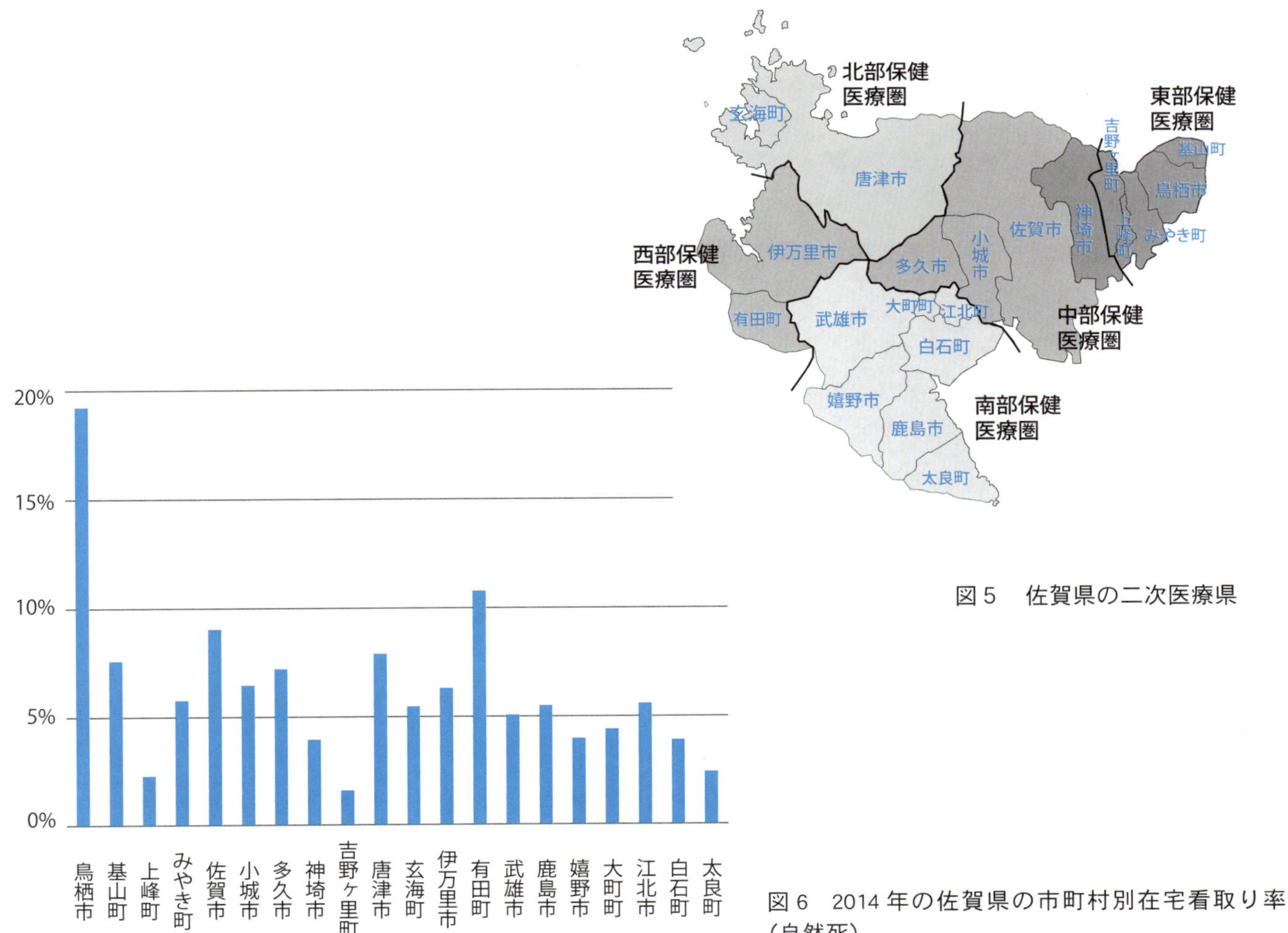

図5　佐賀県の二次医療県

図6　2014年の佐賀県の市町村別在宅看取り率（自然死）

表 1　佐賀県の東部地区と中部地区の在宅死率と訪問多職種の関係（満岡作成）

	東部地区				西部地区				
市町村	鳥栖市	基山町	上峰町	みやき町	佐賀市	小城市	多久市	神埼市	吉野ヶ里町
人口（人）	72,902	17,501	9,283	25,278	236,372	44,529	19,749	31,842	16,411
2011 年在宅看取り率	9.96%	3.42%	5.21%	7.07%	8.66%	6.57%	8.33%	5.51%	9.56%
2014 年在宅看取り率	19.24%	7.60%	2.30%	5.78%	9.06%	6.47%	7.22%	3.97%	1.61%
在宅療養支援診療所数	27	4	0	5	42	5	3	2	1
在宅療養支援病院数	3	0	0	0	4	0	1	0	0
訪問看護ステーション数	11	2	1	3	19	4	2	0	2
訪問薬局数	7	0	0	1	37	4	3	3	0

表 2　佐賀県の北部、西部、南部地区の在宅死率と訪問多職種の関係（満岡作成）

	北部地区		西部地区		南部地区						
市町村	唐津市	玄海町	伊万里市	有田町	武雄市	鹿島市	嬉野市	大町町	江北町	白石町	太良町
人口（人）	122,785	5,902	55,238	20,148	49,062	29,684	27,336	6,777	9,583	23,941	8,779
2011 年在宅看取り率	7.40%	6.76%	7.50%	8.84%	6.46%	7.42%	4.06%	3.42%	7.92%	4.41%	5.47%
2014 年在宅看取り率	7.91%	5.48%	6.32%	10.79%	5.08%	5.51%	3.99%	4.42%	5.60%	3.92%	2.44%
在宅療養支援診療所数	24	2	6	1	14	2	6	1	1	3	0
在宅療養支援病院数	1	0	0	0	1	2	0	0	0	0	0
訪問看護ステーション数	7	0	5	3	4	1	1	0	1	3	1
訪問薬局数	17	2	7	0	0	2	0	0	0	3	0

佐賀県の在宅死率と訪問多職種の関係を日本医師会資料と佐賀県資料と厚労省資料より表にしてみました（表 1、表 2）。

表 1 からは、在宅療養支援診療所や病院と訪問看護ステーション、訪問薬局がある鳥栖市、佐賀市では在宅看取り率が高く、そうした施設が少ない市町村では在宅看取り率は低いことがわかります。

また表 2 からは、北部地区では訪問系の施設は、そこそこあるものの在宅看取り率はまだ低く、南部地区では在宅医療に必要な医療資源に乏しく、在宅看取り率が低いことがわかります。注目すべきは西部地区の有田町で在宅看取り率が高いことで、これは、ただひとつの在宅療養支援診療所が熱心に頑張っていることや在宅療養支援診療所を掲げていないかかりつけ医の訪問診療があると推定されます。

有田町のように訪問系の施設が少なくても、在宅看取り率が高いところがあるということは、医師が頑張れば、まだ地域の在宅看取り率が上がることが示唆され、1 人のスーパードクターの頑張りで一時的に地域を牽引することはできるかもしれませんが、やはり多職種の連携と地域全体の在宅医療に対する普及啓発が必要と思われます。

佐賀県の在宅医療の課題

最後に佐賀県の在宅医療の課題として以下のことが挙げられます。

・在宅医療のニーズは増えているが体制が整っていない。

・訪問診療医がなかなか増えない。

・訪問看護師も訪問看護ステーションも増えているが、不十分。
・訪問薬剤師にも地域的偏在がある。
・訪問介護体制にも偏在があり、人員不足。
・多職種連携体制が十分に確立されていないため、電子媒体による情報共有も不十分。
・在宅に携わる医療介護福祉者の医療技術、知識に差がある。
・看取りを含めたケアについてのトレーニング不足。
・意思決定支援の普及が不十分。
・一般市民への在宅医療への啓発がまだ不十分。
・在宅医療そのものは密室性が高く、医療レベルの均てん化と可視化が必要だが、一つのグループの中で完結してしまい、他施設や他職種と経験を共有、検討していかないとガラパゴス化して危険。

ひとこと

事例を書かせていただいて、忘れられない方達とまた会えたこと、とてもうれしく懐かしく。皆さんに育てていただいたなあと……。
まだまだ育ちざかりです。これからも頑張ります。

佐賀整肢学園オークス
古田　香澄

ひとこと

佐賀大学全学教育機構　大学教員
髙崎　光浩

在宅で亡くなられる人の数が日本で一番少ないということから、在宅療養についてもっと知ってもらおうとガイドブックを出版したのが 2013 年でした。
その後市民公開講座などを重ね、少しずつですが、在宅療養について知られるようになってきた気がします。
この度さらに進んだ内容でガイドブックを改定できました。ぜひご活用ください。

在宅ネット・さがの活動

満岡　聰

私たち「在宅ネット・さが」は、現代表・満岡聰の呼びかけにより、2010年9月より佐賀中部を中心に、訪問診療を行っている医師や訪問看護師、薬剤師などが集まり多施設多職種のメンバー約30名で発足しました。当時は、在宅医療を行っている医療機関の情報が乏しく、患者さんのご家族からは「自宅で家族を看取りたいけれど、どうしていいかわからない」、「往診してくれる医師をどうやって探したらいいかわからない」などの戸惑いをしばしば耳にしていました。またその一方で、県内外の医療関係者からも退院後の在宅療養の情報がどこにあるのかわからない、という話しが聞こえていました。

調べてみると、個々は断片的な情報をもってはいるものの、情報の集約や整理が行われておらず、誰に何を訊いてよいかわからない状態でした。私たち医療関係者同士のコミュニケーションがとれていないために情報を集約することができないのだろうと考え、在宅医療に日頃から関わっている医療・介護の関係者がお互いに知り合い、仲良くなって、気軽に困ったときに支え合えるようなネットワークを作りたいと思いました。

発足に際して4回の立ち上げ会を行い、医療関係者だけだはなく、介護、福祉関係者の参加も不可欠であるという意見が多数あり、在宅療養に関わる全ての職種の方にお声を掛けて、多職種・多施設によるネットワークとなりました。副代表の鐘ヶ江寿美子さん、パワフルな事務局長の矢ヶ部伸也さんをはじめとする各職種の素晴らしい仲間たちのおかげで、さまざまな活動を展開できています。

現在会員数約300名。在宅医療・介護の普及、推進、会員の交流を目指して症例検討会と市民公開講座などを開催しています。

職種は医師、歯科医師、薬剤師、看護師、訪問看護師、歯科衛生士、理学療法士（PT）、作業療法士（OT）、言語聴覚士（ST）、医療ソーシャルワーカー（MSW）、ケアマネジャー、介護福祉士、ホームヘルパー、介護職員、栄養士、福祉用具専門相談員、大学教員、県庁職員等の行政職、薬品会社員など在宅療養に関わる全ての職種が参加しています。

「在宅ネット・さが」は以下のことを活動の目標としています。

1．在宅医療・ケアに関する専門家達の知識や技術の普及、啓発
2．多職種での連携のために必要な情報交換と顔の見える関係をつくること
3．在宅医療・ケアの現場での問題の共有、特に倫理的な問題への対応についてのコンセンサス形成
4．一般市民への在宅医療・ケアへの啓発、普及

■在宅ネット・さがの活動

□症例検討会

2012 年 7 月より年 6 回、奇数月の第 2 火曜日 19：30-21：30、毎回 2 例。症例検討や各職種の取り組みを発表しています。毎回 30 ～ 80 名参加があり、これまで 34 回開催しています。

□市民公開講座

2014 年 3 月より年 2 回、春と秋に在宅療養にまつわるさまざまな講演会を開催しています。第 1 回の講師は赤ひげ大賞を受賞された福岡のにのさかクリニックの二ノ坂保喜医師で、第 5 回には NHK の番組「プロフェッシナル　仕事の流儀」に取り上げられた秋山正子さんにご講演いただきました。

最近は、遠方からの講師をお呼びするより、私たちの地域の中での経験を皆さまにお伝えするため、在宅ネット・さがのメンバーによる講演や、メンバーの中で結成した劇団「くまくま」による在宅介護劇の上演を行っています。毎回の参加者は 200 ～ 300 名で会場はほぼ満席となっています。以下はこれまでの市民公開講座のチラシです（デザイン：ユキヒラ工房長尾行平）。

□受賞歴

こうした活動を評価され、2013 年にはこのガイドブックの第 1 版を出版した際に優れた緩和ケアチームに贈られるＪＰＡＰオレンジサークルアワード「Best Education Model of the Year 賞」を受賞し、2017 年 2 月 17 日には共同通信社主催の地域再生大賞優秀賞受賞を受賞しています。

市民公開講座の案内チラシ（2012 ～ 2018 年）

症例検討会

「在宅ネット・さが」3席受賞

がん疼痛治療に尽力

幅広い職種で活動充実

JPAPアワード

Best Education Model of the Year 賞」を受

付録 - 1　　佐賀県内の地域包括支援センター

市町村	所在地	設置場所	担当地区	
佐賀市 おたっしゃ本舗 佐賀	佐賀市栄町 1-1	佐賀市役所 本庁舎内	佐賀市（勧興・神野）	0952-40-7284
佐賀市 城南 おたっしゃ本舗 城南	佐賀市南佐賀 1 丁目 13-5		佐賀市（赤松・北川副）	0952-41-5770
佐賀市 昭栄 おたっしゃ本舗 昭栄	佐賀市嘉瀬町大字扇町 2418-1		佐賀市（日新・嘉瀬・新栄）	0952-41-7500
佐賀市 城東 おたっしゃ本舗 城東	佐賀市兵庫町大字渕 1903-1		佐賀市（循誘・巨勢・兵庫）	0952-33-5294
佐賀市 城西 おたっしゃ本舗 城西	佐賀市本庄町大字本庄 289-3		佐賀市（西与賀・本庄）	0952-41-8323
佐賀市 城北 おたっしゃ本舗 城北	佐賀市若楠 2 丁目 1-27		佐賀市（高木瀬・若楠）	0952-20-6539
佐賀市 金泉 おたっしゃ本舗 金泉	佐賀市金立町大字千布 4088-1		佐賀市（金立・久保泉）	0952-71-8100
佐賀市 鍋島 おたっしゃ本舗 鍋島	佐賀市鍋島 3 丁目 3-20 鍋島シェストビル 2 階		佐賀市（鍋島・開成）	0952-97-9040
佐賀市 諸富・蓮池 おたっしゃ本舗 諸富・蓮池	佐賀市諸富町大字諸富津 1-2	佐賀市役所 諸富支所内	佐賀市（諸富町・蓮池）	0952-47-5164
佐賀市 大和 おたっしゃ本舗 大和	佐賀市大和町大字尼寺 1870	佐賀市役所 大和支所内	佐賀市（大和町）	0952-51-2411
佐賀市 富士 おたっしゃ本舗 富士	佐賀市富士町大字古湯 2685	佐賀市役所 富士支所内	佐賀市（富士町）	0952-58-2810
佐賀市 三瀬 おたっしゃ本舗 三瀬	佐賀市三瀬村藤原 3882-6	佐賀市三瀬保健センター内	佐賀市（三瀬村）	0952-56-2417
佐賀市 川副 おたっしゃ本舗 川副	佐賀市川副町大字鹿江 623-1	佐賀市役所 川副支所内	佐賀市（川副町）	0952-97-9034
佐賀市 東与賀 おたっしゃ本舗 東与賀	佐賀市東与賀町大字下古賀 1193	佐賀市役所 東与賀支所内	佐賀市（東与賀町）	0952-45-3238
佐賀市 久保田 おたっしゃ本舗 久保田	佐賀市久保田町大字新田 3323	佐賀市 久保田保健センター内	佐賀市（久保田町）	0952-51-3993
唐津市	唐津市西城内 1-1	唐津市役所 高齢者支援課内	唐津市（サブセンター以外の地区）	0955-72-9191
唐津市 浜玉サブセンター	唐津市浜玉町浜崎 1445-1	唐津市役所 浜玉支所内	唐津市（浜玉・七山・鏡・久里）	0955-53-7056
唐津市 相知サブセンター	唐津市相知町相知 2055-1	唐津市役所 相知支所内	唐津市（相知・厳木・北波多）	0955-53-7057
唐津市 鎮西サブセンター	唐津市鎮西町名護屋 1530	唐津市役所 鎮西支所内	唐津市（鎮西・呼子）	0955-53-7058
唐津市 鎮西サブセンター 肥前出張所	唐津市肥前町入野甲 1703	唐津市役所 肥前支所内	唐津市（肥前）	0955-53-7059
鳥栖市 鳥栖地区	鳥栖市轟木町 1523-6		鳥栖市（鳥栖・鳥栖北）	0942-81-3113
鳥栖市 田代基里地区	鳥栖市田代本町 924-1		鳥栖市（田代・若葉・基里）	0942-82-2041
鳥栖市 若葉弥生が丘地区	鳥栖市神辺町 1273-8		鳥栖市（若葉地区・弥生が丘）	0942-85-8721
鳥栖市 鳥栖西地区	鳥栖市村田町 1250-1		鳥栖市（麓・旭）	0942-82-2188
多久市 おたっしゃ本舗 多久	多久市北多久町大字小侍 7-1	多久市役所 庁舎内	多久市	0952-75-6033
伊万里市	伊万里市立花町 1355-1	伊万里市役所 長寿社会課内	伊万里市	0955-23-2155
武雄市	武雄市武雄町大字昭和 1-1	武雄市役所 健康課内	武雄市	0954-23-9135
鹿島市	鹿島市大字納富分 2643-1	鹿島市役所 保険健康課内	鹿島市	0954-63-2160

市町村	所在地	設置場所	担当地区	
小城市 北部 おたっしゃ本舗 小城北	小城市三日月町長神田 2312-6	小城市役所 別館内	小城市（小城町・三日月町）	0952-73-2172
小城市 南部 おたっしゃ本舗 小城南	小城市芦刈町三王崎 1522	小城市芦刈保健福祉センター内	小城市（牛津町・芦刈町）	0952-66-6376
嬉野市	嬉野市嬉野町大字下宿乙 1185	嬉野市役所嬉野庁舎 健康福祉課内	嬉野市	0954-42-3306
神埼市 おたっしゃ本舗 神埼	神埼市神埼町神埼 410	神埼市役所 本庁舎内	神埼市（神埼町）	0952-37-0111
神埼市 北部 おたっしゃ本舗 神埼北	神埼市脊振町広滝 558-2	神埼市役所 背振支所内	神埼市（脊振町）	0952-59-2005
神埼市 南部 おたっしゃ本舗 神埼南	神埼市千代田町直鳥 166-1	神埼市役所 千代田支所内	神埼市（千代田町）	0952-34-6080
吉野ヶ里町 おたっしゃ本舗 吉野ヶ里	神埼郡吉野ヶ里町三津 777	吉野ヶ里町役場 東脊振庁舎内	吉野ヶ里町	0952-37-0344
基山町 基山地区	三養基郡基山町大字宮浦 666 番地		基山町	0942-81-7039
上峰町 上峰地区	三養基郡上峰町大字前牟田 107-2	老人福祉センターおたっしゃ館内	上峰町	0952-52-5250
みやき町	三養基郡みやき町大字東尾 6436-4	みやき町北茂安保健センター内	みやき町	0942-89-3371
玄海町	東松浦郡玄海町大字新田 1809 番地 14	玄海町地域包括支援センター	玄海町	0955-52-2730
有田町	西松浦郡有田町南原甲 664-4	有田町福祉保健センター 健康福祉課内	有田町	0955-43-2196
大町町	杵島郡大町町大字大町 5000	大町町総合福祉保健センター「美郷」保健福祉課内	大町町	0952-82-3185
江北町	杵島郡江北町大字山口 1651-1	江北町役場 福祉課内	江北町	0952-86-5614
白石町	杵島郡白石町大字福田 1247-1	白石町役場 長寿社会課内	白石町	0952-84-7117
太良町	藤津郡太良町大字多良 1-6	太良町役場 町民福祉課内	太良町	0954-67-0718

付録 - 2　佐賀県内の訪問看護ステーション

事業所名	〒	所在地	電話番号	Fax	圏　域	市町村
訪問看護ステーションかささぎ	840-0801	佐賀市駅前中央 2 丁目 1-1	0952-33-0333	31-5554	佐賀中部	佐賀市
嘉瀬訪問看護ステーション	840-0861	佐賀市嘉瀬町大字中原 1973-1	0952-25-9284	23-0535	佐賀中部	佐賀市
訪問看護ステーションうえむら	849-0913	佐賀市兵庫町大字渕 1906 番地 1	0952-33-0199	33-7717	佐賀中部	佐賀市
佐賀県看護協会訪問看護ステーション	840-0853	佐賀市緑小路 6 番 10 号	0952-29-7633	29-7680	佐賀中部	佐賀市
訪問看護ステーションよろこび	840-0013	佐賀市北川副町新郷 654-1	0952-25-1788	20-1115	佐賀中部	佐賀市
NPO 法人 訪問看護ステーション陽だまり	840-0857	佐賀市鍋島町大字八戸 3138 番地 山田ビル 102 号	0952-41-1477	41-1478	佐賀中部	佐賀市
訪問看護ステーションにじいろ	849-0936	佐賀市鍋島町大字森田 583-1	0952-60-8800	60-8801	佐賀中部	佐賀市
訪問看護ステーションふじ	840-0516	佐賀市富士町大字梅野 1721 番地 1	0952-63-0111	51-0138	佐賀中部	佐賀市
ニチイケアセンター さが訪問看護ステーション	849-0937	佐賀市鍋島三丁目 14-28	0952-34-5539	34-5538	佐賀中部	佐賀市
クローバー訪問看護ステーション	849-0917	佐賀市高木瀬町大字長瀬 1167 番地 2	0952-37-6301	31-9824	佐賀中部	佐賀市
セントケア訪問看護ステーション佐賀	849-0918	佐賀市兵庫南三丁目 1 番 19 号	0952-41-1960	22-1320	佐賀中部	佐賀市
訪問看護ステーションデューン佐賀	840-0815	佐賀市天神一丁目 2 番 55 号	0952-24-6776	24-6777	佐賀中部	佐賀市
やよい訪問看護ステーション	840-2105	佐賀市諸富町大字諸富津 209 番地 3	0952-47-5091	47-5092	佐賀中部	佐賀市

事業所名	〒	所在地	電話番号	Fax	圏　域	市町村
訪問看護ステーションえのか	840-2205	佐賀市川副町大字南里 702-11	0952-20-1660	20-1165	佐賀中部	佐賀市
訪問看護ステーションなのはな	849-0918	佐賀市兵庫南 4 丁目 19-2	050-5578-5165	60-1900	佐賀中部	佐賀市
訪問看護ステーションこより	840-0027	佐賀市本庄町大字本庄 264-1	0952-20-6002	20-6632	佐賀中部	佐賀市
在宅リハビリ訪問看護ステーション TOMO 佐賀	849-0921	佐賀市高木瀬東 3 丁目 13-10	0952-20-3020	20-3021	佐賀中部	佐賀市
訪問看護ステーション太陽	840-0861	佐賀市神園 3 丁目 18-45 （神野病院内）	0952-31-1441	32-3469	佐賀中部	佐賀市
訪問看護ステーションきぼう	840-0811	佐賀市兵庫南 2 丁目 4 番 22 号	0952-29-2600	60-5510	佐賀中部	佐賀市
にこにこ訪問看護ステーション	846-0003	多久市北多久町大字多久原 2414-70	0952-74-2166	74-2166	佐賀中部	多久市
訪問看護ステーションなずな	846-0001	多久市北多久町大字多久原 2512-24	0952-75-3663	75-3395	佐賀中部	多久市
訪問看護ステーション三日月	845-0032	小城市三日月町金田 1054-2	0952-73-8053	73-5100	佐賀中部	小城市
医療法人ひらまつ病院 訪問看護ステーション	845-0001	小城市小城町 815-1	0952-72-8652	20-1700	佐賀中部	小城市
訪問看護ステーションおぎ	845-0004	小城市小城町松尾４１００	0952-73-7474	73-7475	佐賀中部	小城市
アップルハート訪問看護ステーション 吉野ヶ里	842-0031	神埼郡吉野ヶ里町吉田 2180-1	0952-55-7701	55-7702	佐賀中部	吉野ヶ里町
訪問看護ステーションバルーン	842-0003	神埼市神埼町本堀 2735-4	0952-97-9541	97-9542	佐賀中部	吉野ヶ里町
訪問看護ステーションのぞみ	847-0011	唐津市栄町 2578-13	0955-75-0331	75-0332	唐津 東松浦	唐津市
まつのみ訪問看護ステーション	847-0021	唐津市松南町 119-2	0955-77-6536	77-6537	唐津 東松浦	唐津市
唐津訪問看護ステーション	847-0875	唐津市西唐津一丁目 6167 番地	0955-75-0324	75-0334	唐津 東松浦	唐津市
済生会訪問看護ステーション なでしこ唐津	847-0853	唐津市江川町 694-1	0955-73-3178	73-1058	唐津 東松浦	唐津市
訪問看護ステーション 行かなくっ茶	847-0824	唐津市鏡 3769 番地 102	0955-74-3760	74-3761	唐津 東松浦	唐津市
訪問看護ステーションしょうらい	847-0022	唐津市鏡 4304 番地 1	0955-77-1011	77-2734	唐津 東松浦	唐津市
訪問看護ステーションはる	847-0031	唐津市原 990 番地 1	0955-58-8866	58-8870	唐津 東松浦	唐津市
訪問看護ステーションセントポーリア	841-0047	鳥栖市今泉町 2434 番地 1	0942-87-5170	87-5175	鳥栖地区	鳥栖市
訪問看護ステーションあんしん	841-0033	鳥栖市本通町 1 丁目 855-14	0942-85-8765	82-4600	鳥栖地区	鳥栖市
聖マリア病院 鳥栖訪問看護ステーション	841-0004	鳥栖市神辺町字合町 1588-6	0942-81-1134	81-1135	鳥栖地区	鳥栖市
あいぞら訪問看護ステーション	841-0016	鳥栖市田代外町 655-20	0942-84-4332	50-6003	鳥栖地区	鳥栖市
チャイム訪問看護ステーション	841-0016	鳥栖市田代外町 655-15	0942-87-5233	87-5244	鳥栖地区	鳥栖市
プラスワン訪問看護ステーション	841-0038	鳥栖市古野町 268 番地 3	0942-50-9530	50-9531	鳥栖地区	鳥栖市
訪問看護ステーションふれあい	841-0035	鳥栖市東町 1 丁目 1058	0942-85-1441	85-1445	鳥栖地区	鳥栖市
訪問看護ステーション寿楽	841-0005	鳥栖市弥生が丘 1 丁目 18 番地	0942-50-8070	50-8071	鳥栖地区	鳥栖市
訪問看護ステーション弥生が丘	841-0005	鳥栖市弥生が丘二丁目 6 番地	0942-85-8989	85-8813	鳥栖地区	鳥栖市
エンジェル訪問看護ステーション	841-0061	鳥栖市轟木町 1523 番地の 6	0942-81-3030	81-3040	鳥栖地区	鳥栖市
幸訪問看護ステーション	841-0035	鳥栖市東町二丁目 885-7 中川原 AP102	0942-87-1500	87-1501	鳥栖地区	鳥栖市

事業所名	〒	所在地	電話番号	Fax	圏　域	市町村
医療法人三樹会 みき訪問看護ステーション	849-0123	三養基郡上峰町大字坊所 276 番地 4	0952-52-7282	37-5271	鳥栖地区	上峰町
メディケア基山訪問看護リハビリテーション	841-0204	三養基郡基山町宮浦 186-65 きやまクリニックモール A-3	0942-92-6161	92-6171	鳥栖地区	基山町
訪問看護ステーションひかりあ	849-0111	三養基郡みやき町大字白壁 2927	0942-89-2800	89-5857	鳥栖地区	みやき町
㈱よつば会 よつば訪問ステーション	849-0102	三養基郡みやき町大字蓑原字今宿 1686 番地 1	0942-80-3271	80-1632	鳥栖地区	みやき町
武雄杵島地区医師会 きしま訪問看護ステーション	843-0023	武雄市武雄町大字昭和 300	0954-26-8296	26-8312	杵藤地区	武雄市
訪問看護ステーション道の家	843-0024	武雄市武雄町大字富岡 11083 番地 1	0954-26-8106	26-8120	杵藤地区	武雄市
訪問看護ステーション ease	843-0023	武雄市武雄町昭和 801 果林コーポ 102	0954-33-0012	33-0012	杵藤地区	武雄市
訪問看護ステーションゆうあい	849-1311	鹿島市大字高津原 4306	0954-63-3352	63-3285	杵藤地区	鹿島市
訪問看護ステーションまごころ	843-0301	嬉野市嬉野町大字下宿乙 1919	0954-43-1941	20-2532	杵藤地区	嬉野市
訪問看護ステーションタンポポ	849-0503	杵島郡江北町大字惣領分 2420 番地 1	0952-71-6200	71-6170	杵藤地区	江北町
訪問看護ステーションかちがら巣	849-1113	杵島郡白石町福吉 1808	0952-84-7001	71-5070	杵藤地区	白石町
白石共立病院 訪問看護ステーション菜の花	849-1112	杵島郡白石町大字福田 1296	0952-84-6060	84-6711	杵藤地区	白石町
杵藤訪問看護リハビリテーションふみ	849-1207	杵島郡白石町大字深浦 126 番地 1	0954-68-0205	68-0206	杵藤地区	白石町
太良町訪問看護ステーション みかんの花	849-1602	藤津郡太良町大字多良 1520-12	0954-67-1097	67-1262	杵藤地区	太良町
訪問看護ステーションあおぞら	848-0027	伊万里市立花町 2927-9	0955-22-8812	20-4165	伊万里 西松浦	伊万里市
光仁会訪問看護ステーション	849-4253	伊万里市山代町峰 6522 番地 4	0955-28-5335	28-5338	伊万里 西松浦	伊万里市
訪問看護ステーションいこいの里伊万里	848-0027	伊万里市立花町 2394 番地 1	0955-22-7700	22-7705	伊万里西松浦	伊万里市
訪問看護ステーションなないろ	848-0031	伊万里市二里町八谷搦 13 番地 5	0955-24-9388	22-1120	伊万里 西松浦	伊万里市
訪問看護ステーション願いのなる木	848-0031	伊万里市二里町八谷搦 1179 番地	0955-25-9795	25-9880	伊万里 西松浦	伊万里市
訪問看護ステーションみどり	844-0000	西松浦郡有田町南原甲 678-1	0955-41-1070	42-2771	伊万里 西松浦	有田町
訪問看護ステーションまどか	849-4165	西松浦郡有田町黒川丙 627 番地 16	0955-46-5221	46-5223	伊万里 西松浦	有田町
訪問看護ステーションともなが	844-0017	西松浦郡有田町戸杓丙 124 番地 3	0955-29-8078	29-8384	伊万里 西松浦	有田町
訪問看護ステーションくすの風	840-2201	佐賀市川副町大字福富 827	0952-20-0875	20-0876	佐賀中部	佐賀市
訪問看護ステーションデューン鳥栖	841-0071	鳥栖市原古賀町大字二本町 3035 メディカルステージ新鳥栖 1 階	0942-50-8386	50-8387	鳥栖地区	鳥栖市
在宅看護センター佐賀ほっこり	840-0023	佐賀市本庄町大字袋 182-1	0952-23-3370	23-3375		
訪問看護ステーションしろくま	847-0881	唐津市竹木場 4900-23	0955-73-1919	73-1917	唐　津 東松浦	唐津市
訪問看護ステーション笑えれば	847-0056	唐津市坊主町 548-2 1F	0955-58-8892	58-8895	唐　津 東松浦	唐津市
こども訪問看護ステーション ＫＡＲＩＮ	845-0024	小城市三日月町道辺 1266	0952-65-5332	65-5332		

事業所名	〒	所在地	電話番号	Fax	圏　域	市町村
ぷーたんの家 訪問看護ステーション	849-1324	鹿島市飯田丙 1300 番地 2	0954-60-5538			
真心の園訪問看護ステーション	841-0072	鳥栖市村田町 1250 番地 1	0942-87-9321	84-7278		
訪問看護ステーション ハートフルまんてん	843-0023	武雄市武雄町昭和 16-7	0954-33-0201			
訪問看護ステーションもろどみ	840-2105	佐賀市諸富町諸富津 230 番地 2	0952-47-3255			
清看訪問看護ステーション	846-0031	多久市多久町 589-1	0952-37-7326	37-7329	佐賀中部	小城市
プラスワン訪問看護ステーション 佐賀	840-0008	佐賀市巨勢町大字牛島 48-2	0952-97-9867			

付録 - 3　佐賀県の年金事務所

年金事務所	管　轄　区　域		
	健康保険・厚生年金保険	国民年金	船員保険
佐　賀 0952-31-4191	佐賀市　鳥栖市　多久市 小城市　神埼市　神埼郡 三養基郡	同左	佐賀県
唐　津 0955-72-5161	唐津市　伊万里市 東松浦郡	同左	
武　雄 0954-23-0121	武雄市　鹿島市　嬉野市 西松浦郡　杵島郡　藤津郡	同左	

付録 - 4　佐賀県内の緩和ケア病棟

佐賀県医療センター好生館　緩和ケア病棟		
〒 840-8571 佐賀市嘉瀬町大字中原 400	TEL 0952-24-2171	FAX 0952-29-939
	HP　http://www.koseikan.jp/visit/inpatient/hospice/index.html#q1	
受診手続き：事前に緩和ケア病棟（0952-28-1214）で外来予約を取ってください（月～金曜日の 9:00-16:00）。外来は火曜日と木曜日の 14:00-16:00 で完全予約制です。		

医療法人松籟会 河畔病院緩　緩和ケア病棟　花音（かのん）		
〒 847-0021 唐津市松南町 2-55	TEL 0955-77-2611	FAX 0955-77-2722
	HP http://www.shouraikai.jp/kahan/kanon.html	
	E-mail kahan@shouraikai.jp	

医療法人光仁会 西田病院　緩和ケア病棟　わかな		
〒 849-4251 伊万里市山代町楠久 890-2	TEL 0955-28-1111	FAX 0955-28-2818
	HP http://nishida-hp.jp/main/189.html	
	E-mail kojinkai@po.saganet.ne.jp	
受診手続き：0955-28-1111 にお電話いただき、地域医療連携室ソーシャルワーカーに緩和ケア外来受診の予約をとってください。 外来診察日：毎週火曜日・金曜日　9:30-12:00（その他の曜日もご都合に応じて検討いたします）		

医療法人至誠会 なゆたの森病院　緩和ケア病棟		
〒 840-0027 佐賀市本庄町大字本庄 269-1	TEL 0952-20-6000	FAX 0952-20-6001
	HP http://www.shiseikai-g.or.jp/palliative_care/	
受診手続き：地域医療連携室 0952-20-6006 受付時間：平日 9:00-18:00　担当：地域医療連携室　古賀		

執筆者（50音順）

姓　名	職　種	所　属
安藤　和美	看護師	満岡内科クリニック
伊東　展宏	医療ソーシャルワーカー	ひらまつクリニック
猪口　　寛	医師	医療法人鵬之風 いのくち医院
上野　幸子	看護師	佐賀市在宅医療・介護連携支援センター
内橋　陽子	ご遺族の立場から	
江口　利信	医療ソーシャルワーカー	佐賀大学医学部附属病院地域医療連携室
大石　美穂	医療ソーシャルワーカー	佐賀県医療センター好生館
大川内　直木	理学療法士	佐賀中部病院附属介護老人保健施設
奥城　法之	薬剤師	くましろ薬局　木原店
小野　直子	医師	佐賀大学医学部附属病院 小児科
片桐　都茂子	看護師	訪問看護ステーション 陽だまり
鐘ヶ江　寿美子	医師	ひらまつクリニック
清藤　　拓	福祉用具専門相談員	株式会社エヴァ
熊谷　誠司	ケアマネジャー	神埼市南部地域包括支援センター
小杉　寿文	医師	佐賀県医療センター好生館 緩和ケア科
酒井　宏子	看護師	佐賀大学医学部附属病院
髙崎　光浩	大学教員	佐賀大学全学教育機構
千代延　誠治	薬剤師	神埼薬局
角町　幸代	ケアマネジャー	佐賀県看護協会介護支援事業所
友田　浩美	薬剤師	らいふ薬局高木瀬店
那須　恵子	管理栄養士	満岡内科クリニック
南里　正之	医師	南里泌尿器科医院
西村　　淳	薬剤師	溝上薬局　大和国分店
野田　　稔	医療ソーシャルワーカー	ひらまつクリニック在宅医療部
野中　　賢	理学療法士	医療法人大和正信会 ふじおか病院
服部　信一	歯科医師	北村歯科医院
馬場　美代子	看護師	在宅看護センター佐賀ほっこり
古田　香澄	ケアマネジャー	佐賀整肢学園オークス
堀口　奈緒子	看護師	ひらまつ病院訪問看護ステーション
本庄　　真	管理者	アサヒサンクリーン在宅介護センター 佐賀
増田　　泉	薬剤師	アイ薬局
松永　　裕己	大学教員	北九州市立大学大学院
満岡　　聰	医師	満岡内科クリニック
矢ヶ部　伸也	医師	医療法人純伸会 矢ヶ部医院
山口　宗孝	医師	コールメディカルクリニック佐賀
山田　知恵子	歯科衛生士	北村歯科医院
横尾　里奈	ご遺族の立場から	
吉井　栄子	施設管理者	在宅介護お世話宅配便

編集者

姓　名	職　種	所　属
池田　あゆみ	病院事務	医療法人純伸会 矢ヶ部医院
熊谷　有記	大学教員	佐賀大学医学部看護学科
髙崎　光浩	大学教員	佐賀大学全学教育機構
角町　幸代	ケアマネジャー	佐賀県看護協会介護支援事業所
古田　香澄	ケアマネジャー	佐賀整肢学園オークス
満岡　　聰	医師	満岡内科クリニック
矢ヶ部　伸也	医師	医療法人純伸会 矢ヶ部医院

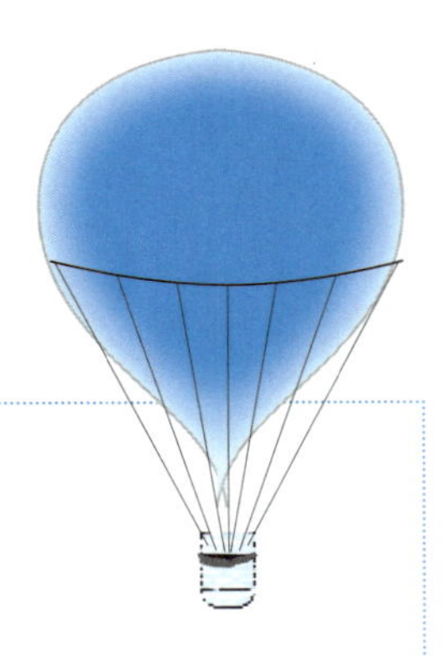

在宅ネット・さが
代表世話人　満岡　　聰
事 務 局 長　矢ヶ部伸也
連絡先　佐賀県佐賀市木原３丁目 2-11　矢ヶ部医院内
　　　　電話　0952-29-6121

佐賀県　在宅療養ガイドブック

佐賀の在宅医療・介護のすべてがわかる本

在宅ネット・さが　編

2018 年 9 月 1 日　発行

発行　古野たづ子
発行所　図書出版木星舎
〒 814-0002　福岡市早良区西新 7 丁目 1-58-207
印刷・製本　大同印刷株式会社
ISBN978-4-909317-04-9